실전투자 업종분석

이메일 vegabooks@naver.com **홈페이지** www.vegabooks.co.kr
블로그 http://blog.naver.com/vegabooks
인스타그램 @vegabooks **페이스북** @VegaBooksCo

실전투자

2024년 증시를 주도할 1% 탑픽 종목

박영규, 성균관대 금융투자학회 S.T.A.R 지음

업종분석

베가북스
VegaBooks

들어가며

해마다 연초가 되면 여러 가지 계획을 세우기 마련이다. 주식 투자자 역시 새해 투자 계획을 세우게 되는데, 이때 어떤 업종, 어떤 종목이 좋은 수익률을 줄까 고민하게 된다. 그래서인지 연말연시 서점에는 주식시장을 분석하고 전망하는 책들이 즐비하다.

2020 대한민국 산업보고서, 산업지도, 투자가이드 등등 이름도 현란한 다양한 책들을 보면, 대부분 대한민국 증시의 모든 업종을 총망라하고 있다. 모든 업종을 설명하고 해당 업종에 속한 거의 모든 상장기업에 대한 정보를 제공하는, 즉 일종의 백과사전 형태를 갖추고 있는 것이다. 그런데 투자자에게 이렇게 많은 정보를 준다고 해서 도대체 어떤 업종이 새해에 유망하고, 어떤 기업에 투자하는 것이 상대적으로 높은 수익률을 줄지 판가름하는 데 큰 도움이 될까, 생각해 보면 별 도움을 주지는 못하는 것 같다.

베가북스에서 뭔가 차별화된 새해 투자 가이드북을 함께 만들면 어떻겠냐는 제안이 왔을 때, 흔쾌히 수락한 것도 이 때문이었다. 나는 내가 지도하고 있는 성균관대 금융투자학회 S.T.A.R 학회원의 실력을 누구보다 잘 알기에 그들과 함께 2024년 투자 유망 섹터를 선별하고, 해당 산업에 대해서만 분석하여 보고서를 만들어 제공한다면 투자자에게 많은 도움을 줄 수 있으리라 판단했다. 우리 학회는 각종 리서치 대회에서 1등상을 휩쓸며 기존 증권사의 애널리스트에 뒤지지 않는 수준의 리포트를 내고 있으며, 실제로 많은 투자자가 학회 홈페이지에 접속해 산업 및 종목 분석 리포트를 다운받고 있을 만큼 그 퀄리티를 인정받고 있다.

내가 S.T.A.R 학회원과 함께 선별한 2024년에 각광 받을 업종은 AI, 반도체, 자율주행, ESS, 화장품·미용의료기기, 제약·바이오, 보험, 우주 총 8개 업종이다.

대한민국 증시에는 (분류 방법에 따라 차이는 있지만) 대략 25개 내외의 업종이 존재한다. 그러나 해마다 시장을 주도하는 업종은 그중 3개~4개로 매우 제한적이다. 과반수 이상의 업종은 시장에서 소외돼 한 해 내내 큰 폭의 움직임 없이 투자자들의 외면을 받는 것이 현실이다. 따라서 다른 백과사전식 책들처럼 모든 업종을 커버하는 것보다는 새해에 시장을 주도할 만한 섹터를 선별해서 보다 심도 있게 분석하는 것이 투자 계획을 구체적으로 짜고자 하는 이들에게 보다 유용할 것임은 자명한 사실이다.

『실전투자 업종분석』에 선별된 업종을 보면 유독 첨단 업종이 많은 것이 눈에 띈다. AI나 ESS 같은 섹터는 아직은 많은 분에게 매우 낯선 업종일 수밖에 없다. 실제로 분석 보고서를 읽는 데 생소한 단어들이 많이 출현하는 게 사실이다. 이에 첨단 섹터, 특히 전문적인 용어가 많이 나오는 경우 '용어 정리'를 제공함으로써 내용 이해에 조금이나마 도움을 주고자 했다. 그리고 가급적 많은 그래프와 통계 자료를 책에 실으려 노력했다. 지루한 문장만으로 설명하는 것을 벗어나 다양한 표와 그래프를 활용해 산업의 트렌드와 현황을 시각적으로 보여주는 것이 효과적이기 때문이다.

마지막으로 『실전투자 업종분석』에서는 업종별 TOP PICK 종목을 제시하고 있다. 투자자들은 유망 업종에 대한 분석 보고서를 읽은 뒤, 동의하는 경우 해당 섹터에 대한 ETF를 찾아 업종에 투자할 수 있다. 그러나 업종 ETF보다 개별 종목에 투자하고자 할 경우에는 대체로 해당 섹터의 대표주로 통하는 종목을 고르면 되는데, 이 책에서 추천하는 TOP PICK 종목에 대한 투자 역시 고려하면 좋을 것이다. TOP PICK이란 말 그대로 S.T.A.R팀이 8개 업종에서 가장 선호하는 유망 종목을 고른 것이기 때문이다.

모쪼록 『실전투자 업종분석』이 2024년 투자 계획을 세우는 데 유용한 참고서가 되기를 바란다. 아울러 이 책을 출판하는 데 도움을 준 모든 S.T.A.R 학회원과 베가북스 임직원에게 감사의 마음을 전한다.

박영규

목차

2024년에도 생성형 AI의 불꽃은 꺼지지 않을 것으로 보인다. 23년도의 챗GPT는 그야말로 혁명이었다. 이 혁명을 통해 자신의 존재감을 전 세계에 알린 생성형 AI 산업은 향후 지속적인 상승세를 보일 것으로 전망된다. 이는 생성형 AI의 압도적 생산성, 고용시장에 미칠 파급효과와 산업 자체의 침투력에 기인한다. Google, Microsoft, Apple 등 글로벌 빅테크들의 최대 투자처인 생성형 AI 산업의 성장은 의심할 바 없다.

업종분석

PART 01 AI

무한한 가능성의 시대

생성형 AI 기본기 따라잡기

1. 생성형 AI와 머신러닝

AI(Artificial Intelligence)는 인공지능의 약어로 인간의 학습능력 및 추론/지각능력, 자연어 이해/처리능력(NLP) 등을 컴퓨터 프로그램으로 실현한 기술을 의미한다. 이때 머신러닝(ML)은 AI를 구현하는 하나의 방법론이자 AI의 하위 개념으로, 대규모 데이터셋과 그 패턴을 학습 분석하여 예측을 수행하고 스스로의 성능을 향상시키는 시스템과 이를 위한 알고리즘을 의미한다. 즉, 입력된 데이터를 기반으로 예측이나 결정을 이끌어내기 위한 특정한 모델을 구축하는 방식이라고 이해할 수 있다.

AI(인공지능)-머신러닝-딥러닝 간의 관계

Artificial Intelligence
인간의 지능을 흉내 낼 수 있는 다양한 기법을 포함
일례로 if-else-then 형태의 로직, 디시전트리, 머신러닝 등

Machine Learning
인공지능을 달성하는 하나의 방법론으로
데이터의 통계적 특성을 이용하여
태스크를 처리하는 능력을 향상시키고자 함

Deep Learning
층에 깊은 신경망을 학습하여 특징을
계층적으로 구조화하는 인공신경망 기반 모델

자료: Stalista, 성균관대학교 금융투자학회 S.T.A.R

2. 머신러닝의 3가지 알고리즘

머신러닝은 1) 데이터 수집 및 정리, 2) 특징 추출, 3) 머신러닝 알고리즘을 적용한 학습 수행, 4) 학습한 모델을 적용하는 4단계로 이루어진다. 이때 학습 시스템에 따라 머신러닝 알고리즘을 다음의 3가지로 분류할 수 있다.

1. 감독(Supervised)학습: 입력값과 이에 대응하는 출력값을 대응(mapping)시키는 함수를 학습하는 과정
2. 비감독(Unsupervised)학습: 출력값 없이 입력값만으로 스스로 데이터 내부의 숨겨진 구조를 발견 및 학습하여 모델을 구축하는 과정. 이때 스스로 비슷한 데이터들을 구조화(clustering)하여 새로운 데이터에 대한 결과를 예측하는 방식
3. 강화(Reinforcement)학습: 학습자가 입력값에 대한 올바른 출력값을 알지 못하는 상태에서 누적 보상을 극대화하기 위한 행동을 학습하는 과정

예를 들어 감독학습은 컴퓨터에 먼저 정보를 가르치는 방식이다. 강아지 사진을 주고 '이 사진이 강아지다'라고 알려주는 것이다. 이때 컴퓨터는 미리 학습된 결과를 바탕으로 강아지 이미지를 타 이미지와 구분할 수 있게 된다. 비감독학습은 이러한 배움의 과정이 없다. '이 사진이 강아지다'와 같은 과정이 없이 '이 사진이 강아지로군'처럼 컴퓨터가 스스로 학습하게 되는 것이다. 이는 감독학습에 비해 발전된 기술이며, 보다 높은 연산 능력이 요구된다. 강화학습은 한 차원 높은 수준의 기술로, 애초에 입력값-출력값이 정해진 데이터가 주어지지 않는다. 2016년 2월 이세돌 9단과 바둑 대결을 펼쳤던 구글의 AI '알파고'에 적용된 학습 기술이 바로 강화학습이었다.

3. 딥러닝 to LLM

LLM, NLP 수행이 가능한 딥러닝 알고리즘

딥러닝은 머신러닝의 하위분야로, 계층화된 알고리즘 구조를 통해 자체적으로 배

우고 지능적인 결정을 내릴 수 있는 인공신경망을 활용하기에 인간의 개입이 필요하지 않다. 즉, 딥러닝은 인간의 개입 없이 스스로 학습하고 인간의 지능적 행동을 모방하는 기술이라 볼 수 있다. 여기서 파생되는 기술이 바로 챗GPT와 같은 대형언어모델(Large Language Model, 이하 LLM)이다. LLM은 자연어 처리(Natural Language Processing, 이하 NLP) 작업을 수행할 수 있는 딥러닝 알고리즘으로, 이때 자연어는 인간이 사용하는 언어를 지칭한다. 즉, LLM은 컴퓨터가 자연어의 의미를 분석하고 처리할 수 있도록 하는 기술이다. 이와 같은 LLM 기술이 적용된 가장 대표적인 애플리케이션이 챗GPT와 같은 대화형 챗봇이다. 챗GPT와 대화할 때, 자연어로 입출력이 가능한 것도 자연어 처리가 가능한 딥러닝 기술이 적용되었기 때문이다.

LLM의 성능: 파라미터와 토큰이 결정

LLM은 대규모 데이터셋을 기반으로 훈련된다. 따라서 학습에 사용된 파라미터(매개변수)와 토큰의 양을 기준으로 해당 언어모델의 성능을 파악할 수 있다. 파라미터란 인간의 시냅스와 유사한 AI의 뇌 기능을 담당하는 요소를 말하며, AI가 학습 가능한 총량을 나타낸다. 즉, 파라미터의 규모가 클수록 AI는 대용량의 데이터를 학습할 수 있기 때문에 정확성이 향상되고, 연산/학습 능력이 개선된다. 파라미터가 생각을 담당하는 뇌의 기능이라면, 토큰은 LLM이 인식하는 데이터 단위를 의미한다.

챗GPT별 파라미터 수 비교

	GPT-1	GPT-2	GPT-3	InstructGPT	GPT-3.5
출시일	2018.06	2019.02	2020.06	2022.01	2022.11
인코더수	12개	12/24개 36/48개	96개	96개	96개
파라미터수	1.17억개	15억개	1,750억개	1,750억개	1,750억개
학습데이터	10G	40GB	45TB	45TB	45TB

자료: OpenAI

LLM: 언어의 흐름을 예측하는 알고리즘

LLM은 언어의 흐름을 예측하는 알고리즘으로, 데이터베이스에서 얻은 대량의 텍스트를 기반으로 개별적인 의미 단위들(단어, 문장, 문구, 전체 등) 사이에 가장 흔하게 나타나는 관계를 인식하도록 프로그래밍되었다. 이에 따라 매우 높은 빈도로, 문맥상 적절하며 언어학적으로 유창하고 사실적인 답변을 생성해낼 수 있다. 즉, 대화를 이해하는 것이 아니라, 텍스트 흐름/배열상 다음에 위치하기에 가장 적절한 단어 및 문장을 예측한다는 것이다. LLM은 이를 기반으로 문서 분류, 요약 및 번역, 질의 응답, 문장 생성과 같은 다양한 자연어 처리 과제를 수행할 수 있다.

4. 트랜스포머 등장으로 LLM 시장 성장

대규모 데이터 처리를 한 번에!

17년 구글이 발표한 인공신경망 알고리즘 트랜스포머transformer가 LLM의 성장을 가속화했다. 앞서 언급했듯이 딥러닝과 딥러닝에서 파생된 LLM의 성능은 학습 데이터량과 파라미터 수의 증가를 통해 개선된다. 문제는 대량의 데이터를 한꺼번에 처리하는 일이 쉽지 않았는데, 이때 구글이 트랜스포머 알고리즘을 발표하며 대규모 데이터 처리 속도가 개선되고, 언어모델에 사용되는 데이터와 파라미터의 규모가 대폭 증가하며, 초거대 언어모델의 등장으로 이어지게 된 것이다. 트랜스포머 도입 이후 AI 모델의 연산 능력은 획기적으로 발전했는데, 이전 AI 모델의 연산 능력이 평균적으로 2년 동안 8배 정도 증가했다면, 도입 이후에는 275배의 성장 추이를 보이고 있다.

트랜스포머, 문맥과 의미를 학습하는 신경모델

트랜스포머 모델은 문장 속 단어와 같은 순차 데이터 내의 관계를 추적하여 문맥과 의미를 학습하는 신경모델이다. 일반적으로 딥러닝 학습에 사용되는 인공신경망 알고리즘은 1) 합성곱 신경망(CNN), 2) 순환신경망(RNN), 3) 트랜스포머로 나뉘는데, 현재는 트랜스포머 모델을 중심으로 LLM이 발전해 나가고 있으며, 해당 알고리즘을 적용한 대표적인 LLM으로는 OpenAI의 GPT-3(Generative Pre-trained Transformer-3)가 있다.

트랜스포머, 텍스트에서 비디오까지 범용성 부각

현재 트랜스포머 아키텍처는 텍스트뿐만 아니라 이미지나 비디오 등과 같은 다양한 형태의 데이터를 학습하며, 더 많은 영역에서 범용성을 갖추어 나가고 있다. 트랜스포머는 특히 떨어져 있는 데이터 요소들의 의미가 관계에 따라 달라지는 부분까지도 감지한다는 점에서 기존 기술 대비 우위를 갖는데, 이러한 경쟁력은 향후 이미지/비디오 모델에서 더욱 부각될 것이라 판단된다. 일례로 필터링 기법을 인공신경망에 적용하여 이미지를 분류 및 처리하는 기존의 합성곱 신경망(CNN) 모델은 서로 멀리 떨어져 위치한 이미지 간의 연관성을 잘 파악하지 못했지만, 트랜스포머는 멀리 떨어져 있는 이미지를 자연스럽게 처리할 뿐만 아니라 대량의 데이터를 병렬로 연산 처리하면서 작업 시간을 단축시켜 비용을 기존의 1/15로 감소시켰다.

생성형 AI 산업의 현황과 흐름

1. OpenAI의 챗GPT, AI 시장에 불을 지피다!

챗GPT의 흥행과 MS의 투자

22년 11월 30일, OpenAI가 공개한 GPT3.5의 흥행 이후로 글로벌 AI 시장은 성장에 박차를 가하고 있다. 챗GPT는 출시 5일 만에 사용자 100만 명을, 이듬해 2월 MAU(월 사용자) 1억 명을 돌파했다. 현시점 가장 대중적인 소셜미디어로 불리는 틱톡과 인스타그램이 MAU 1억 명에 도달하는 데 각각 9개월, 30개월이 걸렸다는 점을 감안하면, 챗GPT의 성장세가 얼마나 무서운지 실감할 수 있다. 23년 1월, 마이크로소프트는 OpenAI의 기업가치를 290억 달러로 평가하며, 기존 30억 달러에 더해 100억 달러(약 12조 3,500억 원)의 추가 투자를 결정했다.

OpenAI와 MS의 파트너십 의의

해당 투자를 통해 마이크로소프트와 OpenAI는 파트너십을 체결하며, 각자 사업 분야의 성장뿐만 아니라 AI 기술의 대중화를 꾀할 수 있게 되었다. 1) 마이크로소프트는 OpenAI의 고급 대형언어모델을 확보하여 자사 검색엔진인 Bing에 챗GPT, DALL-E 등의 기능을 추가하고, 자사 클라우드 컴퓨팅 플랫폼인 Azure를 통해 오픈AI API를 제공하며 클라우드 사용량을 높이는 계기를 마련했다. 2) OpenAI 입장에서도 자금 여력이 높아졌을 뿐만 아니라, 마이크로소프트의 클라우드 및 탄탄한 데이터베이스를 기반으로 기술력 및 성장성을 높일 수 있게 되었다. 이처럼 둘의 시너지는 소비자에게 친숙한 마이크로소프트를 통해 OpenAI의 LLM 기술을 상용화할 수 있게 했으며, 이는 곧 AI 산업 전반의 발전으로 이어졌다.

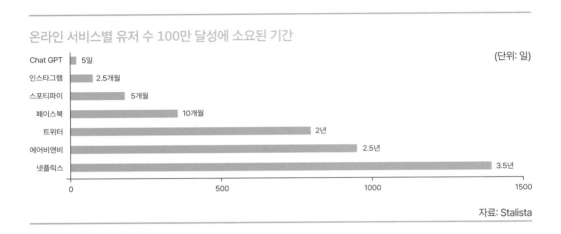

온라인 서비스별 유저 수 100만 달성에 소요된 기간

(단위: 일)

서비스	기간
Chat GPT	5일
인스타그램	2.5개월
스포티파이	5개월
페이스북	10개월
트위터	2년
에어비앤비	2.5년
넷플릭스	3.5년

자료: Stalista

2. 글로벌 빅테크들의 LLM 투자

23년 9월, 아마존은 LLM 기업인 앤스로픽Anthropic에 최대 40억 달러를 투자하며 생성형 AI 파트너십을 체결했다. 앤스로픽은 OpenAI와 같이 생성형 AI LLM 기술 개발 기업으로, 챗GPT와 같은 챗봇 '클로드Claude'를 출시한 바 있다. 이에 따라 마이크로소프트와 아마존 간에 생성AI LLM 파트너십을 필두로 한 양강 구도가 만들어졌다.

이 외에도 구글은 23년 3월 PaLM2, LaMDA LLM 기반의 AI 챗봇 바드Bard를 선보였으며, 메타는 23년 2월 자체 개발한 LLM인 라마LlaMA를 출시한 바 있다. 이처럼 LLM을 중심으로 한 글로벌 빅테크들의 공격적인 자금 투자 및 기술 경쟁이 심화되고 있는 것을 볼 때, 23년을 기점으로 본격 개화한 AI 산업에 주목해야 하는 시점이라 판단한다.

AI 산업으로 몰리는 글로벌 자금, 담보된 성장성

22년부터 시작된 고금리 상황에 최근까지도 글로벌 스타트업에 대한 투자는 부진한 실정이다. 일례로 기업에 대한 전망을 제시하는 사이트인 크런치베이스Crunchbase에 따르면 글로벌 월별 스타트업 투자액은 21년 11월 이후 지속적으로 하락하는 추세이며, 23년 1월의 경우 YoY -63% 감소한 180억 달러를 기록한 바 있다.

그러나 이런 상황에서도 생성 AI 스타트업에 대한 투자 규모는 증가세를 보이고 있다. 생성 AI 스타트업 펀딩 동향에 따르면, 자금 조달 규모는 23년 1월부터 8월까지 총 131억 달러로, 22년의 10억 달러 대비 13배 넘게 증가했다.

글로벌 AI 시장 규모는 23년부터 연평균 +36.6% 성장해, 28년 1조 달러를 상회할 것으로 전망된다. AI 시장 성장성이 담보된 현시점, 글로벌 자금이 AI 산업으로 몰리고 있는 것은 당연한 일이라고 할 수 있다.

글로벌 AI 시장 전망

(단위: 십억 달러)

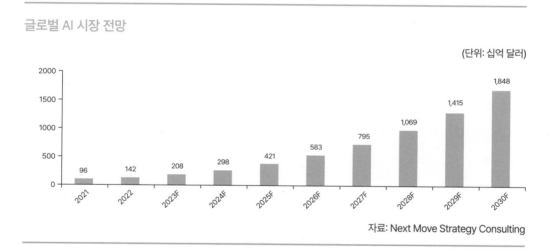

자료: Next Move Strategy Consulting

생성형 AI에 주목하라

1. AI 산업의 핵심, 생성형 AI

챗GPT의 흥행과 MS의 투자

현재 AI 산업의 화두는 '생성형 AI'이다. 기존의 AI는 데이터를 분석 및 활용하는 데 주로 사용되며, 인간의 업무를 보완하는 역할에 그쳤다. 그러나 LLM과 같은 생성형 AI는 말 그대로 '기존에 없던 텍스트, 이미지, 영상' 등을 새롭게 생성하며, 업무에서 인간을 대체할 수도 있다는 시각까지 대두되고 있다. 쉽게 생각해 생성형 AI는 텍스트, 콘텐츠, 예술 등을 스스로 생성하는 AI의 하위 집합이라고 볼 수 있다. 일반적으로 생성형 AI 산업의 밸류체인은 'AI 반도체 – 인프라 - 파운데이션 모델 – 애플리케이션'으로 구성된다.

생성형 AI 밸류체인

어플리케이션	B2C : 챗봇, 음성비서, 광고 B2B : 산업 솔루션, 기업 솔루션
파운데이션 모델	GPT(Open AI), PaLM(구글), LLaMA(메타)
인프라	클라우드 : AWS(Amazon Web Service), Google cloud, Microsoft Azure
AI 반도체	GPU/NPU/TPU/HBM

자료: 성균관대학교 금융투자학회 S.T.A.R

밸류체인 1 - AI 반도체

AI 반도체는 AI 서비스 구현에 필요한 대규모 연산을 초고속/고효율/고성능으로 처리하는 비메모리 반도체로, AI의 핵심 두뇌 역할을 한다. 대규모 데이터 처리, 신경망 모델 학습 및 추론, 음성 인식 등과 같은 AI 응용분야에서 주로 활용되는데, 이와 같은 AI 반도체로는 GPU(Graphics Processing Unit)와 NPU(Neural Processing Unit)가 사용된다. 기존의 CPU(Central Processing Unit)는 데이터를 순차적으로 직렬 처리하기에 대규모 연산을 병렬 처리하는 AI에 최적화되어 있지 않다. 이에 직렬 처리의 한계를 극복하기 위해 등장한 GPU와 AI 학습/연산을 위한 전용 반도체 NPU가 사용되는 것이다. 엔비디아, 퀄컴, 인텔을 비롯한 글로벌 빅테크 기업들이 AI 반도체 개발에 주력하고 있지만, 현재 시장은 엔비디아가 90% 정도를 차지하고 있는 독점적 체계에 가깝다.

밸류체인 2 - 인프라

생성형 AI 인프라는 클라우드 네트워크처럼 생성형 AI를 학습/연산시키고, 나아가 배포할 수 있는 플랫폼을 가리킨다. 일례로 OpenAI는 마이크로소프트의 Azure 클라우드 인프라를 이용해 자사의 생성형 AI 기술인 챗GPT를 연구하는 동시에 제공 및 작동하게 한다. 클라우드와 같은 인프라는 대규모 자본 및 데이터베이스를 기반으로 하기에 글로벌 빅테크 기업들이 장악하고 있는데, 대표적으로 구글의 Google cloud, 마이크로소프트의 Microsoft Azure, 오라클의 Oracle cloud, 아마존의 AWS(Amazon Web Service) 등이 있다.

밸류체인 3 - 파운데이션 모델

파운데이션 모델의 정의는 대규모 원본 데이터를 비감독 학습시킨 범용적인 인공신경망이라고 할 수 있다. 간단히 말해 LLM과 같이 챗봇 등에 응용 가능한 AI 기본 모델을 의미한다. 파운데이션 모델은 생성형 AI 산업의 핵심이라 볼 수 있는데, 이를 기반으로 다양한 애플리케이션을 만들어 구체적인 콘텐츠를 생성하고, 전반적인 글로벌 시장 곳곳에 침투하여 가치를 창출할 수 있는 근간으로 작동하기 때문이다.

일례로 OpenAI는 독자 개발한 파운데이션 모델 GPT-3과 GPT-4를 기업들이 접목해 각종 AI 서비스를 제공할 수 있도록 하는 '챗GPT 플러그인'을 출시했다. 23년 5월 기준 약 823개 파트너사가 입점되어 있는데, 이것은 OpenAI의 GPT 파운데이션 모델을 통해 823개의 새로운 서비스가 파생되었다는 뜻과 마찬가지로 현재 챗봇인 챗GPT, 문자 생성 AI 플랫폼인 Jasper AI, Copy.aI, 온라인 여행 에이전시 익스피디아, 카약, 자산 관리 서비스를 제공하는 모건스탠리 등에 적용되고 있다.

OpenAI API 기반 비즈니스 확장하는 기업 사례 (단위: 십억 달러)

기업	상장 여부	시가총액	도입 현황	
Microsoft	MSFT US	1,941	검색엔진 마이크로소프트 365	Bing에 GPT 적용해 현재 테스트 중 오피스 제품군에 GPT 모델로 다양한 기능 추가
			코파일럿	협업툴 Teams 내에서 마케팅 및 업무 관련 자료 생성
			클라우드 Azure	GPT, DALL-E 등의 AI 모델을 클라우드 내에서 바로 활용할 수 있도록 함
Duolingo	DUOL US	5	DuolingoMax, Roleplay	언어 학습앱 내에서 AI챗봇으로 GPT-4 활용
Be My Eyes	비상장	NA	Be My Eyes	시각장애인에게 이미지를 텍스트로 전환해주는 기능에 활용
Stripe	비상장	NA	Stripe DOCS	Stripe 고객에게 요약 및 챗봇 서비스 제공
Morgan Stanley		151	자산관리서비스	자산관리를 위해 방대한 지식 기반을 구성하는데 활용, AI챗봇 통한 정보검색
Iceland 정부	정부기관	NA	언어보존 위한 협업	Iceland 언어 보존을 위해 Open AI와 협업
Snap	SNAP US	16	스냅챗	GPT 기반 '마이 AI' 통해 대화 가능
Salesforce	CRM US	183	Stack	주제 및 미팅 요약, 이메일 등에 활용
			CRM	고객 관계 관리 솔루션에 GPT 활용한 '아인슈타인 GPT' 제공할 계획
hubspot	HUBS US	19	CRM	Chat Spot 도입해 문서 생성 기능 제공
Apple	AAPL US	2,414	애플워치	watchGPT 기능 런칭 준비
Grammarly	비상장	NA	GrammarlyGO	문법 도우미 업체로, 3,000만명의 사용자를 대상으로 베타 버전 제공 계획

자료: OpenAI, 성균관대학교 금융투자학회 S.T.A.R

2. LLM 산업의 높은 성장성

LLM 시장 규모 CAGR +21.4% 성장

현재 OpenAI, 구글처럼 우리에게 친숙한 기업뿐만 아니라 Cohere, Anthropic, AI21 Labs, MosaicML 등과 같은 다양한 스타트업들이 LLM 개발에 뛰어들고 있다. 23년 현재 500여 개가 넘는 LLM이 개발되고 있는데, 밸류츠리포트Valuates Reports에 따르면, LLM 시장 규모는 22년 105억 달러에서 연평균 +21.4%로 성장해 29년에는 408억 달러에 이를 것으로 전망된다.

글로벌 LLM 시장 규모 전망

(단위: 억 달러)

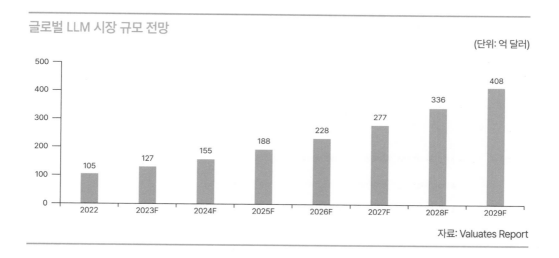

자료: Valuates Report

네이버 HyperCLOVAX, 카카오 KoGPT

국내 업체들도 생성형 AI 투자에 공격적인 태도를 보이고 있다. 네이버는 자사의 초대규모 언어모델인 HyperCLOVAX 기술을 기반으로 대화형 챗봇인 CLOVAX를 개발했으며, 카카오도 초대형 언어모델인 KoGPT를 출시했다. KoGPT는 OpenAI GPT-3의 한국어 특화 모델이다. 향후 카카오는 KoGPT를 카카오 모빌리티에 접목할 방침으로, 카카오T를 통해 '단톡방에서 대화를 나누며 언급됐던 모임 장소까지의 추천 경로 제시 및 택시 호출'을 한 번에 할 수 있는 생성형 AI 서비스를 제공할 것으로 기대된다.

국내 생성형 AI 투자는 지속 확대 중

한편 23년 8월, 국내 AI 스타트업인 업스테이지가 개발한 LLM 파운데이션 모델 'SOLAR'가 세계 최대 머신러닝 플랫폼인 Hugging Face의 '오픈 LLM 리더보드' 평가에서 72.3점을 획득하며, GPT-3.5(71.9점)의 성능을 상회해 글로벌 1위를 차지한 바 있다. '오픈 LLM 리더보드'는 생성형 AI 모델 성능 평가의 기준 지표로 사용되는데, 생성형 AI 모델의 1) 추론 능력, 2) 상식 능력, 3) 언어 이해 종합 능력, 4) 환각 방지 정도와 같은 4가지 지표를 기준으로 평가한다. 그 밖에도 23년 7월 엔씨소프트가 국내 게임사 가운데 처음으로 독자 개발한 '바르코 LLM'를 출시했고, 코난테크놀로지가 기업용 '코난 LLM'를 출시했으며, SK텔레콤은 미국의 생성형 AI 스타트업 엔트로픽 Anthropic에 1억 달러 투자를 성공하는 등 생성형 AI 파운데이션 모델 투자가 활발히 진행되고 있다.

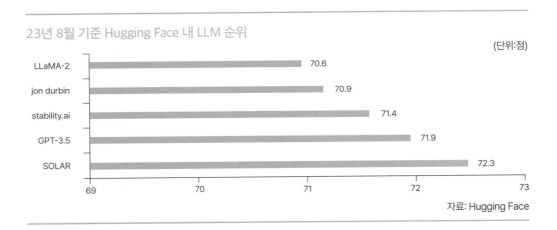

23년 8월 기준 Hugging Face 내 LLM 순위

(단위:점)

자료: Hugging Face

3. 생성형 AI의 그림자, 환각현상

생성형 AI의 환각현상(Hallucination)은 AI가 사실이 아니거나 불확실한 정보를 마치 사실인 것처럼 제공하는 것을 말한다. 이로 인해 학습 과정에서 인종적·성적 편향성 등이 반영될 수 있어 생성형 AI의 윤리적 이슈 중 하나로 거론되고 있다. 이에 따라 LLM 파운데이션 모델 개발 기업들은 환각현상을 해결하기 위해 노력하고 있는

데, 일례로 Anthropic은 자사 모델 'Claude 2'에 'Constitutional AI'라는 기술을 적용했다. 일반적으로 생성형 AI 파운데이션 모델 개발사는 LLM이 유해하거나 비윤리적인 응답을 할 가능성을 낮추기 위해 사람의 피드백을 통해 모델을 강화 학습시키는 RLHF(Reinforcement Learning from Human Feedback)이라는 방식을 사용한다. 그러나 Anthropic은 사람이 직접 개입하지 않고, Constitution이라고 불리는 기본 규칙을 제공하기만 하면 AI 모델이 스스로 피드백을 주면서 모델을 개선시키는 기법을 활용한다. 이처럼 사람의 개입이 최소화되며 AI 모델 스스로 지속적으로 환각을 개선할 수 있기에 기존의 RLHF 대비 높은 유용성과 낮은 유해성을 특징으로 한다.

4. LLM, Generalist를 넘어 Specialist로 거듭나는 중

특정 목적에 특화된 LLM 등장, Hippocratic AI, Harvey

한편 최근에는 기존의 범용적인 LLM과 달리, 특정 목적에 특화된 LLM이 등장하기 시작했다. 일례로 'Hippocratic AI'는 의료 분야에 특화된 LLM을 개발하는 스타트업으로 AI 연구원, 의료계 종사자들이 설립했다. 'HGI(Health General Intelligence)' 실현을 통해 의료 접근성을 높여 평등한 의료 체계를 구축하는 것을 목표로 하고 있는데, 해당 모델은 안전을 위해 신뢰도가 높은 의료 데이터베이스를 학습하고 있으며, 지속적으로 의료계 종사자들의 피드백을 받으며 강화 학습을 진행 중이다.

'Harvey'는 법률 분야에 특화된 LLM으로, 구글과 메타 출신의 AI 연구원, 미국 대형 로펌 출신 법조인이 공동 설립한 곳이다. Harvey는 OpenAI의 GPT에 추가적으로 판례와 같은 법률 데이터를 학습시킨 LLM 모델로 1) 법률 문서 검토 및 편집, 2) 유사 판례문 검색, 3) 계약서 작성 및 분석 서비스를 제공하며 법률 업무를 보조한다.

Hippocratic AI나 Harvey의 공통점은, 아직까지는 이들이 직접 진단을 하거나 판결을 내리지 않고 전문가의 업무를 보조 및 보완한다는 것이다. 그러나 향후 생성형 AI 모델의 정확성이 상승함에 따라 이들의 영역이 확장되어 나갈 것으로 판단된다.

이미지 생성용 파운데이션 모델

파운데이션 모델에서 LLM 다음의 트렌드로 '이미지 생성 모델(Image-Generation Model, IGM)'이 부각되고 있다. LLM이 텍스트 명령어 입력을 통해, 질의응답, 문서 번역 및 요약 등의 텍스트 기반 결과물을 주로 생성한다면, IGM은 'Text-to-Image/Video/Motion'에서 나아가 'image-to-image'와 같이 사용자의 텍스트 명령어에 부합하는 이미지와 영상을 생성하는 AI 모델이다. 기술적으로는 LLM에서 파생된 멀티모달(단일 형태가 아닌 텍스트, 이미지, 음성 등 다양한 종류의 데이터를 동시에 처리) 파운데이션 모델이라고 할 수 있는데, 대표적인 글로벌 IGM으로는 OpenAI의 DALL-E, Stability AI의 Stable Diffusion, Midjourney의 Midjourney 등이 있다. 현재 Stable Diffusion은 오픈소스가 공개돼 있어 파생 서비스가 빠르게 출시되고 있는데, 이와 같은 IGM 모델은 영화, 광고, 게임과 같은 예술 산업 전반에 급속도로 침투할 것으로 전망된다.

5. 밸류체인 4 - 애플리케이션

생성형 AI 밸류체인의 정점에 위치한 애플리케이션은 밸류체인 내에서 가장 빠르고 무한하게 성장할 수 있는 영역이라고 판단된다.(여기서의 애플리케이션은 생성형 AI 적용/응용처라는 의미로 이해할 수 있다) 이는 1) 기존의 인프라, 파운데이션 모델을 미세조정(활용 목적에 맞게 모델을 변형하는 기술력)하여 서비스를 빠르게 구축할 수 있으며, 2) 비용/기술력/자금력 측면에서 진입장벽이 낮고, 3) 적용처가 무한하고, 응용성이 높다는 점에 기인한다.

이러한 생성형 AI 애플리케이션은 기업들이 GPT-3.5, LaMDA, LlaMA와 같은 파운데이션 모델을 개발해 자사의 비즈니스, 서비스 등에 맞춤형으로 내재화하는 것부터 DALL-E나 Stable Diffusion과 같이 새로운 비즈니스 모델을 창출하는 것까지 포함된다. 향후 LLM과 같은 파운데이션 모델이 정교화되고 접근 비용이 낮아질수록 생성형 AI가 글로벌 산업/기업으로 빠르게 침투할 것으로 기대된다.

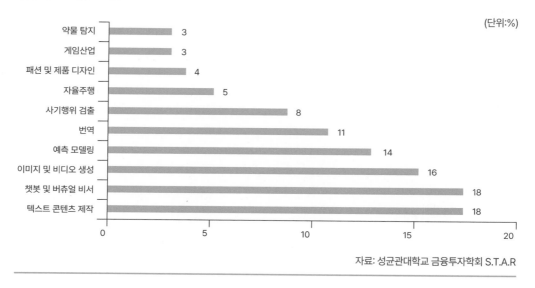

생성형 AI 적용 트렌드

(단위:%)

약물 탐지	3
게임산업	3
패션 및 제품 디자인	4
자율주행	5
사기행위 검출	8
번역	11
예측 모델링	14
이미지 및 비디오 생성	16
챗봇 및 버츄얼 비서	18
텍스트 콘텐츠 제작	18

자료: 성균관대학교 금융투자학회 S.T.A.R

6. 생성형 AI, 왜 주목해야 할까

인공지능 전쟁의 최선봉에 있는 챗GPT가 불러온 '생성형 AI 모먼트'는 그야말로 혁명이었다. OpenAI의 챗GPT는 5일 만에 100만 사용자를 돌파하였으며, 월간 활성 사용자 수(MAU) 1억 명 달성에는 2개월밖에 소요되지 않았다. 이러한 생성형 AI는 잠깐의 트렌드일까? 그렇지 않다. 생성형 AI는 꺼지지 않는 불꽃이 될 것이라 판단된다. 따라서 1) 압도적 생산성, 2) 고용시장에 미칠 파급효과, 3) 더욱 가속화될 침투 속도에 따라 생성형 AI에 주목할 필요가 있다.

압도적 생산성 향상, 인플레이션 억제 효과!

생성형 AI에 주목해야 하는 첫번째 이유는 높은 생산성에 따른 경제적 효과다. 생성형 AI는 생산성, 편의성, 범용성이라는 3가지 카테고리를 동시에 충족시킨다. 누구나 손쉽게 검색어 입력을 통해 목적에 맞는 다양한 결과물을 빠르게 얻어낼 수 있기 때문이다. 특히 생성형 AI의 생산성은 가히 압도적인데, 이는 과거의 증기기관, 로봇화의 생산성보다도 더 높을 것으로 전망된다. 글로벌 컨설팅사 McKinsey의 조사에 따르면, 로봇화 및 IT 혁명과 같은 과거의 혁신들이 연간 0.3%~0.6% 범위의 생산성 혁신을 가져왔다면, AI는 연간 1.2%(2배~4배)의 생산성 향상을 제공할 잠재력이 있다고 평가된다.

기술 혁신에 따른 생산성 향상 효과 (단위: %)

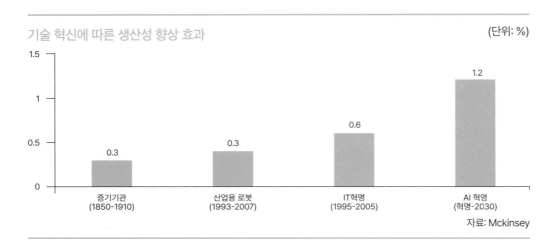

자료: Mckinsey

역사적으로 생산성 향상이 물가의 지속적 상승을 의미하는 인플레이션 현상의 억제에 효과가 있었다는 점을 고려한다면, AI가 우리에게 가져다줄 극적인 변화를 기대할 만하다. 이처럼 AI 기술 도입이 GDP 성장에도 긍정적인 영향을 미칠 것으로 예상되는데, 글로벌 컨설팅사 PwC에 따르면 AI 기술의 도입으로 2030년까지 전 세계 GDP가 약 15조 7,000억 달러 증가할 것으로 예상된다.

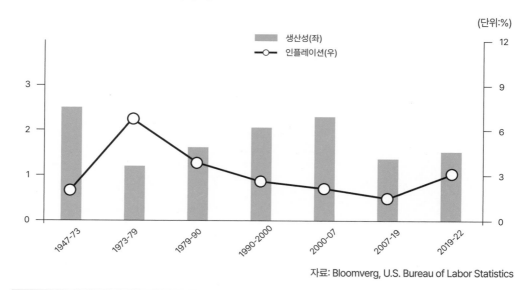

자료: Bloomverg, U.S. Bureau of Labor Statistics

고용시장에 미칠 파급효과

AI에 주목해야 하는 두번째 이유는 고용시장에 미칠 파급효과다. 과거에도 새로운 기술이 등장할 때마다 일자리 대체와 새로운 일자리 창출이 일어났다. 다만 AI 기술은 물리적인 노동력뿐만 아니라 인간의 고유영역으로 여겨지던 인지 및 판단 영역을 대체할 수 있다는 점에서 과거의 기술 혁명들과 큰 차이를 보인다. 인지와 판단 능력을 갖춘 AI의 등장에 따라 현재 사람이 하고 있는 대부분의 직업이 대체 위험에 노출됐기 때문이다. 세계경제포럼이 진행한 연구 결과에 따르면 AI의 도입에 따라 2025년까지 전 세계적으로 1,330만 개 이상의 새로운 일자리가 생겨나겠지만, 반대로 8,470만 개의 일자리가 사라질 것으로 전망되고 있다. 고용시장에 AI가 미칠 파급효과는 그 어떤 기술 진보의 경우보다 거대한 것이다.

AI의 침투 가속화

마지막으로 더욱 가속화될 AI 침투 가능성이다. 시장조사기관 그랜드뷰리서치 Grand View Research에 따르면, 글로벌 생성형 AI 시장 규모는 22년 230억 달러에서 30년 1,093억 달러로 연간 34.6%의 높은 성장률을 보일 것으로 전망된다. 이러한 성장은 1) 성능 향상과 응용서비스의 성장, 2) AI 업종에 대한 지속적인 투자와 개발, 3) 모델의 학습 비용 감소에 기인한다.

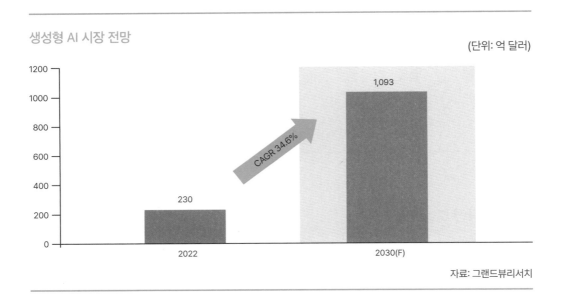

생성형 AI 시장 전망

(단위: 억 달러)

자료: 그랜드뷰리서치

생성형 AI의 침투는 더욱 빨라진다

1. AI 모델 성능 향상과 응용서비스의 성장

생성형 AI 모델의 성능 향상과 응용서비스의 성장은 생성형 AI의 상용화를 가속화할 것으로 기대된다. 생성형 AI 모델의 성능은 지속적으로 향상되고 있다. 23년 3월에 발표한 GPT-4.0는 GPT-3.5 대비 데이터 처리 능력이 8배 이상 향상됐다. 거짓 답변을 하는 환각현상도 40% 이상 개선되었으며, 처리 단어 수도 3.2만 개로 늘어나 용량이 큰 문서도 보다 깊이 있는 분석과 처리가 가능해졌다. 이미지 입력 역시 가능해졌으며 총 26개국 언어를 지원하는 다국어 서비스로 사용자의 활용 빈도를 크게 향상시키고 있다.

기존 검색 엔진과의 결합

AI와 기존 검색 엔진과의 결합은 기술의 정확성을 크게 높여, AI의 침투를 앞당길 것으로 판단된다. 대표적으로 마이크로소프트는 자사의 검색 엔진인 Bing과 챗GPT를 결합시킨 Bing+ 서비스를 출시하였다. 기존의 챗GPT는 21년까지 생성된 데이터만으로 학습해 최신 데이터를 활용하기 어려우며, AI 모델 특성상 답변의 정확성을 담보하기 어렵다는 문제가 존재했다. 그런데 자사의 검색 엔진을 통해 최신의 데이터를 활용할 수 있게 되었고, 가장 연관성이 높은 답변과 이에 대한 출처를 제공함으로써 답변의 정확성을 높일 수 있게 되었다.

플러그인 도입

플러그인Plugin의 도입에 따른 효과 역시 기대할 만하다. 플러그인이란 챗GPT에 제3의 애플리케이션을 연동시켜 최신 정보에 접근하거나 계산을 실행하는 등 타사 서비스를 사용할 수 있도록 도와주는 기능이다. 현재 익스피디아(호텔 예약), 피스칼노트(법률 데이터), 오픈테이블(식당 예약), 스픽(외국어 교육) 등의 앱에서 가능하며, 향후 연동 앱 확대에 따른 효과가 기대된다.

2. AI 업종에 대한 지속적인 투자와 개발

AI 업종 전반에 대한 투자 확대와 빅테크 기업의 경쟁 구도 역시 AI 침투에 긍정적이다. 글로벌 유동성이 위축되는 상황에서도 생성형 AI 스타트업에 대한 투자는 활발히 진행되고 있다. 피치북의 데이터에 따르면 2020년 이후 생성형 AI에 대한 투자는 425% 증가해, 2022년에는 약 21억 달러에 달했다. 특히 생성형 AI를 둘러싼 글로벌 빅테크들의 경쟁이 갈수록 뜨거워지고 있다. 그동안 AI 기술 개발에 소극적인 모습을 보였던 애플마저 뒤늦게 합류하며, 글로벌 빅테크들은 시장 선점을 위해 저마다 인프라 구축에 힘을 쏟고 있다. 산업 내에서 우위를 점하기 위한 지속적 투자와 개발은 AI 침투를 앞당길 것으로 기대된다.

모델의 학습 비용 하락

생성형 AI 학습 비용 하락 역시 AI 침투 가속화에 기여할 것으로 기대된다. 오픈소스 모델 이용과 코딩 효율성 개선 등으로 학습 비용 감소가 이뤄지고 있기 때문이다. 20년 OpenAI의 GPT-3, 23년 메타의 LLaMA, 23년 스탠포드 대학 연구팀이 개발한 오픈소스 언어 모델인 Alpaca의 학습 비용 추이를 보면 감소 폭이 두드러진다. 20년 AI 학습에 460만 달러가 들어가던 것에 비해 30년에는 약 30달러밖에 발생하지 않을 것으로 기대돼 산업 전반에서 AI를 받아들이는 속도가 앞당겨질 것이라 판단된다.

생성형 AI 스타트업 투자 금액 추이

(단위: 백만 달러)

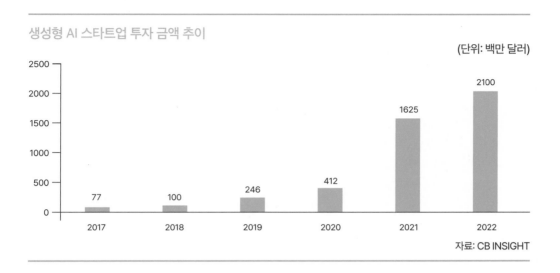

자료: CB INSIGHT

생성형 AI 훈련 비용 추이

(단위: 달러)

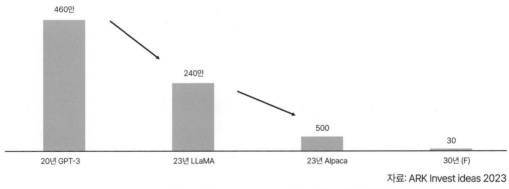

자료: ARK Invest ideas 2023

3. 생성형 AI, 어디를 봐야 할까

생성형 AI 밸류체인

지금까지 생성형 AI의 성장 가능성을 타진했다면, 이제는 생성형 AI가 본격적인 상용화 단계에 진입하며 발생할 막대한 부가가치를 누가 가져갈 것인지 살펴보아야 한다. 그러기 위해서는 AI 밸류체인별 특성에 대한 이해가 선행되어야 한다. 생성형 AI의 밸류체인은 '반도체-클라우드-파운데이션 모델-애플리케이션'으로 구성되어 있다.

생성형 AI 밸류체인 구조도

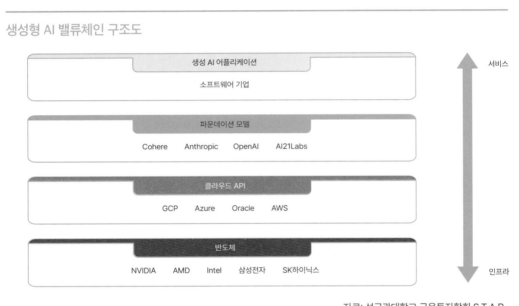

자료: 성균관대학교 금융투자학회 S.T.A.R

4. 파운데이션 모델

생성형 AI의 핵심

파운데이션 모델은 생성형 AI의 원재료이자 핵심이다. 이는 생성형 AI의 기초가 되는 대형 딥러닝 네트워크이며, 다양한 하위 항목에 적용이 가능하다. 파운데이션 모델은 방대한 양의 폭넓은 데이터를 사전에 학습한 이후, 사용자가 원하는 용도나 목적에 맞게 미세조정되거나 문맥 내 학습 과정을 거쳐 활용된다. 특히 자연어 처리, 이미지 생성, 음성 합성 등의 기능을 가지고 있기 때문에, 개발자는 이를 활용하여 시장의 요구에 맞는 다양한 애플리케이션을 개발할 수 있다. OpenAI의 GPT와 구글의 Bard가 대표적인 예다.

성능 = 파라미터 수

파운데이션 모델에서는 경쟁자를 압도하는 성능을 기반으로 생태계를 확장하는 것이 관건이다. 거대언어모델에서 매개변수 개수가 성능에 큰 영향을 미치는 것으로 알려지면서, 2021년을 기점으로 수천억 개의 매개변수가 사용된 모델들이 줄지어 등장하였다. OpenAI의 챗GPT-3.5는 1,750억 개, 구글의 PaLM은 5,400억 개의 파라미터를 가지고 있으며, 수조 개가 넘는 모델 역시 등장하게 되었다.

개발 비용 높아, 주로 빅테크의 영역!

이러한 거대 파라미터는 훈련 과정에서 상당한 컴퓨팅 작업이 요구되기에, 일반적으로 막대한 개발 비용이 발생하게 된다. 또한 훈련을 위해서는 대규모의 데이터와 하드웨어 리소스가 필요하기 때문에, 주로 이를 감당할 수 있는 소수의 빅테크 기업과 이들에게 투자를 받은 스타트업에 의해 지배되고 있다. 대표적으로 OpenAI, Stability AI, Anthropic, Cohere가 존재한다.

최근의 흐름은?

하지만 최근에는 과도한 비용 발생에 따라, 매개변수를 줄이는 대신 질 좋은 데이터를 학습시키고 미세조정하는 방식의 소형언어모델 역시 확산되고 있다. 특정 분야에 한정되어 있다는 단점이 존재하지만, 훈련 비용과 시간을 줄이고 정확도를 높일 수 있다는 장점이 있다. 신속하고 저렴하게 만들 수 있는 데다가 보유한 데이터를 활용하여 맞춤형으로 구축할 수 있기 때문에 개별 기업에 도입하기도 유리하며, 기술 상용화에도 좀 더 용이할 것으로 판단된다.

멀티모달로 발전 중

멀티모달multi-modal로의 발전도 주목해볼 만하다. 텍스트나 이미지 등 단일 유형의 데이터만 다루는 기존 AI에 비해 멀티모달은 이미지, 텍스트, 음성 등을 종합적으로 처리할 수 있기 때문에 잠재력이 높은 분야이며, 24년부터 멀티모달 기반의 생성형 AI 경쟁이 더욱 뜨거워질 전망이다.

5. 반도체

생성 AI의 성장으로 반도체 수요 증가

복잡한 AI 소프트웨어를 구현하기 위해서는 높은 성능의 하드웨어가 필수적이다. 그중 반도체는 생성형 AI의 구동에 핵심적인 역할을 수행한다. 대형언어모델의 학습과 추론에는 무수히 많은 연산이 필요한데, 이를 가능하게 하는 것이 엄청난 수량의 고효율 반도체 칩셋이다. 칩셋이란 여러 개의 마이크로칩과 회로가 모여 여러 기능을 수행하는 반도체 집적회로를 의미한다. 대표적으로 1,750억 파라미터의 챗PGT-3.5 학습에 엔비디아의 A100 GPU 1만 개 넘게 사용되었으며, 상용화를 위해 약 3만 개의 GPU가 요구됐다.

챗GPT를 시작으로 다수의 빅테크 기업들이 인공지능 서버와 슈퍼컴퓨터 투자에 전력을 다하고 있으며, 이는 반도체 수요 증가를 주도하고 있다. 이처럼 생성형 AI 시장의 활성화는 AI 반도체 시장의 동반 성장을 견인할 것으로 기대되는데, 미국의 정보 기술 및 기업 자문사인 가트너Gartner에 따르면 글로벌 AI 반도체 시장 규모는 23년 534억 달러에서 27년 1,194억 달러로 성장할 것으로 전망된다.

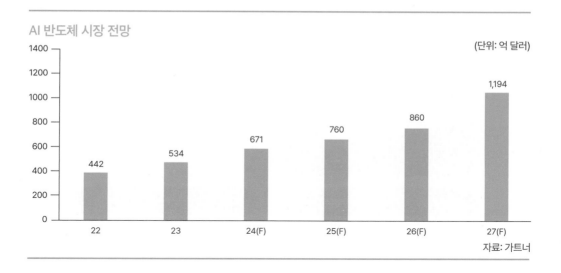

AI 반도체 시장 전망

(단위: 억 달러)

연도	값
22	442
23	534
24(F)	671
25(F)	760
26(F)	860
27(F)	1,194

자료: 가트너

생성 AI에서 가장 핵심은 GPU!

AI가 본격적으로 발전하면서 가장 각광을 받은 반도체는 GPU이다. 이는 생성형 AI 연산에 GPU의 병렬적 데이터 연산 방법이 기능과 속도, 정확성 측면에서 적합하기 때문이다. 대규모의 데이터와 파라미터를 다루기 위해서는 특정된 연산을 수없이 반복 계산해야 되는데, 이를 얼마나 빠르게 수행하느냐가 성능의 차이를 만든다. 이러한 상황에서 기존의 단일 코어 중심의 CPU는 대량의 반복 학습을 처리하기에 속도의 한계가 존재한다. 반면 GPU는 다수의 코어를 통해 한 번에 많은 데이터를 계산하는 병렬 처리 방식을 가졌기 때문에, 빠른 속도로 방대한 양의 데이터를 훈련시켜야 하는 AI 연산에 적합하다.

엔비디아, GPU의 90% 독점

이러한 생성형 AI와 GPU의 성장에 가장 큰 혜택을 본 곳이 엔비디아NVIDIA이다. 이는 엔비디아가 독보적 경쟁력을 바탕으로 AI GPU 시장의 90% 가량을 점유하며, 생성 AI 확대에 따른 혜택을 온전히 받았기 때문이다. OpenAI의 챗GPT 역시 개발과 학습 과정에서 엔비디아의 GPU 수만 개를 연결한 슈퍼컴퓨터를 이용하였다.

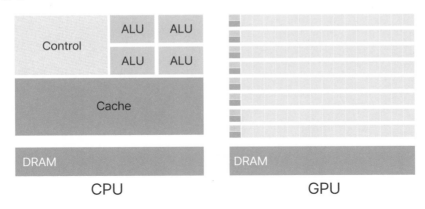

CPU vs GPU

자료: NVIDIA

AI를 도입하려는 기업을 중심으로 반도체 주문량이 늘면서 시장 침체에도 불구하고 엔비디아는 높은 실적을 이어가고 있다. 23년 2분기 기준 매출액 135억 1,000만 달러로 전년 동기비 100% 이상 증가하였으며, 영업이익 역시 1,263% 늘어난 68억 달러를 기록하였다. 이는 매출과 이익, 양 측면에서 시장의 컨센서스를 20%~30% 상회한 수치이며, 특히 23년 주가가 200% 넘게 상승하며 시장의 주목을 받았다.

엔비디아의 성공 비결은?

이러한 엔비디아의 압도적 지위는 1) CUDA를 기반으로 한 강력한 생태계, 2) 세계 최고 수준의 GPU 설계 기술력, 3) 하드웨어/소프트웨어 수직계열화에 기인한다. 특히 엔비디아는 AI GPU에 최적화된 CUDA 소프트웨어를 앞세워 생태계를 장악하고 있다.

일등 공신은 CUDA

CUDA는 C언어 등 다양한 프로그래밍 언어를 이용하여 GPU의 병렬처리 알고리즘을 쉽게 작성할 수 있도록 개발된 프로그램이다. 엔비디아는 GPU 시장 개화 초기 개발자들에게 CUDA 플랫폼을 제공하여, 현재 대부분의 AI 알고리즘은 CUDA 플랫폼을 기반으로 이루어지게 되었다. 이 아키텍처는 엔비디아의 GPU에서만 작동하기 때문에, 일종의 락인 효과가 발생한다. 실제로 구글 메타가 제공하는 프레임 워크는 물론 각종 라이브러리, 도구 등이 엔비디아의 GPU에 의존하고 있는 상황이다. 이에 따라 단기적으로 AI 모델 학습용 인프라에서 엔비디아 GPU 대체는 사실상 불가능하며, 엔비디아의 독점적 지위는 당분간 이어질 것으로 판단된다.

여전히 공급은 부족하고, 가격은 비싸고

이러한 엔비디아의 독점적 지위는 GPU의 공급 부족과 가격 상승으로 이어지게 되었다. 생성형 AI 확대에 따른 타이트한 수급의 영향으로 엔비디아의 H100 한 대 가격은 4만 달러까지 상승하게 되었는데, 그럼에도 여전히 마이크로소프트를 시작으로 글로벌 빅테크 기업들은 엔비디아의 GPU를 조달하기 위해 노력 중이며, 아직까지도 공급이 수요를 따라가지 못하고 있다.

새로운 AI 반도체, 엔비디아 GPU 넘어설 수 있을까?

이에 따라 엔비디아의 칩을 대체하기 위해 AMD의 MI시리즈, 인텔의 가우디까지 등장하였다. 구글의 TPU(tensor processing unit) 사례와 같이 자금력이 풍부한 업체들이 직접 반도체 설계에 나서고 있는 것이다. 범용성을 추구하는 엔비디아의 GPU와 달리, 이들의 솔루션은 AI에만 특화되어 있다 보니 일부 데이터의 경우 엔비디아의 GPU보다 뛰어나기도 하다. NPU는 인공지능 개발에 최적화된 설계를 갖추고 있기에, 동급의 GPU보다 처리 속도도 높고, 우수한 전성비의 장점을 가지고 있기도 하다. 다만 아직까지는 부족한 검증 사례, 기존 제품과의 호환성, 에코 시스템, 비용 등의 문제 때문에 급격히 성장하는 AI 시장의 혜택은 범용 반도체 GPU가 우선적으로 누릴 것으로 판단된다.

주요 AI 반도체 특징

반도체	전력소모	특징	장점	단점
CPU	높음	유연성, 범용성	복잡한 명령 수행	메모리 병목 100개 미만의 적은 코어수
GPU	높음	병렬 연산 효율성	고성능 AI 연산 수천개의 코어로 구성	높은 전력 소모
FPGA	중간	프로그래밍 기능	유연함 하드웨어 수정없이 기능 변경	비싼 가격
ASIC	낮음	목적에 최적화	특정 목적 수행에 최적화	한정된 기능 높은 설계 비용
TPU	낮음-중간	목적에 최적화	TensorFlow에 최적화	google에만 귀속 한정된 호환성

자료: ADUNLK

추론용 시장이 개화된다면 이야기는 달라질 수도!

다만 향후 추론 연산 시장 성장에 따른 NPU의 성장도 주목해볼 필요가 있다. 인공지능의 연산 방식은 크게 훈련과 추론으로 구분되며, 연산의 방식에 따라 적용되는 반도체의 종류와 구조가 다르다. 훈련은 모델을 구축하기 위해 대량의 데이터를 학습시키는 것을 뜻하고, 추론은 학습된 모델을 바탕으로 유저들에게 답변을 제공하는 것을 의미한다.

훈련용 칩과 추론용 칩 개념

자료: ETRI

훈련 단계에서는 복잡한 계산과 소프트웨어를 필요로 하기 때문에 범용성이 뛰어난 엔비디아의 GPU가 당분간은 절대적 지위를 차지할 것으로 보인다. 다만 서비스를 사용자에게 전달하는 추론 단계에서는 상대적으로 요구되는 연산량이 적고, 애플리케이션별로 시장이 세분화됨에 따라 반도체는 특정 분야에 특화된 연산만 수행할 수 있으면 된다. 즉, 추론 단계에서는 GPU의 성능까지 필요하지 않다. 이에 따라 범용성은 떨어지나, 가격 효율성과 전성비가 좋은 NPU 시장이 확대될 가능성이 높다. 구글의 TPU 역시 구글 클라우드 등 자체 AI 서비스에 특화되어 높은 성능을 구현하는 추론용 칩의 일종이다.

추론용 시장은 잠재력이 큰 시장

초기에는 머신러닝 학습을 위해 '훈련용'의 수요가 높지만, 장기적으로 AI가 상용화되면서는 학습 데이터를 기반으로 AI서비스를 구현하는 '추론용' 수요가 크게 증가할 것이라 판단된다. 이는 추론용 시장이 이미 학습된 모델을 기반으로 수많은 응용분야에 적용될 수 있어 확장성과 다양성 측면에서 향후 잠재력이 크기 때문이다. 이에 따라 추론용 시장은 학습용 시장을 뒤따르며 성장할 것으로 전망되며, 25년 이후부터 추론용 칩과 NPU의 본격적 수요를 확인할 수 있을 것이라 판단된다.

훈련용 및 추론용 칩 시장 전망

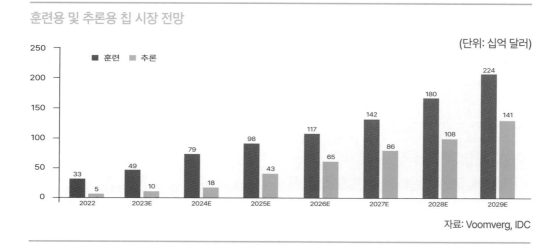

(단위: 십억 달러)

자료: Voomverg, IDC

HBM 역시 폭발적으로 성장할 것

챗GPT가 불러온 AI 투자 확대는 많은 양의 데이터를 빠르게 처리할 수 있는 HBM의 수요 역시 폭발적으로 증가시켰다. HBM은 여러 개의 DRAM을 수직으로 연결하여 기존 DRAM 대비 데이터 처리 속도를 대폭 끌어올린 고대역폭 반도체로 초거대 AI 모델 추론이 HBM의 성능에서 결정지어진다고 해도 과언이 아니다. 현재 HBM은 엔비디아 등 주요 GPU 제조처에 납품되고 있으며, 최근 빅테크 기업들이 자체적으로 AI 모델과 AI 가속기를 개발하면서 그 수요가 다양한 곳으로 확대되고 있다.

글로벌 HBM 시장은 2022년 23억 달러에서 2025년 103억 달러로 연평균 64% 성장할 것으로 전망된다. H100의 경우 HBM3 80GB, GH200은 HBM3E 141GB, AMD의 MI300 Max는 HBM3 192GB을 지원하는 등 GPU당 HBM 탑재량이 증가하고 있는 것도 성장 동력으로 작용할 전망이다.

한국이 HBM 독점 중

HBM은 AI 산업이 성장하는 데 필수적인 하드웨어이며, 전 세계에서 한국 반도체 기업이 HBM 생산의 90%를 차지하고 있다. 현재 글로벌 HBM 수요는 3세대인 HBM2E에서 4세대인 HBM3로 옮겨가고 있는데, 현재 4세대 HBM3 양산이 가능한 기업이 SK하이닉스와 삼성전자라는 점에서, 한국의 24년 HBM 시장 점유율 역시 90% 이상에 달할 것으로 전망된다.

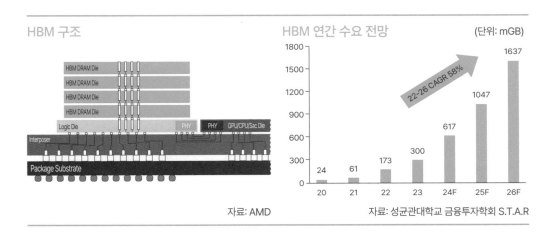

HBM 구조

자료: AMD

HBM 연간 수요 전망 (단위: mGB)

자료: 성균관대학교 금융투자학회 S.T.A.R

AI 가속기당 HBM 탑재량

AI 칩 공급업체	칩	메모리	메모리 캐파(GB)
Nvidia	GH200	HBM3E	141
	H100	HBM3E	80
	A100	HBM2E	80
	A30	HBM2E	24
AMD	MI300X	HBM3E	192
	MI300A	HBM3E	128
	MI200	HBM2E	128
Intel	MAX	HBM2E	128
	Stratix 10	HBM2E	16
Google	TPU v3	HBM2	32
XZilinx	Versal	HBM2E	32

자료: TrendForce

세대별 HBM 비중 추이 및 전망

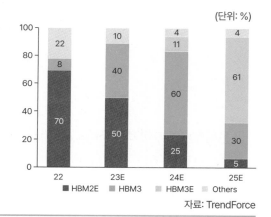

(단위: %)

자료: TrendForce

6. 클라우드

AI의 사용 증가는 클라우드 컴퓨팅 사용 증가로 이어질 수밖에 없다. GPU와 TPU 가 비싸고 부족한 자원이기에 대부분의 기업들이 대규모 AI모델 구축과 조정 및 실행 작업을 GPU 및 TPU 대신 클라우드에서 수행하기 때문이다. 클라우드 인프라를 제공하는 기업에는 대표적으로 마이크로소프트(Azure), 알파벳(Google Cloud), 아마존 (AWS)이 있으며, 멀티 클라우드 전략이 확산됨에 따라 많은 서버를 보유하고 최적의 서비스를 제공하는 사업자들이 더욱 성장할 것으로 판단된다.

7. 애플리케이션

애플리케이션은 파운데이션 모델을 활용하여 사용자가 원하는 결과를 더 빠르게 달성할 수 있도록 지원한다. 텍스트, 동영상, 이미지, 코딩 개발, 3D 등으로 분화되어 서비스 이용이 활발하게 진행되고 있으며, 일반적으로 텍스트로 원하는 내용을 주문하면 인공지능이 만들어주는 Text-to-X 형태가 가장 많이 활용되고 있다. 텍스트를 이미지로 바꾸어주는 어도비의 firefly 앱이 대표적이다.

애플리케이션 단계의 기업들 경우 인프라 영역과 달리 투자 규모와 원천 기술력에 대한 난이도가 상대적으로 낮은 편이다. 이에 따라 진입 장벽이 낮으며 시장 내 경쟁 구도가 치열한 것이 특징이다. 해당 영역에 경쟁 강도가 높은 만큼 미세조정 능력을 비롯하여 소비자의 니즈를 충족시키는 앱 서비스가 향후 경쟁력이자 핵심일 것으로 판단된다.

여전히 인프라, 이제는 애플리케이션까지 보자!

AI 테마 초기 가장 강력한 모멘텀을 지닌 것은 인프라 영역이었다. 그리고 여전히 GPU 쇼티지에 결정적인 역할을 하고 있는 빅테크들의 수요가 강력하다는 점에서, AI 인프라에 대한 대대적인 투자는 24년에도 지속될 것으로 보인다.

그러나 인프라 투자 광풍 이후 시선은 서비스단으로 이동할 것으로 판단된다. 실제로 지갑을 열어 지속 가능성을 부양해줄 주체는 최종 소비자이기 때문이다. 최종 소비자를 대상으로 한 서비스들이 본격적으로 개화되어야 생성형 AI가 단기적인 테마가 아니라 장기적인 트렌드로 전환될 수 있다.

이제는 다양한 오픈소스 모델의 등장에 따라 상용화가 가능한 수준의 기술 확보가 어느 정도 용이해진 상태이기에, 이를 어떻게 활용해서 수익화할 서비스로 만들어내는지가 중요해지고 있다. 주요 기업들이 기업 가치를 확대하기 위해 경쟁적으로 생성형 AI 제품을 출시하면서 애플리케이션 시장이 급격히 성장할 전망이다. 가트너는 23년 5% 미만에 불과했던 기업의 생성형 AI 애플리케이션 도입이 26년 80%까지 증가할 것이라 전망하였다.

애플리케이션 시장은 가장 빠르게 확장되고 큰 가치 창출 기회를 제공할 것으로 예상되며, 독점적인 데이터를 사용하여 애플리케이션을 세밀하게 조정하는 기업이 상당한 경쟁우위를 얻을 것이라 전망된다.

8. AI 응용 산업을 보는 이유

AI는 등장과 동시에 여러 산업 분야에 걸쳐 사용되기 시작하였으며, 이 과정에서 AI는 각 산업이 기존의 틀에서 벗어나 새로운 도약을 하게 해주는 도화선으로서 역할을 충실히 해냈다. 인간이 하는 일을 더 빠르고 정확하게, 그러나 더 낮은 가격으로 대체해주는 AI의 근본적인 특징은 여러 산업 내에서 AI가 받아들여지는 데 결정적인 역할을 했다고 볼 수 있다. 점차 각 산업군 내에서 AI의 입지가 높아지고 있기에, 최근 생성형 AI의 등장으로 각 산업은 또 한 번 급격한 변동이 일어날 것으로 전망된다. 심지어 기존에 AI를 채택하지 않았던 분야로도 생성형 AI가 확대될 조짐을 보이고 있는데, 이는 앞 부분에서 언급한 생성형 AI의 높은 편의성과 생산성, 범용성 등의 특징에 기인한다.

따라서 생성형 AI의 도입 이후 각 산업의 향후 진행 방향을 파악하는 것이 중요해졌다. AI가 적용되는 산업 분야에는 금융, 의료, IT, 운수 및 물류, 에너지, 소매 및 전자상거래, 제조업 등 여러 산업이 존재한다. 서비스 분야로의 확장이 기대되는 생성형 AI의 특징상, 일반 소비자들이 주위에서 쉽게 접할 수 있는 산업 전반에서 큰 변화가 일어나고 있는 것이다.

생성형 AI 시장

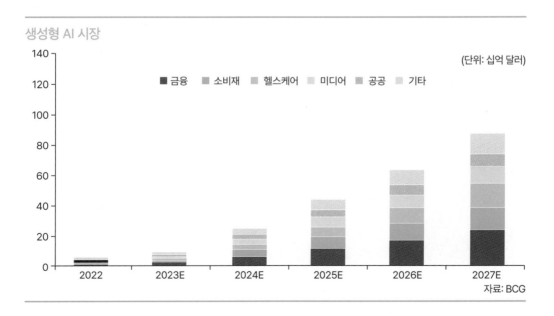

(단위: 십억 달러)

■ 금융 ■ 소비재 ■ 헬스케어 ■ 미디어 ■ 공공 ■ 기타

자료: BCG

그러나 모든 응용 분야에서 AI의 현황을 살펴보는 것은 현실적으로 불가능하기에, 본문에서는 1) 금융 산업, 2) 헬스케어 산업, 3) 미디어 엔터/게임 산업 내에서 AI가 어떻게 응용되고 있는지에 대해 다룰 것이다. 위와 같은 3가지 산업을 선정한 이유는 다음과 같다. 1) 현재 AI 응용 산업 분야 중 가장 큰 시장을 구성하고 있고, 2) AI 응용 산업 중 가장 빠른 성장세를 보이고 있으며, 3) 생성형 AI 중에서도 차세대 AI 주역으로 떠오를 이미지 생성형 모델의 특징이 가장 돋보이는 산업이기 때문이다.

생성형 AI의 도입으로 어느 때보다 AI 산업에 대한 기대감이 고조되고 있는 지금, AI 뿐만 아니라 AI 응용 산업을 살피는 것은 투자의 방향성을 설정하는 데 중요한 지표가 되어줄 것으로 예상한다. 따라서 앞부분에서 제시된 직접적인 생성형 AI 밸류체인과 더불어, 각 산업 내의 AI 발전 현황 및 미래 청사진을 통해 AI 및 생성형 AI에 대해 주목할 것을 제안한다.

AI 응용 산업 맛보기

1. 금융 산업

   금융 산업이 AI 응용 산업 내에서 약 20%로 가장 큰 비중을 차지하고 있다. 금융 AI 산업은 연평균성장률 +38%로 성장해 26년 기준 562억 달러 규모의 시장을 이룰 것으로 예상한다. 정보기술 컨설팅 업체인 캡제미니Capgemini에 따르면, AI를 활용해 지능형 자동화를 이루어냈을 때, 금융 산업 매출 증대 효과가 최대 5,100억 달러에 달할 것으로 추정된다. 그만큼 금융 산업 내에서 AI가 차지하는 중요도는 높다고 볼 수 있다. 금융 분야의 AI 활용은 우리에게 가장 익숙한 앱 내 챗봇에서 시작되었지만, 현재는 주로 금융기관 내부 업무를 수행하는 데 활용되고 있다.

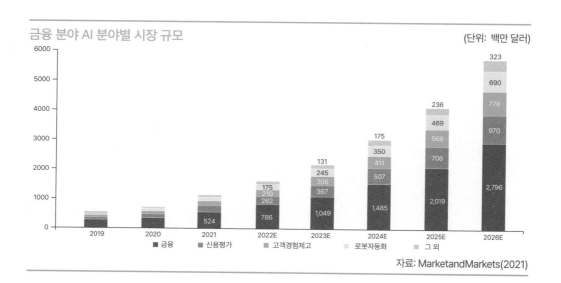

금융 분야 AI 분야별 시장 규모 (단위: 백만 달러)

자료: MarketandMarkets(2021)

금융 산업 내 AI 활용은 1) 고객 서비스 수준 향상, 2) 업무 효율성 향상 및 비용 절감, 3) 금융기관 고도화를 이끌어낼 것으로 전망된다.

고객 서비스 수준 향상

금융 산업은 생성형 AI 기술을 활용하여 고객 서비스 수준을 챗봇 및 앱 중심으로 향상시키고 있다. 키워드 중심이었던 과거의 챗봇은 생성형 AI의 등장에 따라 자연어 처리 기술을 통해 업그레이드되었으며, 결과적으로 현재는 소비자의 요청에 대한 즉각적 지원과 소비자 문의에 대한 답변을 시의적절하게 제시할 수 있게 되었다. 챗봇은 은행의 짧은 영업시간으로 인한 소비자들의 불편함을 해결할 수 있기에, 소비자의 편의성을 높이는 데 도움이 된다. 또한 챗봇 사용성을 크게 높여, 기존 젊은 세대에 국한되었던 챗봇 이용자에 다양한 연령대를 포괄하고 있다. Bank of America의 모바일 앱 Erica는 챗봇은 아니나, 음성인식 기술을 사용해 중장년층 소비자의 사용성을 크게 높였다.

업무 효율성 향상 및 비용 절감

생성형 AI는 반복되는 업무를 자동화시켜 인력의 효율성을 증가시킨다. 반복되는 업무는 AI가 맡고, 일반 직원은 민감하거나 중요한 정보를 다루는 일에 집중할 수 있게 되는 것이다. 실제로 Bank of America는 Erica 출시 이후 100만 시간 이상을 절약하였다는 활용 결과가 있다. 또한 주로 오프라인 창구에서 진행되는 고객 대응 업무가 줄어 오프라인 점포를 운영하는 데 드는 비용도 아낄 수 있다. 이처럼 판매관리비 중 인건비 비중이 높은 금융 산업의 특성상, 생성형 AI의 도입 시 비용을 아껴 영업이익을 상승시키는 데 큰 도움이 될 것이라 판단한다.

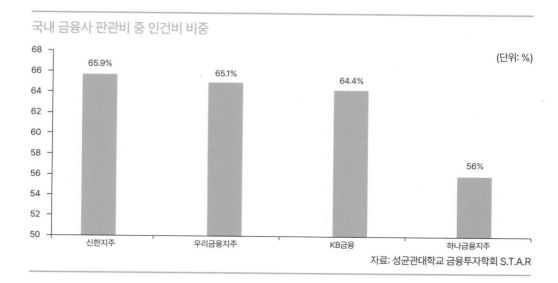

국내 금융사 판관비 중 인건비 비중

(단위: %)

65.9% (신한지주)
65.1% (우리금융지주)
64.4% (KB금융)
56% (하나금융지주)

자료: 성균관대학교 금융투자학회 S.T.A.R

금융기관의 고도화

생성형 AI는 고객의 평소 결제 활동 패턴이나, 거래 특징을 파악해 이상 거래 발생 시 보이스피싱과 같은 사기 행위를 미연에 방지할 수 있다. 또한 복잡한 신용 분석 절차를 간소화해 대출 관련 의사결정 기간을 줄일 수 있으며, 개인 투자 성향을 파악해 맞춤형 투자 정보를 제공하는 등 금융기관 고도화를 이끌어낼 수 있을 것으로 판단한다.

개인별 투자 설계에 대한 의심

그러나 AI를 사용해 개인별 투자 포트폴리오를 설계하는 '다이렉트 인덱싱' 같은 경우, 투자가 정량적 데이터만을 활용하는 게 아닌 시장의 갑작스러운 이벤트나 대중들의 주관적인 반응과 비정량적 데이터들과도 밀접한 관련이 있다는 점에서 그 실효성에 대한 부정적인 의견이 존재하기도 한다.

2. 헬스케어 산업

가장 빠르게 성장할 헬스케어 AI 산업

헬스케어 산업은 AI 응용 산업 중 타 산업 대비 가장 빠른 성장세를 보여줄 것으로 전망된다. 23년 기준 의료 AI 산업 시장 규모는 206억 달러 규모로, 30년까지 연평균 +36.7%로 성장해 약 1,880억 달러 규모에 도달할 것으로 예상된다.

헬스케어와 AI, 떨어질 수 없는 사이

헬스케어 AI 산업의 급속한 성장은 1) 현재 AI 관련 산업 투자의 15%~20%가량이 헬스케어 AI에서 이루어진다는 점, 2) 헬스케어 산업 내에서 AI에 대한 관심도가 높아지고 있다는 점, 3) 주요 글로벌 기업들이 의료산업에 진출하고 있다는 점에서 기인한다.

모건스탠리에 따르면, 헬스케어 산업 내 인공지능(AI) 및 머신러닝(ML) 예산 비중은 22년 기준 5.5%에서 24년 10.5%로 증가할 것으로 보인다. 또한 실제로 23년 3분기 기준 전분기 대비 AI 동의어 집단 언급 수 증가율이 75%로 늘고 있다는 점을 통해서도 헬스케어 산업에서의 AI에 대한 관심도가 증가하고 있다는 점을 파악할 수 있다.

전분기 대비 AI 언급 증가율

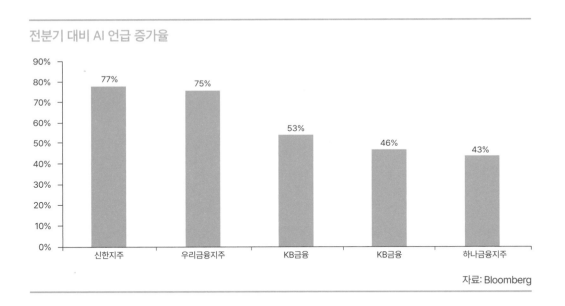

자료: Bloomberg

주요 기업들의 헬스케어 AI 산업 진출

주요 글로벌 기업들의 헬스케어 AI 산업 진출은 투자나 플랫폼 개발 형태로 이루어지고 있다. 주목할 만한 사례로는 글로벌 반도체 기업인 엔비디아의 AI바이오업체 '리커전'에 대한 5,000만 달러 투자가 있다. 엔비디아는 리커전에 대한 투자를 통해 AI 신약 개발 플랫폼을 고도화할 계획이라 밝혔다. 빅테크 기업의 헬스케어 AI로의 진출도 눈여겨볼 만하다. AWS는 의료용 클라우드를 일반적 클라우드와는 별도로 제공하고 있으며, 대표적 고객사로는 필립스와 루닛 등이 있다. 원격 의료 AI 스타트업인 루닛은 제공된 AWS 클라우드를 활용하여 AI 원격 의료 영상 분석 소프트웨어를 개발한 바 있다.

생성형 AI의 헬스케어 산업 내 놀라운 가능성 확인

AI 기술이 가져온 가장 가시적인 충격은 20년 구글 딥마인드에서 개발한 알파폴드-2가 성공시킨 단백질 구조 분석이었다. 알파폴드-2는 딥러닝을 통해 헬스케어 분야의 데이터를 학습한 인공지능 프로그램으로 10여 년간 풀리지 않아 생물학계의 난제였던 단백질 구조 분석을 30분 만에 해결했다. 이 성과를 통해 유전자 변이가 질병에 미치는 영향을 파악할 수 있게 되었다.

알파폴드로 훨씬 많아진 단백질 구조 데이터베이스

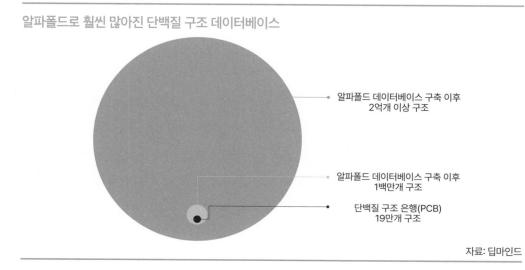

알파폴드 데이터베이스 구축 이후
2억개 이상 구조

알파폴드 데이터베이스 구축 이후
1백만개 구조

단백질 구조 은행(PCB)
19만개 구조

자료: 딥마인드

3. 헬스케어 산업 - 데이터 솔루션

헬스케어 데이터 소프트웨어 솔루션의 도입

헬스케어 데이터 분야에서 향후 AI 응용 영역은 무궁무진하다. 헬스케어 AI 산업 내에서 헬스케어 데이터 소프트웨어 솔루션 산업이 차지하는 비중은 21년 기준 약 39.5%에 달했으며, 가장 고속 성장을 하고 있는 분야로 꼽혔다. 단순히 데이터를 수집하고 저장해 정리할 뿐만 아니라 의미 있는 정보를 끌어내 정보 수집자에게 제공하는 역할을 해낼 수 있기 때문이다. 의료 분야를 예로 들자면 진찰 데이터를 통해 의료진에게는 최적의 환자 치료 방안을, 환자에게는 개인에게 최적화된 처방 및 향후 질병 관리 방안을 제공하는 것이다. 데이터 소프트웨어 솔루션의 경우, 데이터 그 자체를 다루기 때문에 헬스케어 산업 내 타 분야에 비해 받아들여지는 데 거부감이 적다.

지금 주목해야 할 데이터: 의료 데이터

헬스케어 내 의료, 바이오, 생명과학 등 여러 분야에서 데이터 소프트웨어 솔루션 산업이 각광받고 있으나, 그중에서도 가장 주목할 만한 분야는 의료 분야이다. 이는 1) 주요 국가의 헬스케어 비용 중 의료서비스의 비중이 가장 크다는 점, 2) 의료 데이터의 활용이 아직 활발히 이루어지지 않고 있다는 점, 3) 개인 맞춤형 헬스케어 분야로의 확장이 기대된다는 점에서 기인한다.

헬스케어 내 의료서비스 비중

OECD 국가 중 헬스케어 관련 지출이 가장 큰 국가인 미국을 살펴보면, 전체 헬스케어 비용 중 약 64%를 의료서비스가 차지한다는 것을 알 수 있다. 의료서비스를 제공하는 대표적인 기관은 병원이다. 대략 4,660여 개의 병원들이 의료 데이터 소프트웨어 솔루션 등의 의료서비스에 780만 달러를 지출하고 있으며, 이는 병원의 영업비용인 약 2억 900만 달러의 3%에 달하는 수준이다. 미국뿐만 아니라 일본, 한국, 중국 등 주요 국가들에서도 전체 헬스케어 비용 중 의료서비스 비용이 차지하는 비중이 각 64%, 56%,

33%으로 가장 높은 것을 알 수 있다. 이를 통해 헬스케어 산업 중에서도 의료서비스에서의 데이터 소프트웨어 솔루션 산업이 가장 성장성이 클 것으로 추정된다.

또한 병원에서 실시간으로 방대한 의료 데이터가 생성되고 있음에도 불구하고 데이터의 97%는 활용되지 않은 상태로 저장만 되고 있다는 사실 또한 AI 기술을 접목한 데이터 소프트웨어 솔루션의 활용 방안에 대한 기대감을 부여한다.

주요 국가의 헬스케어 비율

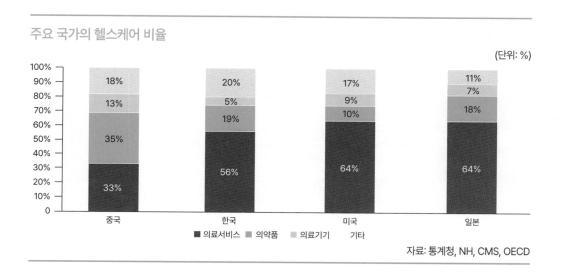

(단위: %)

자료: 통계청, NH, CMS, OECD

빅테크 기업의 진출

의료 산업 내의 데이터 소프트웨어 솔루션 산업에 대한 기대는 막연한 것이 아니다. 실제로 가능성을 엿본 구글, 마이크로소프트와 같은 빅테크 산업들이 이미 각 사의 생성형 AI를 활용해 의료 AI 분야에 진출할 계획을 밝혔다. 구글은 버텍스 AI 서치 플랫폼에 구글 클라우드의 헬스케어 API와 검색 엔진을 통합하여 의료 검색 기능을 제공할 것이며, 마이크로소프트는 AZURE AI서비스에 의료 기관용 서비스를 더한 챗봇 서비스를 제공할 것으로 예상된다.

AI가 의료 데이터 소프트웨어 솔루션에 활용되는 방식은?

의료 데이터 소프트웨어 솔루션에는 EHR(전자건강기록), PACS(의료영상저장 전송 시스템) 등이 활용된다. EHR은 환자의 진료 정보를 전산화한 것이며, PACS는 영상 진단 장치로 촬영한 환자의 영상 정보를 획득해 판독과 진료기록를 함께 전송 및 관리하는 전통적 시스템이다. 업무 전산화에 불과한 두 시스템에 AI의 도입은 더 편리하고 효율적인 환자 관리 및 치료를 가능하게 할 것으로 전망한다.

EHR, PACS 와 AI의 결합

자료: 성균관대학교 금융투자학회 S.T.A.R

구글: 버텍스 AI

예를 들어, 앞에서 언급했던 구글의 '버텍스 AI'의 경우 의료 검색 기능이 주요 기능이다. 구글은 구글 클라우드를 통해 버텍스 AI 서치 플랫폼에 API와 헬스케어 데이터 엔진을 통합해 제공하며, 해당 검색 기능의 사용자는 의료용 LLM인 매드-팜2와 결합해 더 쉽게 전문적인 의료 정보를 찾을 수 있다. 의료진은 환자의 병력에 대해 EHR을 일일이 확인할 필요 없이 '버텍스 AI'에 질문을 던져 환자의 투약 기록이나 타 병원에서의 진료 기록 등 환자에 대한 필요한 정보를 손쉽게 얻을 수 있다.

One-stop: 진단-치료-청구

이 외에도 AI, 특히 생성형 AI와 결합된 EHR은 의료 서비스 내에서 의료진에게 의료 정보를 요약해 보여주거나, 복잡한 임상 용어에 대한 자동 완성 기능을 제공하고, 음성 인식 기술을 활용해 의료진과 환자 간의 대화를 듣는 것만으로도 최적의 치료 방안을 제시하는 등 다방면에서 활용될 수 있다. 특히 웨어러블 기기나 보험금 청구 시스템과의 결합을 통한 부가가치 창출도 기대가 된다. 웨어러블 기기에서 추출되는 데이터를 통해 환자의 평소 건강 관리가 용이해질 뿐만 아니라 병원 방문 시 웨어러블 기기를 통해 평소 축적했던 환자의 건강 데이터를 기반으로 출력되는 맞춤형 치료 방안부터 보험금 청구 과정까지 One-stop 형식으로 이루어질 것으로 예상되기 때문이다.

의료기관의 효율성은 UP, 비용은 DOWN

AI를 활용한 데이터 소프트웨어 솔루션은 편리성이나 치료의 효율성뿐만 아니라 의료 서비스의 공급자 측면에서도 매출 증대 및 비용 절감 효과로 이어질 수 있다. 이는 환자 정보 검색이나 임상 용어 탐색 등의 치료와 직접적인 관련도가 떨어지는 불필요한 행위에 대한 의료진의 노력과 비용을 줄이는 대신, 고부가가치 창출이 가능한 행위에 의료진이 집중할 수 있기 때문이다.

가시화된 AI 데이터 소프트웨어 솔루션의 효용성

AI 데이터 소프트웨어 솔루션을 활용하는 경우가 늘며 의료기관의 재무 효율성 증가를 실제로 보여주는 사례가 나타나고 있다. 미국의 헬스케어 기업인 카이저 퍼머넌트는 데이터 소프트웨어 솔루션을 도입한 뒤, 검사 비용과 사무실 방문 비용 등에서 총 10억 달러를 절감한 바 있다. 미국 콜로라도에 위치한 UC Health 병원 또한 수술실 이용 계획을 최적화해 수술 관련 매출을 4% 증가시켰다. 또한 솔루션을 활용해 단순히 비용뿐만 아니라 환자 한 명당 평균적으로 소요되는 행정 업무 처리 시간을 줄일 수 있다. 이를 바탕으로 부족한 의료 인력을 충원하는 효과 또한 나타날 것으로 예상한다. 따라서 앞으로 의료기관에서 데이터 소프트웨어 솔루션을 사용하는 경우가 늘며 이러한 사례를 찾기는 더 쉬워질 것으로 예상된다.

4. 헬스케어 산업 - 영상 및 진단 의료기기

앞서 살펴본 데이터 소프트웨어 솔루션과 달리 의료기기에 활용되는 AI 기술은 독자적 기술이라기보다는 이미 쓰이는 의료기기의 활용도를 높이는 데 중점을 두고 있다. 그리고 이러한 역할을 제일 잘 활용할 수 있는 의료기기 분야는 의료 영상 및 진단 분야이다. AI는 이미지를 인간보다 객관적이고 정확하게 분석하는 특징이 있기 때문이다. 따라서 의료 영상 및 진단 AI가 연평균 +58.1%로 성장해 27년에는 헬스케어 AI 산업 분야에서 가장 큰 규모를 차지하며, 약 122억 300만 달러 규모의 시장을 이룰 것으로 전망된다.

진단형 의료기기 AI의 오늘과 내일

영상 및 진단 AI에서 가장 많은 비중을 차지하고 있는 품목은 방사선 관련 AI 기술이다. FDA 인증 AI 및 머신러닝 기반 의료기기 약 521개 중 392개(약 75%)는 방사선학을 기반으로 하는 의료기기이다. 이를 통해 의료기기용 AI는 거의 대부분 직접 의료기기로서 역할을 하기보다는 영상을 판독하는 기술에 머물러 있음을 파악할 수 있다.

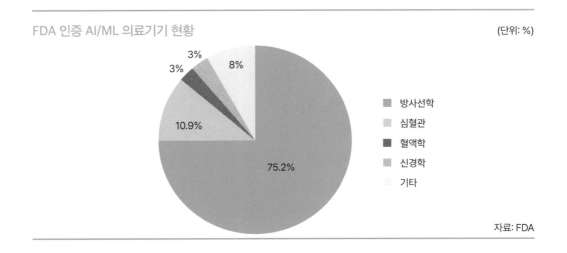

FDA 인증 AI/ML 의료기기 현황 (단위: %)

- 방사선학 75.2%
- 심혈관 10.9%
- 혈액학 3%
- 신경학 3%
- 기타 8%

자료: FDA

보조 도구에서 단독 의사결정까지

현재 영상 및 진단 AI 기술은 현장에서 의료용 데이터를 분석해 의사의 진단을 보조하는 역할(CDSS)로서 대부분 활용되고 있다. AI 빅데이터를 활용하면 영상에 대한 빠르고 정확한 판단이 가능하다는 장점이 있지만, 인공지능에게 단독으로 의사결정을 맡기기에는 기술 도입 초기 단계에 머물러 있다고 판단되기 때문이다. 그러나 AI의 단독 의사결정은 빠른 시일 내에 가능해질 것으로 전망된다. 이는 부족한 의료 영상 판독 인력 및 관련 정책의 변동에서 기인한다. 국내 영상전문의는 전체 전문의 숫자의 5% 이내로, 그 수가 매우 부족하다. 이는 다른 주요 국가들도 크게 다르지 않다. WHO는 결핵 검진 및 선별검사에 있어 의사의 엑스레이 판독 대안으로 AI를 단독 사용할 것을 권고했으며, FDA 또한 망막 촬영 카메라에 당뇨병성 망막증을 진단하는 AI기술인 Idx-DR을 승인했다. 이는 FDA 최초의 AI 단독 진단이 가능한 인허가이다.

앞으로 나아갈 방향은?

앞으로 의료기기 시장에서의 AI는 영상 및 진단뿐만 아니라 병리학 영역으로의 확장이 기대된다. 병리학 분야로 발전할 경우, 의료기기 AI 시장의 매출 증대와 바이오 산업과의 협업을 기대할 수 있을 것이다.

의료 영상 AI 관련 기업인 '루닛'은 실제로 병리학 분야로의 진출을 가시화했다. AI 영상 분석 솔루션을 제공하는 루닛 인사이트 사업부와 AI 바이오 마커 플랫폼을 제공하는 루닛 스코프 사업을 동시에 운영하며, 영상 및 진단 AI 기업이 병리학 분야로 나아가는 선구자로서의 역할을 해내고 있는 것이다.

5. 헬스케어 산업 - 생명과학/바이오

신약 개발에 소요되는 시간과 비용 감축

AI 신약 개발 시장 규모는 25년까지 연평균 +47%로 성장해 약 59억 달러에 이를 것으로 전망된다. 위에서 언급된 인공지능 프로그램인 알파폴드-2의 단백질 구조 분석 성공 등과 같이 AI의 발전은 생명과학 분야에 지대한 영향을 미치고 있으며, 단백질 및 유전체를 대상으로 한 분석 기술뿐만 아니라 신약 개발을 하는 데까지 변화를 일으키고 있다. 특히 신약 개발 분야의 경우, AI 기술을 활용해 기존의 치명적 단점이었던 평균 10년 이상의 장기간에 걸쳐 진행되는 연구/허가 과정 및 적게는 수백 억에서 많게는 몇 조 원이 소요되는 고비용 문제를 해결할 수 있을 것으로 기대된다. 실제로 알파폴드-2를 신약 개발 과정에 활용할 경우, 전임상 비용을 기존 비용 대비 20% 수준으로 낮추고, 소요되는 기간 또한 절반 가량으로 줄일 수 있을 것이라는 연구 결과가 존재한다.

신약 개발 전반의 효율성을 높여줄 AI

AI는 신약 개발의 전반적 단계에 대부분 관여한다. 신약을 개발하기 이전 타깃 발굴부터, 신약 연구 단계에서 유효물질 및 선도물질을 발굴하고 연구하며, 전임상 및 임상 단계에서 실험 결과를 예측하고, 시판 이후에는 신약에 대한 추적을 가능하게 하는 것이다. 특히 AI 신약 개발 플랫폼을 가진 기업들의 경우, 계속해서 파이프라인을 뽑아낼 수 있다는 점에서 큰 장점을 갖는다. 제약사 입장에서는 파이프라인을 계속해서 뽑아내야 신약을 개발해 수익을 창출할 수 있기 때문이다. AI 기술을 활용하면 신약 개발 전 단계에서 소요되는 시간과 비용을 평균 1/3까지 단축 가능하다. 실제로 화이자는 AI를 활용해 mRNA 코로나 백신 개발을 10.8개월로 단축한 바 있다.(평균 백신 개발 소요기간은 10.7년이다) AI 신약 개발 기업인 익센시아Exscientia 또한 20년 최초로 AI 플랫폼을 활용하여 찾은 후보물질의 임상실험 단계에 돌입했는데, 임상실험까지의 개발기간 단계를 기존 평균 5년에서 채 1년이 되지 않는 기간으로 줄였으며 후보물질 수 또한 20% 정도 수준으로 줄여 비용 또한 절감했다는 평을 받고 있다.

AI 신약 개발 기업의 운영 형태

현재 AI 신약 개발 기업은 기존 제약 산업과 거의 유사하게 외주형 및 직접 개발형으로 분류할 수 있다. 1) AI 플랫폼을 가진 외주형 기업은 제약사에서 연구를 위탁받고, 2) 회사 자체의 머신러닝 기술을 보유한 직접 개발형 기업은 신약 개발 전반 과정에 직접 나선다. AI 신약 개발의 성과가 가시화됨에 따라 글로벌 대형 제약사들 또한 적극적으로 AI 신약 개발 기업과의 파트너십을 맺고 있으며, 이는 서로에게 안정적 매출 발생처와 연구 효율성을 높일 수 있다는 점에서 win-win으로 보여진다. 대표적인 글로벌 대형 제약사와 AI 신약 개발사 간의 계약으로는 사노피Sanofi와 익센시아가 22년 체결한 53억 달러 규모의 항암제 관련 계약이 있다.

얼마 남지 않은 확인의 시간

다만 항상 그러하듯, 신약 개발에서의 핵심은 임상 통과인 만큼, AI 기술을 활용해 임상 시험 성공률이 얼마나 될지에 대해서는 지켜봐야 할 것으로 예상된다. AI 신약 개발 기업들이 이제 막 임상2상 단계에 진입하기 시작하였기에, 관련 사례는 24년~25년이나 되어야 확인이 가능할 것으로 전망한다.

6. 미디어 및 엔터테인먼트

인간과 AI의 경계가 모호해지는 미디어 산업

생성형 AI의 등장으로 인간 고유의 영역으로 여겨졌던 '창작' 영역에 대한 구분이 모호해졌다. 특히 이미지 생성형 AI가 AI의 차세대 주역으로 꼽히며 이미지나 비디오 등의 콘텐츠를 창작해 활용하는 미디어 및 엔터테인먼트 분야에서 AI의 도입이 활발해질 것으로 예상한다. 미디어 및 엔터테인먼트 분야 AI 산업은 21년 기준 179억 달러 규모에서 연평균 +31.89% 성장해 28년에는 약 44억 달러 규모에 달할 것으로 예상한다.

미디어 업계 전반으로 확장 중인 생성형 AI

AI 기술은 영화나 드라마 등 영상 산업에서 적극적으로 활용되고 있다. 촬영 이후 편집 과정에서 AI 기술을 활용해 편집 시간과 비용을 줄이고, AI 보이스 클로닝이나 페이스 디에이징 효과 등을 도입하고 있는 것이다. AI 보이스 클로닝이란 AI가 배우의 목소리와 억양 등을 흉내 내는 기술이며, 페이스 디에이징이란 AI 기술을 통해 배우의 과거 이미지를 생성하는 것이다. 뿐만 아니라 각본 제작 과정에서도 AI를 활용할 수 있는데, 대표적 예로 디즈니가 있다. 디즈니는 엔비디아가 개발한 이미지 생성 알고리즘을 활용하여 배우의 얼굴을 디에이징시키거나 에이징시킬 수 있는 FRAN(Face Re-aging Network) 기술을 적극 활용하고 있다.

영상 플랫폼 산업에서의 기술 활용

최근 영상 중심의 플랫폼이 인기를 끌며, 영상 편집 도구에 대한 수요가 증가하는 경향을 보이고 있다. 이에 콘텐츠 편집 플랫폼의 전통적 강자인 어도비는 사용자의 명령에 따라 이미지와 비디오를 생성하거나 편집하는 데 활용되는 생성형 AI 기반 모델 '파이어플라이'를 베타버전으로 출시한 바 있다. 숏폼 플랫폼의 강자인 틱톡 또한 텍스트를 입력하면 관련 이미지를 생성해주는 생성형 AI '그린스크린' 기능을 제공하기 시작했다. 비디오 플랫폼에서 AI를 통해 개인 맞춤형 콘텐츠를 추천받던 시대에서, 생성형 AI를 활용해 스스로 비디오를 만들기 쉬워진 시대에 들어선 것이다.

엔터 산업에서의 기술 활용

엔터 분야에서도 생성형 AI의 등장으로 버추얼 휴먼(가상인간)에 대한 관심이 급증했다. 기존에는 AI 기술을 활용해 인간 외양만을 닮은 버추얼 휴먼을 출시했다면, 생성형 AI 기술의 도입 이후 등장하는 버추얼 휴먼은 데이터 학습을 통해 사람들과의 자연스러운 소통이 가능해진 것이다. 따라서 팬들과의 소통을 중시하는 아이돌이나 인플루언서, 심지어는 쇼호스트 역할을 수행하는 버추얼 휴먼의 등장이 증가할 것으로 예상된다. 버추얼 아이돌로 가장 화제성을 불러일으켰던 예시로는 SM엔터테인먼트의 '나비스'가 있으며, 버추얼 인플루언서로는 신한 라이프 광고에 등장 후 많은 사람들의 관심을 받았던 '로지'가 있다. 버추얼 아이돌이나 인플루언서들은 실제 아이돌이나 인플루언서가 갖는 사생활 영역에서의 리스크(범죄, 비도덕적 행위로 인한 이미지 추락)나 계약 등과 관련한 여러 법적 제약에서 자유롭다는 점에서 광고계에서 선호되고 있다.

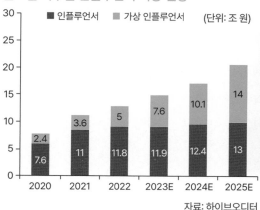

글로벌 버추얼 인플루언서 시장 전망

자료: 하이브오디터

버추얼 인플루언서 로지

자료: 성균관대학교 금융투자학회 S.T.A.R

다만, 실제 인물의 목소리나 얼굴을 AI 기술을 통해 합성하거나 편집하는 것은 가짜 뉴스나 저작권 등의 문제에 직면할 가능성이 높다. 따라서 여전히 미디어 업계에서의 AI 규제에 대해서는 논의가 필요한 상황이다.

7. 미디어 및 엔터테인먼트 - 게임

생성형 AI의 도입으로 판도가 바뀔 분야: 게임

게임 산업은 생성형 AI의 도입으로 가장 혁신적인 변화를 경험하는 산업이 될 것으로 예상된다. 이는 게임 산업의 기술 및 노동집약적인 성격에서 기인한다. 게임의 3대 요소는 기획, 디자인, 프로그래밍이다. 스토리 라인을 구성하고, 그래픽 및 사운드를 프로그래밍한 게임에 입히는 과정에는 막대한 비용이 소요된다. 특히 각 과정에서 전문적 기술을 요구하므로 게임 산업 내에서 인건비로 지출하는 비중은 매출 대비 약 1/3로 타 산업 대비 높은 수치를 보인다. 따라서 AI 도입 시 가장 기대되는 부분은 제작비 감소이며, 실제로 코로나 이후 잠시 침체되었던 게임 산업에 활기를 불어넣어줄 것으로 기대된다. 또한 게임 업계에서는 기존에도 NPC 모델링이나 채팅 등에 AI 기술을 도입해 왔었기 때문에, 생성형 AI 또한 자연스레 녹아들 것으로 예상한다.

비용 감소가 불러올 게임 산업의 혁명

게임 공급자인 기업의 경우 생성형 AI 도입을 통해 1) 프로그래밍 분야와 2) 디자인 분야의 비용을 줄일 수 있을 것으로 판단한다. 게임 개발 비용 중 약 65%는 프로그래밍 및 디자인이 차지한다. 트리플 A급의 게임을 제작하는 데 적어도 국내에선 100억 원, 글로벌 기업에선 1,000억 원 이상 드는 것을 고려하면 큰 비용을 아낄 수 있게 되는 것이다. 트리플 A급 게임이란 전 세계적으로 수백만 장 이상의 판매량을 기록하는 초대형 블록버스터 게임을 의미한다.

AI 도입으로 훨씬 간편해지는 프로그래밍

게임 산업 내에서 프로그래밍은 노코드 개발 툴이 보편화될 것으로 예상된다. 노코드 개발 툴이란 프로그래머가 개발 시 일일이 코드를 입력하지 않고, 프로그램의 힘을 빌려 개발할 수 있게 하는 프로그래밍 도구를 의미한다. Github의 Copilot 등을 활용하면 단순한 코딩 같은 경우에는 AI가 수행하고, 프로그래머는 AI가 해결할 수 없는 고난이도의 프로그래밍에 집중할 수 있다. 프로그래밍에 있어서의 AI 기술 도입은 22년 이후 빅테크 기업 및 게임 산업에 불었던 프로그래머에 대한 구조조정 이후 본격화된 것으로 판단된다.

디자인 비용 획기적 감소

게임 산업 내의 디자인 분야에서도 특히 생성형 AI의 도입으로 인해 필요한 인력이 줄어들고, 관련 비용을 크게 감소할 수 있을 것으로 예측한다. DALL-E나 Stable Diffusion 등 이미지 생성형 AI의 도입으로 원하는 디자인 요소를 쉽게 구축할 수 있게 되었기 때문이다. 이러한 AI 기술을 활용해 게임 이미지를 생성하면, 일러스트레이터에게 의뢰하는 것보다 수십만 분의 일로 비용을 아낄 수 있다. 또한 소요되는 기간이 1~2주에서 3~4일로 줄어든다. 따라서 일러스트레이터들의 역할이 이미지를 처음부터 생성하기보다는 생성형 AI를 통해 출력된 이미지를 수정하는 역할로 바뀌고 있다. 이에 더해, 사운드 영역에서는 성우의 목소리를 녹음해 사용하기보다 AI 기술을 적용시키는 경우가 많아질 것으로 보인다. 넥슨 인텔리전 랩스의 경우에는 NPC에게 성우의 목소리가 아닌 디지털 사운드를 입힌, 게임 세계관 속 AI 페르소나를 창출해내고자 노력하고 있다.

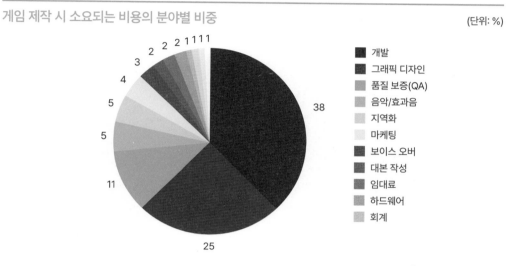

게임 제작 시 소요되는 비용의 분야별 비중   (단위: %)

- 개발
- 그래픽 디자인
- 품질 보증(QA)
- 음악/효과음
- 지역화
- 마케팅
- 보이스 오버
- 대본 작성
- 임대료
- 하드웨어
- 회계

자료: Game Developer

규모와 상관없이 성장할 게임 기업

따라서 IP(Intellectual product, 지식 재산)를 소유하고 있는 대기업뿐만 아니라 비용 부담이 줄어든 중소기업의 활약 또한 기대된다. 생성형 AI 기술 도입은 게임 산업 전반에 편의성을 향상시키고 더 높은 퀄리티의 게임을 출시할 수 있는 기회를 제공할 것으로 판단한다.

생성형 AI의 개선점

생성형 AI는 아직 초기 단계의 기술로 향후 상용화 과정에서 다양한 이슈들이 발생할 가능성이 있다. 대표적으로 1) 윤리적 측면, 2) 수익성 측면, 3) 법적 측면에서 문제가 발생할 가능성이 존재한다.

1. 윤리적 측면

생성형 AI는 특정한 데이터셋의 비중이 높거나 폭력이나 인종 차별 등의 내용을 학습하게 되면, 공격적이거나 편향적인 텍스트를 생성해 낸다는 문제가 존재한다. 실제로 메타가 22년 11월에 공개한 과학용 대규모 언어모델 Galactica 데모 버전은 인종 차별적이며 부정확한 문헌이 생성되는 것을 막지 못해 3일 만에 비공개 처리되었으며, 챗GPT에서도 인종, 성별 등에 관한 데이터를 편파적으로 처리하였다는 사례가 다수 보고되고 있다.

개선책

이에 따라 OpenAI에서는 사람이 직접 피드백을 주고 이를 통해 모델을 강화학습시키는 RLHF(Reinforcement Learning with Human Feedback)를 통해 정확도를 개선시키고 있으며, Anthropic 역시 제작된 이미지가 사용자 의도에 부합하는지 여부를 AI가 판단해 피드백하고 이를 다시 학습시키는 RLAIF(Reinforcement Learning with AI Feedback)를 통해 개선 중이다.

2. 수익성 측면

생성형 AI가 유망한 산업이라는 것과 별개로, 여전히 수익성 확보에 대한 의문이 제기되고 있다. 이는 기술 개발과 서비스 운영에 천문학적인 비용이 투입되는 반면, 빅테크 기업조차 아직은 뚜렷한 수익 모델을 가지고 있지 않기 때문이다. 대표적으로 챗GPT의 유지비용은 하루 9억 원, 연간 3,300억 원에 달하고 있으며, 서비스 고도화에 따라 운영비는 더욱 늘어날 가능성이 높다. 지속가능한 생성형 AI 비즈니스를 위해 수익 모델 확보는 최대 과제로 꼽혀왔다.

개선책

하지만 마이크로소프트, 구글, 아마존 등의 빅테크 기업들이 자사 서비스에 생성형 AI 기능을 접목한 서비스를 내놓으며, 유료화를 통한 수익화 행보를 강화하고 있다. MS는 자사 구독형 오피스 소프트웨어 'MS 365'에 생성형 AI기반 업무 보조 도구 'Copilot'을 결합한 'MS 365 copilot'을 내놓았으며, 구글 역시 23년 8월 cloud Next 행사에서 Duet AI 유료화를 예고하였다. 무엇보다도 이미지, 비디오 등 세분화한 영역에서 킬러 앱이 등장한다면 이러한 수익화 문제가 크게 개선될 것이라 판단된다.

빅테크 생성형 AI 수익화 전략

빅테크	수익화전략
OPEN AI	1) API 가격 인하, 성능 강화 모델 2) Chat GPT 구독 서비스
MS	1) 자사 서비스 운영체제에 생성형 AI 접목 2) 생성형 AI 서비스 탑재에 클라우드 경쟁력 강화
구글	1) 생성형 AI 빌더 플랫폼 '버텍스 AI'로 B2B 공략 2) 워크스페이스 등 자사 서비스에 AI 탑재
AWS	베드록, 렉스, 세이지메이커 등 기업형 생성형 AI 관리 서비스 출시
네이버	개별 기업, 정부 기관에 특화하고 보완성 높인 AI 제공

자료: 성균관대학교 금융투자학회 S.T.A.R

3. 법적 측면

생성형 AI가 만든 결과물에 대한 저작권 논란 역시 존재한다. 생성형 AI는 이미 존재하는 데이터를 기반으로 학습하여 패턴을 파악한 뒤 새로운 결과물을 생성해낸다. 이에 따라 기존 작품과의 유사성을 지닐 위험이 존재하며, 원데이터에 대한 저작권 침해와 보상에 대한 문제가 발생하게 된다. 23년 9월 OpenAI와 유명 작가들 간의 소송을 포함하여, AI가 만들어낸 결과물에 대한 저작권 인정 여부와 그 저작권을 소유할 주체가 누구인지에 대한 논쟁이 지속적으로 발생하고 있다.

생성 AI 관련 법적 분쟁 사례

원고	피고	내용
Getty Image	Stability AI	스테이블 디퓨전 학습에 자사 이미지가 무단 사용되었다고 주장
Sarah Anderson외 아티스트 다수	Stability AI, MidJourney, DevianArt	동의 없이 AI학습에 자신들의 이미지 사용 주장
집단소송	Github(Microsoft)	Github Copilot 학습을 위해 다른사람이 만든 코드를 사용했다는 이유로 소송

자료: 언론 종합, 성균관대학교 금융투자학회 S.T.A.R

개선책

이에 따라 일부 국가에서는 저작권 관련 규제 도입에 박차를 가하고 있다. EU에서는 21년부터 AI 규제를 위한 법안의 초안 작업을 진행하였으며, 23년 6월 해당 법안의 협상안이 가결되었다. 최종 절차가 무리 없이 진행된다면 26년부터 생성형 AI 운영 기업은 AI 학습에 사용한 원데이터의 저작권을 의무적으로 공시해야 한다. 국내 역시 지난 5월, 과학기술정보통신부에서 '인공지능 산업 육성 및 신뢰 기반 조성에 관한 법률' 제정을 지원하겠다고 밝혔으며, 7월 기획재정부에서는 저작권법 개정을 통해 AI 데이터 활용에 대한 저작권 침해 면책 요건과 근거를 마련할 계획이라고 밝혔다.

4. 방향성은 변하지 않는다

생성형 AI는 아직 개선해야 할 부분이 많지만 다양한 방면에서 개선책을 마련 중이며, 이제 막 개화하기 시작한 기술이라는 점에서 기회요인이 더 많은 시장이라고 판단된다. 현재 진행 중인 소송들의 결과와 법률적 가이던스에 주목하며, 생성형 AI를 공정하고 윤리적으로 사용하는 방법에 대해 고민해볼 필요가 있다. 그러나 산업의 방향성 자체를 의심할 필요는 없다고 판단된다.

TOP PICK
1. 스탠다임 (비상장기업)

투자 포인트 1. AI 신약 개발 업계에서는 이미 유명인사

22년 기준 매출액 약 2,737억 원(YoY -50.23%), 영업이익 248억 원(YoY -30%)를 기록했다. 수치적으로는 유의미한 실적을 내고 있다고 보기 어렵다. 그럼에도 불구하고 동사는 국내 제약사 4곳과 영국, 미국의 제약사와도 신약 개발 협력을 성공적으로 마쳤다. 뿐만 아니라 영국의 제약·바이오 전문 투자기업 DPI가 선정한 글로벌 AI 신약 개발 기업 300개 사 중에서 상위 30개 그룹 안에 드는 등 국내외에서 그 가능성을 인정받고 있다. 이러한 가능성을 바탕으로 23년 시작될 자체 임상에 대한 기대감까지 높아지면서 가까운 시일 내에 상장을 목표로 하고 있다.

투자 포인트 2. 대기업을 등에 업고 상승 준비 완료

동사가 제공하는 AI 신약 솔루션은 크게 세 가지 플랫폼 1) 스탠다임 인사이트, 2) 스탠다임 베스트, 3) 스탠다임 에스크로 나뉜다.

동사는 신약 후보 물질 탐색과 전임상 디자인까지 도출하는 플랫폼인 '스탠다임 베스트'를 통해 항암, 비알콜성지방간(NASH), 파킨슨병 등 다양한 분야에서 파이프라인을 개발했다. 현재도 약 42개의 신약 후보물질을 개발 중이며, 20년 기준 파이프라인과 관련해서 동사가 소유한 특허는 약 50개에 달할 것으로 추정된다.

동사는 제약 전반에 AI 기술을 도입하는 데 선두주자로서 역할을 하고 있다. AI 관련 플랫폼인 신규 타깃 발굴 AI 프로그램인 '스탠다임 에스크'를 구축해 스탠다임 베스트와 결합시켜, 타깃 발굴부터 선도물질 확보까지 7개월밖에 소요되지 않는 워크플로우 AI를 생성했다.

AI 솔루션을 활용하여 3배 빠르고, 10배 저렴하게 신약 개발 과정에서 후보물질을 개발할 수 있다는 점을 내세워 차세대 바이오 기업으로 꼽히는 점과, SK C&C, 한미약품 등 국내 대형 제약사와 꾸준히 개발 협력을 유지해오고 있는 점, 곧 상장을 앞두고 있다는 점에서 동사의 가치를 다시 판단해야 할 때라고 제안한다.

투자지표	2019	2020	2021	2022	2023F
매출액(억 원)	38	33	55	27	N/A
영업이익(억 원)	(3,899)	(8,264)	(17,417)	(24,883)	N/A
영업이익률 (%)	-	-	-	-	N/A
순이익 (억 원)	(6,227)	(45,713)	(55,053)	(7,173)	N/A
순이익률 (%)	-	-	-	266	N/A

TOP PICK

2. 트웰브랩스 (비상장기업)

투자 포인트 1. 국내 최초 엔비디아의 투자를 받은 AI 스타트업!

동사는 20년 3월 설립된 영상이해 초거대 AI 개발 기업으로, 멀티모달 신경망을 기반으로 영상 분야 AI 모델을 자체 개발하는 생성형 AI 기업이다. 20년 기준 매출 7억 6,363만 원, 영업이익 4억 6,310만 원을 기록하였고, 이후 공시된 실적은 없다.

동사는 23년 10월 엔비디아, 인텔과 같은 글로벌 빅테크 기업으로부터 총 1,000만 달러(한화 약 140억 원) 규모의 전략적 투자를 유치한 바 있다. 이는 엔비디아가 한국 AI 스타트업에 투자한 최초 사례로, 동사는 향후 글로벌 반도체 업체들과의 긴밀한 협력 관계를 통해 탄탄한 기술력/자금력을 확보해 나갈 것으로 판단된다.

투자 포인트 2. '페가수스' 타고 멀리, 더 높이 날아갈 준비 완료!

23년 11월 9일, 동사는 영상을 이해하는 멀티모달 AI 모델인 '페가수스(Pegasus-1)'를 공개했다. 이는 동사가 자체 개발한 매개변수 800억 규모의 VLFM(Video Language Foundation Model, 대형 영상 언어 모델)이다. 동사는 해당 모델 개발을 위해 글로벌 최대 규모의 영상-텍스트 쌍 3억여 개로 구성된 데이터셋 중 약 10%인 3,500만 개를 자체 구축하고, 학습에 활용했다. 페가수스는 대용량의 영상을 1) 정확하고 정교하게 이해하고, 2) 텍스트로 요약할 수 있으며, 3) 질의응답이 가능한 최초의 모델이다.

최근 OpenAI는 'image-to-text', 'text-to-text' 기능이 있는 멀티모달 LLM GPT4-V

를 출시한 바 있는데, 이에 비해 동사의 모델은 'video-to-text'가 가능하다는 점에서 경쟁력을 갖는다.

　동사는 국내 스타트업이지만, 주로 미국에서 활동하고 있다. CB 인사이트는 동사의 기술력과 잠재력을 인정해 '세계 100대 AI 기업'과 '세계 50대 생성형 AI 스타트업'에 선정한 바 있으며, BI(비즈니스 인사이더)가 발표한 '2023년 최고 유망 AI 스타트업 34'에 선정되기도 했다. 향후 비디오 기반의 생성형 AI 기술을 기반 삼아 글로벌 선도 AI 업체로 도약할 동사에 대한 주목이 필요한 시점이라 판단된다.

용어 정리

생성형 AI	대규모 데이터셋을 기반으로 훈련된 딥러닝 모델을 사용하여 새로운 콘텐츠를 생성하는 일종의 인공지능 기술
파라미터	인간의 시냅스와 유사한 AI의 뇌 기능 담당. 파라미터 규모가 커질수록 AI는 대용량의 데이터를 학습하여 인간에 가까운 능력 발휘 가능
멀티모달	단순히 텍스트에만 국한된 것이 아닌, 시각, 청각 등 여러 인터페이스를 통해 정보를 교환할 수 있는 인공지능 모델
트랜스포머	머신러닝 연구의 가장 핵심 모델. 언어 모델링부터 음성 및 컴퓨터 비전, 영상까지 확장
오픈소스	오픈소스 소프트웨어로 공개적으로 엑세스할 수 있게 설계되어 누구나 자유롭게 확인, 수정, 배포할 수 있는 코드
강화학습	머신러닝의 한 영역으로 알고리즘이 다양한 시도를 거치며 최적의 결과를 낼 수 있는 조합을 찾아내는 방식
머신러닝	명시적으로 규칙을 프로그래밍하지 않고, 데이터로부터 의사결정을 위한 패턴을 기계가 스스로 학습
딥러닝	인공신경망 기반의 모델로, 비정형 데이터로부터 특징 추출 및 판단까지 기계가 한번에 수행
대규모언어모델(LLM)	테라바이트 단위의 대용량 말뭉치를 통해 모델을 학습시켜 복잡한 문장 생성 가능
이미지 생성 모델	텍스트를 입력하면 그에 따라 이미지를 생성하는 AI기술
파인 튜닝	특정 AI 모델을 새로운 작업에 적용하고자 할 때, 기존 모델에 새로운 데이터셋을 학습시켜 최적화하는 과정
AI 편향성	AI 시스템이 정당하지 않거나 부당하게 특정 그룹이나 개인을 차별하는 경향을 가진 것

할루시네이션	환각 현상, AI가 잘못된 정보를 마치 사실인 것처럼 제시하는 현상
자연어 처리(NLP)	컴퓨터가 인간의 언어를 이해, 해석 및 생성할 수 있도록 하는 데 중점을 둔 AI 분야
플러그인	오픈AI의 LLM 역량을 누구나 쉽게 타 소프트웨어나 인터넷 서비스에 연동할 수 있게 하는 것
프롬프트	사용자의 다음 입력을 기다리고 있는 인터페이스를 통칭하는 용어
GPT	Generative Pre-trained Transtomer의 약자. OpenAI에서 개발한 언어 생성, 이해에 중점을 둔 딥러닝 모델

2024년은 반도체 산업의 점진적인 상승Upturn을 전망한다. 이는 매크로 경제지표의 반등, 재고 감소와 가격 반등, 그리고 수요 반등에 기인한다. 물론 반도체의 상승 시점을 정확히 예측하기에는 분명한 어려움이 존재한다. 그러나 반도체는 대표적인 시클리컬cyclical, 즉 경기 사이클을 타는 산업이다. 따라서 과거 하락에서 상승으로 넘어가는 시점의 역사적 지표 변화를 참고하여 상승 시기를 예측해볼 수 있다.

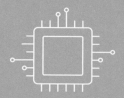

업종분석
PART 02 반도체

반도체 상승장이 다가온다!

2024년 반도체 상승은 명확하다

1. 매크로 경제지표의 반등

ISM 제조업지수 반등에 따른 반도체 턴어라운드

ISM 제조업지수의 반등에 따라 반도체의 턴어라운드를 예상한다. 매크로 경제지표 중 반도체 사이클과 가장 직접적인 상관관계를 가지는 것이 ISM 제조업지수이다. ISM 제조업지수는 미국 기업의 생산 경기를 나타내는 지표로, 매월 20여 업종, 300여 기업을 대상으로 생산, 신규 주문, 고용, 공급자 운송시간, 재고 5개 항목을 조사하여, 이를 하나의 지수로 종합하여 산출한다.

ISM 제조업지수와 반도체 기업 12M Fwd EPS의 연동

반도체는 산업 필수재이기에 제조업지수와 민감도가 가장 높다. 그만큼 반도체 업황은 제조업 전반과 밀접하게 연동되는데, 실제로 역사적으로 보더라도 반도체 기업들의 I2M Fwd EPS(12개월 뒤의 추정 주당순이익)는 ISM 제조업지수와 강한 상관관계를 보인다. ISM 제조업지수를 보면 23년 초 저점을 찍고 현재 확장 국면(50이상)을 향하고 있다. 기업의 실적은 제조업지수에 후행한다는 점을 볼 때, 반도체 산업은 현재 하락에서 상승으로 넘어가는 초입이라고 판단한다.

ISM 제조업 지수와 반도체 기업들의 12M Fwd EPS

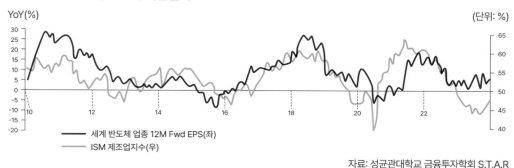

YoY(%)   (단위: %)

—— 세계 반도체 업종 12M Fwd EPS(좌)
—— ISM 제조업지수(우)

자료: 성균관대학교 금융투자학회 S.T.A.R

2. 재고의 감소와 가격의 반등

재고 안정화와 가격의 반등

　반도체 기업들의 재고 안정화와 가격 반등에 따라 반도체의 Upturn을 예상한다. 반도체는 역사적으로 다음과 같은 사이클을 반복하고 있다. 따라서 반도체 기업들의 재고자산 추이 역시 반도체 업황의 반등을 예측하기 위해 확인해야 할 주요 지표이다.

반도체 사이클 도식

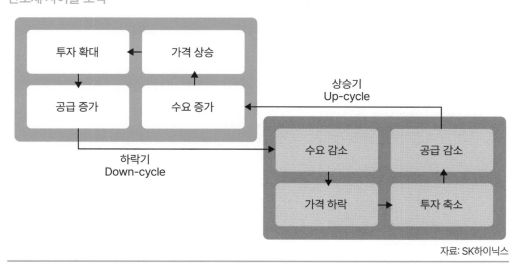

자료: SK하이닉스

적극적 감산에 따른 과잉 재고 정상화 과정

1Q23(23년 1분기) 이후 메모리 3사의 적극적 감산을 통해 과잉 재고의 정상화가 진행되고 있다고 판단한다. 메모리 3사의 재고자산 증감율은 23년 1분기 이후 빠르게 둔화되고 있다. 선제적으로 감산을 선언한 SK하이닉스의 경우 한때 40주에 달했던 재고주가 현재 15주 이하까지 하락하며 재고 정상화가 이루어지고 있다.

메모리 3사 재고자산 QoQ 증감 추이

(단위: %)

자료: 언론 종합, 성균관대학교 금융투자학회 S.T.A.R

메모리 3사의 감산에 따른 메모리 가격 반등

메모리 3사의 적극적 감산에 따른 공급 조절을 통해 가격 역시 3분기 이후 반등하는 추세로 전환하였다. 특히 고성능 제품의 가격뿐만 아니라 범용으로 사용되는 DDR4와 NAND 128GB MLC의 가격 역시 반등하며 적극적 감산의 효과가 나타나고 있다. 두 메모리의 가격은 23년 10월 동시에 반등하였으며, 두 제품 가격의 동시 반등은 약 2년 4개월 만이다.

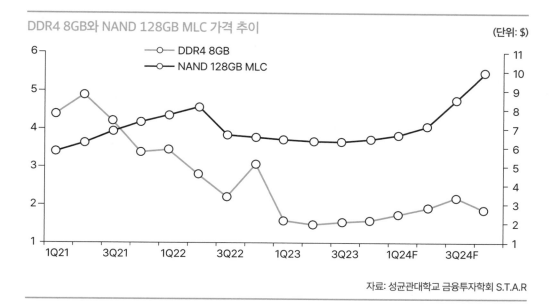

DDR4 8GB와 NAND 128GB MLC 가격 추이

(단위: $)

자료: 성균관대학교 금융투자학회 S.T.A.R

3. 수요의 회복

24년 이후 반도체 수요는 1) AI 서버의 성장 지속, 2) 그에 따른 컨벤셔널 서버 투자, 3) PC 수요의 증가로 공급을 초과하며 회복할 것으로 전망한다.

이번 사이클의 트리거는 AI

글로벌 AI 서버 출하는 생성형 AI 시장의 확장과 함께 24년 이후에도 꾸준히 증가할 전망이다. 반도체 사이클의 성장을 위해서는 공급 측면에서 안정적인 수급 밸런스의 유지뿐만 아니라 강력한 수요를 촉발시킬 트리거가 필요하다. 그런 점에서 이번 상승의 트리거는 AI가 될 전망이다. Chat GPT의 성공적인 시장 진입 이후 생성형 AI 시장은 CAGR +27.03% 상승했는데, 이는 AI 서버 출하의 증가를 이끌 것으로 전망한다.

AI 서비스 확산에 따른 일반 서버 수요 증가

생성형 AI의 성장은 AI 서버 수요의 증가뿐만 아니라 기존 일반 서버 수요 역시 증가시킬 것으로 전망한다. AI의 개발이 이미지나 음성과 같이 일반 서버의 데이터를 많이 필요로 하는 콘텐츠의 학습으로 확산되고 있기 때문이다. 게다가 AI 서비스의 본격적 확산에 따라 추론 영역에 대한 투자가 전개된다면, 일반 서버의 스펙 향상을 위한 투자 역시 증가할 것으로 판단한다. 실제로 서버 업황을 선행하는 대만 서버 업체들의 매출액이 저점을 찍고 반등하는 모습을 보이고 있다.

PC 수요 상승 전환 예상

2년여 침체를 이어왔던 PC 수요 역시 24년 이후 상승 추세로 전환할 것으로 예상한다. 엔데믹 이후 PC 시장은 감소 추세를 이어왔지만, 1) PC OEM사들의 재고 안정화, 2) 윈도우10 서비스 종료로 인한 재고 축적(Re-Stocking) 구간으로 들어갈 것으로 판단하기 때문이다.

물론 PC 시장은 글로벌 경기와 연동되며, 무엇보다 이미 성숙 시장으로 진입했다는 점에서 가파른 시장의 확대를 예상하기에는 무리가 있다. 다만 PC OEM사들의 재고 감소 추이와 윈도우10 서비스 종료에 따른 개인 및 기업의 교체 수요를 감안할 때 추가적인 시장의 축소는 제한적일 것으로 판단한다.

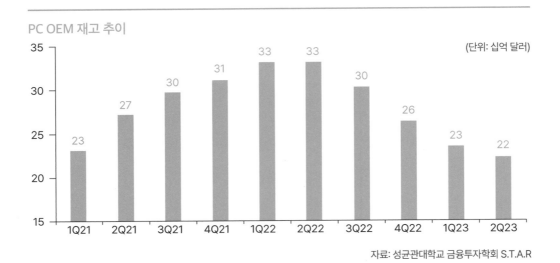

PC OEM 재고 추이

(단위: 십억 달러)

	1Q21	2Q21	3Q21	4Q21	1Q22	2Q22	3Q22	4Q22	1Q23	2Q23
	23	27	30	31	33	33	30	26	23	22

자료: 성균관대학교 금융투자학회 S.T.A.R

가동률과 웨이퍼 투입은 증가할 것

현재 위치는 2016년 하반기에서 2017년 상반기와 유사

반도체 사이클에서의 현재 위치는 16년 하반기에서 17년 상반기까지의 모습과 유사하다고 판단한다. 14년 이후 메모리 업계는 공급 부족을 극복하기 위하여 CAPA 증설을 통한 공급 확대를 진행하였다. 그러나 당시 수요를 주도하던 PC와 스마트폰의 수요가 둔화하며 15년 이후 메모리는 공급 과잉으로 전환됐다. 이에 따라 메모리 업계는 가동률 축소를 통한 공급 관리에 돌입하였고, 16년 하반기 이후 다시 한번 상승 전환에 성공할 수 있었다.

상승 초입의 지표 역시 반등(재고 정상화, 가격 반등, 수요 반등)

16년~18년 메모리 상승 사이클의 초입이었던 16년 하반기~17년 상반기를 보면 다음과 같은 지표를 확인할 수 있다.

1) 매크로 경제지표 반등
2) 재고 정상화와 가격 반등
3) 수요 반등

ISM 제조업지수는 16년 하반기 이후 확장 국면으로 전환하였다. 재고는 공급 조절을 통해 저점에 도달하였으며, 이에 따라 메모리 가격 역시 반등하였다. 레거시 수요를 주도하던 PC 수요 역시 점진적으로 상승하였으며, 새로운 수요 트리거인 데이터센터 증설까지 합쳐져 반도체는 새로운 사이클을 맞이할 수 있었다.

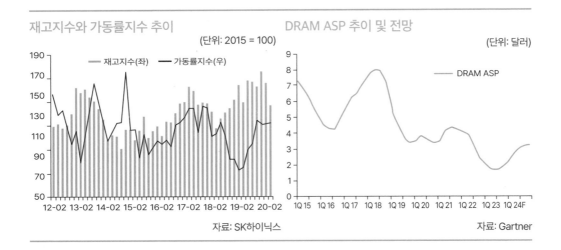

재고지수와 가동률지수 추이 (단위: 2015 = 100)

자료: SK하이닉스

DRAM ASP 추이 및 전망 (단위: 달러)

자료: Gartner

16년~18년 사이클 초입과의 유사성으로 가동률, 웨이퍼 투입 증가 예상

이전(16년~18년) 사이클 초입과 현재 지표 변화의 높은 유사성을 볼 때, 24년 이후 반도체 기업들의 가동률과 웨이퍼 투입이 증가할 것으로 판단한다. 메모리 3사는 현재 적극적 감산 기조에 따라 역사적으로 낮은 가동률을 유지하고 있다. 그러나 24년 1분기 이후 수요 우위 시장이 형성될 것이며, 이에 따라 가동률 및 웨이퍼 투입량 역시 다시 상승 추세로 전환할 것으로 예상한다.

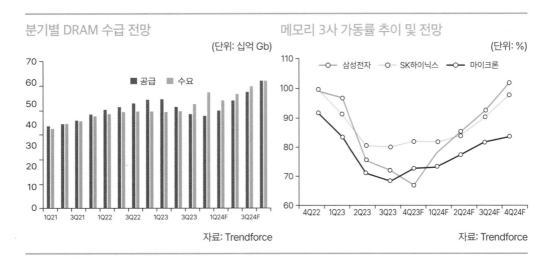

분기별 DRAM 수급 전망 (단위: 십억 Gb)

자료: Trendforce

메모리 3사 가동률 추이 및 전망 (단위: %)

자료: Trendforce

상승할 가동률에 투자하자

소재·부품사에 주목할 것

상승하는 가동률에 직접적인 혜택을 받을 수 있는 반도체 소재·부품사에 주목할 것을 제안한다. 이는 소재·부품주의 장비주 주가 후행과 높은 밸류에이션 매력도에 기인한다.

선단공정에 대한 투자는 지속

반도체 기업들은 하락 사이클에 위치할 때도 선단공정에 대한 선별 투자는 멈추지 않는다. 이는 다가오는 상승 사이클에 경쟁력을 잃지 않기 위함이다. 이러한 경향은 과거 대부분의 사이클에서 확인할 수 있으며 이번 사이클에서도 다르지 않다.

장비주의 소재·부품 주가 선행

가동률과 별개로 상승 사이클을 대비한 반도체 기업의 선제적인 투자에 따라 반도체 장비주의 주가는 소재 및 부품주에 선행하는 경향을 가진다. 이번 국내 반도체 사이클의 핵심 제품이 HBM이라면 16년~18년 사이클에서의 핵심 제품은 3D-NAND였다. 이번 상승 사이클에 HBM에 대한 선제적인 장비 투자가 이어지고 있는 것과 마찬가지로 16년~18년 사이클에선 3D-NAND에 대한 선제적인 장비 투자가 이어진 바 있다. 이에 따라 주요 반도체 장비주들의 12M Fwd EPS는 높은 실적 기대감에 따라 부품주에 선행하였다.

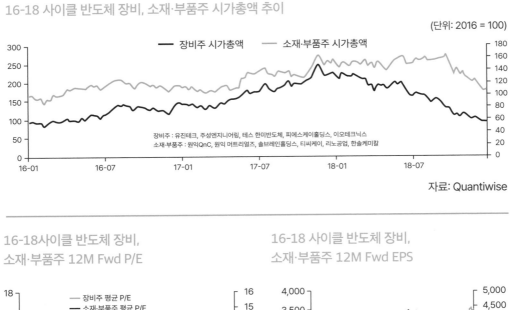

16-18 사이클 반도체 장비, 소재·부품주 시가총액 추이

(단위: 2016 = 100)

장비주 : 유진테크, 주성엔지니어링, 테스 한미반도체, 피에스케이홀딩스, 이오테크닉스
소재·부품주 : 원익QnC, 원익 머트리얼즈, 솔브레인홀딩스, 티씨케이, 리노공업, 한솔케미칼

자료: Quantiwise

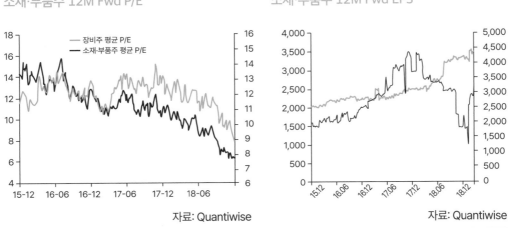

16-18사이클 반도체 장비, 소재·부품주 12M Fwd P/E

자료: Quantiwise

16-18 사이클 반도체 장비, 소재·부품주 12M Fwd EPS

자료: Quantiwise

역사적으로 높은 수준의 장비사 12M Fwd PER

현재 국내 주요 반도체 장비사의 멀티플은 역사적으로 높은 수준을 기록하고 있다. 23년 11월 20일 기준 국내 주요 반도체 장비사들의 12M Fwd PER는 약 25이다. 이는 엔데믹 기대감에 따라 높은 멀티플을 부여받은 21년과 16년~18년 사이클에서의 12M Fwd PER 고점 대비 60%가량 높은 수치이다.

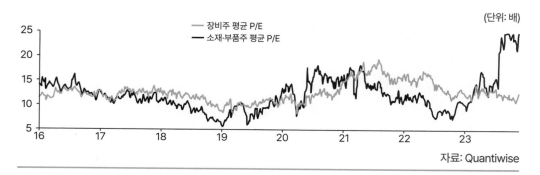

15년 이후 반도체 장비, 소재·부품주 12M Fwd P/E

(단위: 배)

장비주 평균 P/E
소재·부품주 평균 P/E

가동률과 웨이퍼 투입 증가에 따라 소재·부품 관련주 상승 예상

24년은 가동률과 웨이퍼 투입의 증가에 따라 소재·부품 관련주의 본격적인 12M Fwd P/E와 12M Fwd EPS의 상승을 예상한다. 현재 반도체 소재·부품사들은 이전 사이클만큼의 기대감을 받지 못하며 상대적으로 낮은 멀티플을 받고 있다. 그러나 역사적으로 소재·부품사들의 멀티플 상승은 가동률 상승과 동행하여 발생했다. 또한 가동률 상승에 따라 EPS의 본격적인 상승을 기대할 수 있다는 점에서 반도체 소재·부품사들의 밸류에이션 매력도는 높다고 판단한다.

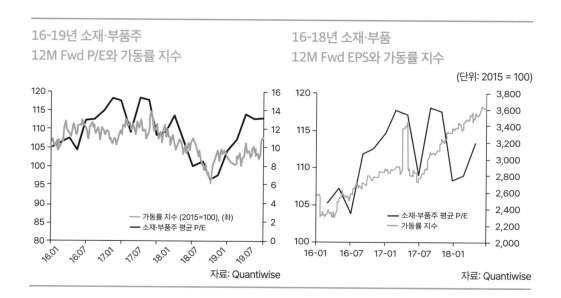

16-19년 소재·부품주
12M Fwd P/E와 가동률 지수

가동률 지수 (2015=100), (좌)
소재·부품주 평균 P/E

16-18년 소재·부품
12M Fwd EPS와 가동률 지수

(단위: 2015 = 100)

소재·부품주 평균 P/E
가동률 지수

TOP PICK

1. 코미코(KQ.183300)

목표주가 75,100원으로 매수 의견 제시

목표주가 75,100원으로 매수를 주장한다. 동사의 23년, 24년 매출액은 각각 3,169억 원(YoY +9.9%), 4,351억 원(YoY +37.3%), 영업이익은 각각 400억 원(YoY -27.8%), 885억 원(YoY +121.4%)으로 전망된다.

투자 포인트. 더 뻗어나갈 세정과 코팅

동사의 세정 및 코팅 부문 23년, 24년 매출액은 각각 2,586억 원, 2,950억 원(YoY +37.3%)으로 전망한다. 이는 1) 업계 내 차별화된 노하우를 통한 고객사 다변화, 2) 업황 회복에 따른 수혜, 3) 고객사 증설로 인한 Q 증가에 기인한다.

동사는 세정·코팅 부문 위주로 사업을 영위하며 경쟁사 대비 압도적인 CAPA와 글로벌 포트폴리오를 가짐으로써 고객사 다변화에 성공했다. 또한 과거 반도체 호황 시기, 웨이퍼 출하량과 고객사의 가동률이 향상됨에 따라 동사의 매출액도 함께 증가한 것처럼 앞으로 반도체 업황이 회복될 경우 성장 가능성이 높을 것으로 전망한다.

보너스 포인트. 부품 전문업체로의 도약

동사의 자회사 미코세라믹스의 23년, 24년 매출액은 각각 585억 원, 1,403억 원으로 전망된다. 이는 1) 지배구조 개편으로 수직계열화 성공, 2) 세라믹 부품 시장 내 동사의 경쟁력에 기인한다.

세라믹 부품의 특성상 비포 마켓이 주 고객사로 CR 압박이 덜하기에, 동사의 매출에 긍정적인 혜택을 줄 것으로 전망한다. 또한 세라믹 부품의 국산화와 높은 기술력으로 중장기적인 성장 동력을 확보한 것으로 기대된다.

투자지표	2020	2021	2022	2023F	2024F
매출액(억 원)	2,008	2,570	2,884	3,169	4,351
영업이익(억 원)	356	588	554	400	885
영업이익률 (%)	17.72	22.89	19.21	12.62	18.13
순이익 (억 원)	243	472	420	338	561
순이익률 (%)	12.07	18.34	14.55	10.66	16.57
EPS (원)	2,680	4,707	4,188	2,850	5,364
PER	18.64	14.26	10.29	20.28	10.78

Key Information	
KOSDAQ 지수	814.61
52주 최고/최저(원)	66,300/41,550
시가총액(억 원)	6,046
발행주식수(주)	10,460,684
22년 배당수익률(%)	1.73
주요주주 지분율(%)	41.1

Stock Price

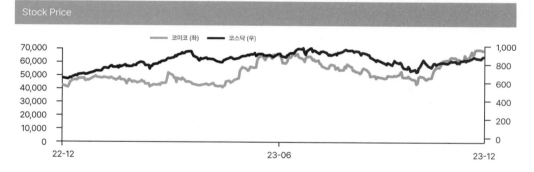

TOP PICK
2. 에스앤에스텍(KQ.101490)

EUV 공정의 SNS STAR!

동사의 25년도 매출액과 영업이익을 각각 3,113억 원(YoY +34.8%), 1,075억 원(YoY +51.8%)으로 전망한다. 동사는 국내에서 반도체 및 디스플레이용 블랭크마스크를 처음으로 국산화에 성공한 기업으로 지속적인 R&D로 바이너리 블랭크마스크부터 하드마스크까지 개발해, 이를 바탕으로 삼성전자와 SK하이닉스, TSMC, SMIC 등에 납품하고 있다.

투자 포인트 1. 블랭크마스크, 반도체의 기반

동사의 반도체 블랭크마스크 매출액은 25년 1,827억 원(YoY +39%), 24년 1,314억 원(YoY +137%)으로 전망한다. 이는 1) 삼성전자의 CAPEX 확장 및 파운드리 수율 향상에 따라 동사 블랭크마스크 수요 증가가 예상되며, 2) DRAM 생산에서의 EUV 공정 확대에 따라 동사 EUV 블랭크마스크 매출액에도 혜택이 있을 것으로 전망하기 때문이다.

투자 포인트 2. EUV펠리클로 삼성 파운드리 수율에 기여

동사의 EUV펠리클 매출액은 25년 763억 원(YoY +57.7%), 24년 487억 원으로 전망한다. 이는 1) 전방사에서 요구하는 품질의 EUV펠리클 제품화를 끝내고 본격적으로 진입할 예정이며, 2) 최선단 공정 수율 향상을 통한 파운드리 경쟁력 강화와 안정적인 공급망 구축을 위해 삼성전자가 EUV 공정에 EUV펠리클을 도입할 가능성이 높다는 점 때문이다. 삼성전자가 2세대 3나노 GAA 공정을 도입하는 24년부터 EUV펠리클 매출이 발생할 것으로 전망한다.

투자 포인트 3. 디스플레이 크기 Up! 블랭크마스크 매출 Up!

동사의 디스플레이용 블랭크마스크 매출액은 25년 352억 원(YoY +17%), 24년 301억 원(YoY+ 5%)으로 전망한다. 이는 1) 애플 제품 수주 가능성으로 Q 증가, 2) 양산 라인 전환으로 인한 ASP 증가에 기인한다. 24년형 아이패드는 '2 스택 탠덤' 구조로, 애플 제품 수주를 위해 주요 고객사들에서 8세대로의 양산 라인 변화가 있었다.

투자지표	2021	2022	2023F	2024F	2025F
매출액(억 원)	988	1,235	1,454	1,778	3,290
영업이익(억 원)	126	160	253	327	630
영업이익률 (%)	12.76	12.97	17.41	18.39	19.15
순이익 (억 원)	115	175	270	357	670
순이익률 (%)	11.63	14.14	18.61	20.08	20.36
EPS (원)	536	814	1,259	1,655	3,123
PER	68.65	32.37	40.6	30.88	16.36

Key Information	
KOSDAQ 지수	827.24
52주 최고/최저(원)	63,900/ 24,500
시가총액 (억 원)	10,962
발행주식수(주)	21,451,447
22년 배당수익률(%)	0.31
주요주주 지분율(%)	21.68

Stock Price

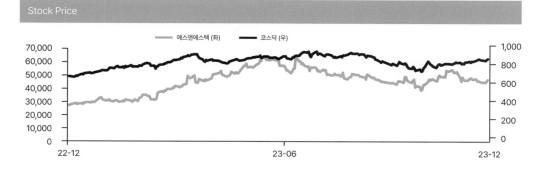

TOP PICK

3. HPSP(KQ.403870)

동사의 24년도 매출액과 영업이익은 각각 2,667억 원(YoY +61.6%), 1,605억 원(YoY +69.5%)으로 전망한다. 이는 메모리 반도체 HKMG 공정 도입 시작과 반도체 공정 미세화, 고객사 확대에 따른 수소 고압 어닐링 장비 수주 증가에 기인한다.

투자 포인트. 반도체 공정 미세화 따라 커져가는 Q

동사의 24년 수소 고압 어닐링 장비 매출액은 2,613.6억 원(YoY +63.6%)로 전망한다. 동사는 1) 메모리 반도체의 HKMG 적용과 10나노급 미세화에 따른 수주 증가가 기대되고, 2) 공동 연구개발을 통해 차량용 반도체향 수주 또한 이루어졌다고 판단된다.

체크 포인트. 경쟁사 진입과 오버행 우려

23년 경쟁사들이 수소 고압 어닐링 장비 시장 진입을 예고하며 동사의 가장 큰 리스크가 됐다. 경쟁사의 진입과 독점성 훼손에 우려가 커진 것이다. 그러나 현실적으로 26년 이전까지 실질적인 경쟁 돌입 가능성은 매우 희박해 보인다. 이는 1) 동사가 가진 30개의 글로벌 특허라는 기술 장벽, 2) 수소 고압 장비 안정성 테스트와 고객사 퀄 테스트 승인까지 3년 이상의 시간이 걸리기 때문이다.

동사는 22년 7월 상장 이후 꾸준히 보호 예수 물량 해제와 관련해 오버행 리스크가 투자자들에게 부담으로 다가왔다. 그러나 보호 예수 물량 830만 주 이상이 풀린 현재,

별 영향이 없기에 향후 오버행 리스크 또한 크지 않다고 판단된다. 이는 1) 2대 주주인 한미반도체가 동사와의 시너지를 위해 전략적 투자를 할 가능성이 높다는 점, 2) 최대 주주인 크레센도에쿼티파트너스의 보호 예수 기간 해제까지 1년이 남았다는 점에 기인한다.

투자지표	2020	2021	2022	2023F	2024F
매출액(억 원)	612	918	1,593	1,782	2,317
영업이익(억 원)	248	452	852	956	1,262
영업이익률 (%)	40.52	49.24	53.46	53.66	54.46
순이익 (억 원)	177	353	660	836	1,048
순이익률 (%)	28.92	38.45	41.43	26.66	25.35
EPS (원)	1,175	2,129	904	1,029	1,283
PER	-	-	-	46.03	36.91

Key Information	
KOSDAQ 지수	827.24
52주 최고/최저(원)	49,100/ 12,800
시가총액(억 원)	38,679
발행주식수(주)	81,688,352
22년 배당수익률(%)	0.08
주요주주 지분율(%)	53.70

Stock Price

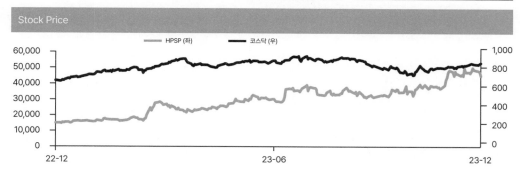

전기차 산업의 가파른 성장세는 스마트카 산업으로 이어질 것으로 전망한다. 이는 1) 전기차만이 스마트카에 필요한 에너지 공급이 가능하다는 점, 2) 전기차로의 전환으로 차내 탑재되는 부품의 수가 감소한다는 점에 기인한다. 자율주행, 인포테인먼트 등의 다양한 기능을 위한 각종 부품과 장비를 탑재해야 하는 스마트카를, 복잡한 설계와 부품 수가 많은 내연기관 차에서 구현하기는 상당한 어려움이 존재했다. 그러나 전기차로의 전환으로 자동차는 에너지 전환 효율이 높은 배터리 기반의 전동화를 이루었고, 탑재되는 부품 수도 약 3만 개에서 1만 8,900개로 37% 정도 줄었다. 이러한 전동화를 기반으로 스마트카 시장의 성장은 더욱 가속화될 것으로 판단된다.

업종분석
PART 03 자율주행

스마트카 그리고 자율주행

자율주행 그리고 ADAS

1. 스마트카의 목적지는 자율주행/ADAS!

맥킨지에 따르면, 자율주행/ADAS의 차량용 반도체 내 비중은 2019년 40%에서 2030년 85% 수준까지 가파르게 성장할 것으로 전망된다. 그리고 HIS 마킷에 따르면, 차량용 반도체 내에서 자율주행(Hands Free Driving) 반도체는 성장세, 점유율 모두 상승하겠지만, 차량제어, 인포테인먼트향 반도체의 경우 성장세가 자율주행에 밀려 하락할 것으로 전망된다. 이는 1) 자율주행이 모빌리티라는 자동차의 핵심 기능에 부합한다는 점, 2) 차량용 인포테인먼트의 성장이 자율주행을 전제로 한다는 점, 3) 자율주행 실현에 높은 기술력을 요구하는 하드웨어, 소프트웨어가 필요하다는 점에 기인한다.

자율주행의 단계별 특징

글로벌 자율주행 시스템 탑재 자동차 대수는 2020년 4,650만 대에서, 2030년 7,940만 대까지 증가할 것으로 전망된다. 자율주행의 단계별 성장세로는 Level2~Level2+ 단계가 2030년까지 대부분을 차지하고, 2030년 이후 Level4 자율주행이 본격적으로 성장할 것으로 전망한다. 자율주행은 크게 6단계로 구분할 수 있으며, Level2~Level2+ 단계를 주로 ADAS(Advanced Driver Assistance System, 첨단 운전자 보조시스템)라고 칭하고, 3단계 이후부터 AD(Autonomous Driving, 자율주행)이라고 칭한다.

자율주행 단계별 특징

단계구분	정의	주행 제어	세부 내용
0단계	비자동화	인간	운전자가 모든 것을 통제하고 항시 운행에 관여
1단계	운전자보조	인간	운전자가 운전 대부분에 관여하며 시스템은 차와 차 간, 조향 보조
2단계	부분자동화	인간	운전자가 주시하는 상황에서 시스템이 조향, 가속, 감속 등 일부 운전 행위를 수행 현재 대부분의 자율주행이 2단계에 해당
3단계	조건부자동화	인간	시스템이 운전자의 도움 없이 자율주행. 돌발상황 발생 시 운전자 개입 필요 사고시 귀책사유가 OEM에 전가될 가능성
4단계	고도자동화	시스템	운전자의 개입 불필요. 시스템이 모든 차량 제어를 수행 지정 구역에서만 완전 자율주행 가능
5단계	완전자동화	시스템	운전자 없이 자율주행. 핸들과 같은 운전장치 불필요 모든 지역에서 완전자율주행 가능

자료: 성균관대학교 금융투자학회 S.T.A.R

2. Level2~Level2+(ADAS), 당장의 먹거리

Level2, 예상되는 가파른 성장세

Level2~Level2+(ADAS)의 글로벌 탑재 대수는 2020년 1,180만 대에서 2030년 6,080만 대까지 빠르게 증가할 것으로 전망되며, 30년 이후에도 Level3, Level4 시장과 함께 성장할 것으로 판단되기에 주목할 필요성이 크다. ADAS 시장의 성장은 1) ADAS의 효과, 2) 국가별 ADAS 법제화에 기인한다.

ADAS는 첨단 운전자 보조시스템으로 1) 운전자를 도와 사고를 예방하며, 2) 운전자의 편의성을 대폭 개선한다. 이러한 장점에 선진국에서는 ADAS 법제화를 위해 노력하고 있으며, 이는 ADAS 시장의 성장에 기여할 것으로 전망한다.

전체 출하량 내 ADAS 단계별 비중

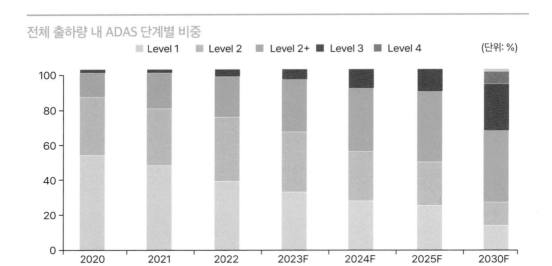

자료: Marklines, Yano Research

ADAS 주요 기능

ADAS 기능명	기능
적응형 순향제어	앞에서 주행하는 차와의 거리, 속도 등을 계산하여 적정거리를 유지하는 기능
자동 긴급 제어장치	자동 긴급 제어 시스템. 차 전면부 센서를 활용하여 위급 상황 발생 시 경고를 울리고, 자동으로 브레이크 작동
사각지대 감지	사각지대 감지 시스템, 사각지대에서 오는 차량을 후방센서가 감지한 뒤 운전자에게 경고
속도 제어장치	자동차 속도 제어장치. 설정된 속도, 상황별 속도를 고려하여 적절하게 제어
차선유지시스템	차선을 벗어나려고 할 때 스티어링 휠 방향 조작에 직접 개입하여 사고 예방
반자율주행 장치	각종 ADAS 기능을 종합하여 반자율주행을 지원하는 기능. Level2 수준의 자율주행

자료: 넥스트칩

나라별 ADAS 강제 규제

국가	ADAS 법제화 내용
유럽	2024년 7월부터 ADAS 탑재 의무화를 모든 신차로 확대
일본	2025년 12월까지 모든 차량에 엑티브 긴급 제동 브레이크 의무 장착 추진
	2022년 5월 고령 대상 서포트카 제도 실시 서포트카는 액티브 긴급 제동 브레이크, 페달 조작 오류 급발진 억제 장치를 탑재한 차량 서포트카를 구입한 고령자에 대한 운전면허 갱신 제한 없음
한국	9미터 이상 버스와 총 중량 20톤 초과 화물 및 특수차의 ADAS 장착을 의무화

자료: 성균관대학교 금융투자학회 S.T.A.R

ADAS 사용시 감소하는 사고율

(단위: %)

자료: Swiss Re

3. 2030년 이후 본격화되는 Level4(AD), 우려도 존재한다!

Level4, 2030년부터 본격적인 성장

2030년에서 2035년까지 자율주행 Level4의 시장 규모는 250억 달러에서 2,300억 달러까지 성장할 전망이다. 따라서 2030년 이후에는 ADAS와 함께 Level4 수준의 자율주행에 주목할 필요가 있다.

Level4, Level5의 경우 운전자 개입이 필요 없고. Level5의 경우 핸들과 엑셀 같은 제어장치도 필요 없기 때문에 로봇택시와 같은 비즈니스로도 확장 가능성이 열려 있다. 하지만 완전 자율주행에 대한 우려도 존재하는데, 이는 완벽한 자율주행을 위한 알고리즘 및 소프트웨어 개발 난이도가 상당하기 때문이다.

실제로 글로벌 완성차 업체, 빅테크가 자율주행 프로젝트를 연기하거나 실패를 인정하는 경우가 늘어나고 있다. 이와 같이 Level4 수준의 기술개발 및 사용화가 늦어지게 되면 Level2, Level3의 시장이 예상보다 더 확대될 가능성도 존재한다.

자율주행 단계별 규모

■ Level 1　■ Level 2　■ Level 3　■ Level 4

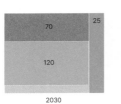

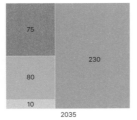

자료: Mckinsey center for future mobility

자율주행 프로젝트 실패 사례

회사명	발표 내용
애플	2025년 운전대와 페달이 전혀 없는 Level5 수준의 자율주행차를 출시할 계획이었지만, 해당 계획에서 기능을 낮추는 동시에 출시 시기도 2026년으로 1년 연기
포드, 폭스바겐	포트와 폭스바겐이 투자한 자율주행 업체 '아르고AI' 폐업
테슬라	테슬라 '오토파일럿' 오작동 관련 피소
GM	GM 로보택시 사업. 안전문제로 사업 일시중단

자료: 성균관대학교 금융투자학회 S.T.A.R

4. 자율주행을 위한 4단계 프로세스, 수집-인지-판단-제어

자율주행은 크게 1) 수집, 2) 인지, 3) 판단, 4) 제어의 4단계를 거쳐서 작동한다. 1단계(수집)에서는 레이더/라이다/초음파/카메라 등 차량 내 장착된 장치와 외부와의 통신을 통해 주변의 교통/사람/장애물/신호/도로 등의 데이터를 수집한다.

2단계(인지)에서는 수집된 데이터를 기계가 무엇인지 인지할 수 있도록 한다. 사람은 신호등을 보고 신호등인 것을 알 수 있지만, 기계의 경우 신호등은 하나의 이미지일 뿐이다. 따라서 SoC(System On Chip)와 알고리즘을 활용하여 기계 입장에서 인지를 수행한다. SoC는 한 개의 칩에 완전 구동이 가능한 제품과 시스템이 들어 있는 것을 말한다.

3단계(판단)에서는 인지된 정보를 하드웨어/소프트웨어, 알고리즘을 활용하여 학습한 뒤, 현재 자동차가 수행해야 하는 행동을 판단하고 명령한다. 4단계(제어)에서는 명령을 받고 조향, 브레이크, 가속과 같은 작업을 수행한다.

	수집	인지	판단	제어
설명	자율주행을 위한 영상데이터 수집 (도로, 신호등, 사람 등)	수집된 데이터를 기반으로 기계가 객체 인지 (도로, 신호등, 사람 등)	주어진 정보를 바탕으로 제어를 위한 판단 (도로, 신호등, 사람 등)	명령을 기반으로 제어 수행 (도로, 신호등, 사람 등)
사진				
난이도	중	중상	상	하
대표 업체	SONY, LG이노텍	넥스트칩, Ambarella	엔비디아, 테슬라, 모빌아이	자동차 부품사

자료: 성균관대학교 금융투자학회 S.T.A.R

1단계 '수집'의 수혜는? 전장용 카메라 그리고 ISP

수집 단계에서는 전장용 카메라와 ISP(Image Signal Processor)가 가장 큰 혜택을 받을 것으로 전망한다. ISP는 영상 처리에 최적화된 칩으로 안개 감지, 노이즈 제거, 조도 조절 등의 역할을 담당한다. 이는 1) 타 센서 대비 카메라의 상대적 강점, 2) 고성능 ISP가 요구되는 자율주행 영상데이터의 특수성에 기인한다.

전장용 카메라, 자율주행의 필수조건

전장용 카메라 탑재량은 자율주행 수준이 증가함에 따라 2단계 7개, 3단계 12개, 4단계 16개로 계속해서 증가할 것으로 전망한다. 이와 함께 전장 카메라 출하량 또한 2020년 1억 400만 대에서, 2030년 4억 4,000만 대로 가파르게 증가할 것으로 예상된다.

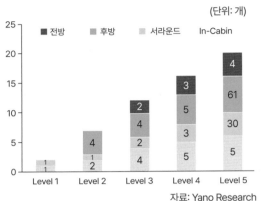

자율주행 레벨별 전장 카메라 탑재량 추이

(단위: 개)

자료: Yano Research

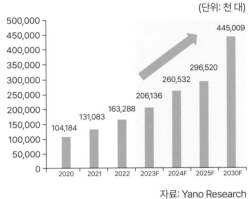

전장 카메라 출하량 전망

(단위: 천 대)

자료: Yano Research

카메라, 타 센서 대비 상대적 우위 확보

자율주행이 고도화되면 될수록 더 많은 데이터 수집이 필요하다. 따라서 카메라, 라이다, 레이더 탑재량도 같이 증가할 수밖에 없다. 그러나 타 센서 대비 카메라의 성장이 유독 가파른 이유는 1) 가격 경쟁력, 2) 색상 인식 가능, 3) 쉬운 유지 보수, 4) 작고 가벼운 특성, 5) 기존 데이터 축적 여부에 기인한다.

카메라의 경쟁 센서인 라이다는 가격이 약 400달러인 것에 반해, 카메라는 25달러 수준이다. 게다가 라이다의 경우 설치나 보정에 추가적인 비용이 많이 소요된다. 카메라는 센서 중 유일하게 색상을 인식할 수 있고, 이는 인지 능력으로 이어진다. 또한 라이다 대비 작고 가벼운 카메라의 특성은 자동차의 디자인과 무게를 개선시키는 데 기여한다.

데이터 측면에서도 실제 도로에서 테스트된 경험이 매우 적은 라이다에 비해, 카메라의 경우 엄청난 도로주행 데이터를 확보하고 있다. 이러한 카메라의 강점에 테슬라 CEO 일론 머스크는 '카메라만으로 자율주행이 충분히 가능하다'라고 말하며, 자동차에 사용되는 센서로 오직 카메라만을 채택하고 있는 상황이다.

5. 자율주행의 핵심인 눈, 센서

자동차의 시각에 해당하는 센서는 주변 환경을 인지하고 정보를 수집하여 자동차를 상황에 따라 정확하게 제어하고 판단할 수 있도록 지원하는 역할을 한다. 자율주행이 제대로 실현되고 사고가 발생하지 않기 위해서는 자동차가 주행 환경과 환경 변화를 빠르게 인식할 수 있어야 한다. 이에 따라 자율주행을 위해서는 인간과 유사하거나 그 이상의 인지가 가능한 센서가 필수적이다.

현재 상용화되고 있는 센서는 카메라, 레이더, 라이다, 초음파 등이 있다. 자율주행의 Level이 고도화될수록 감지해야 하는 환경이 더 복잡해지기 때문에 필요한 센서의 수는 지속해서 증가할 것으로 예상된다. 실제로 Level1에서 센서는 약 7개가 필요했지만, Level4 이상을 구현하기 위해서는 약 40개의 센서가 필요할 것으로 전망된다.

초음파(Ultrasonic)

초음파의 물체 감지 방식은 레이더와 유사하지만 전자파가 아닌 음파를 사용하여 파동을 방출하고, 반사된 후 돌아온 반향을 추적한다. 초음파는 작은 물체도 높은 해상도로 확인할 수 있지만, 가까운 범위 내에서만 추적이 가능하다. 또한, 빛과 조명에 영향을 받지 않아 효율적이지만 우천 및 바람과 같은 기상 악화나 급격한 온도 변화에 취약하여 오작동이 자주 발생할 가능성이 높다.

레이더(RADAR)

레이더는 주행 환경상 다양한 대상 물체에 대한 정확한 거리와 공간 정보를 파악하기 위해 필요한 핵심 센서이다. 레이더는 차량에서 전파를 지속적으로 송신해 다른 차량이나 장애물 등으로부터 반사되어 돌아오는 전파를 수신한 뒤, 신호 간의 시간차 등을 활용해 주행 환경에 존재하는 물체의 거리와 상대속도를 추정한다. 자율주행 환경에서 레이더를 활용한 센서는 빛의 반사와 터널, 일몰 등의 환경적인 조건에서 카메라보다 유연하며, 안개 상황이나 눈·비 등의 기후 영향에서도 카메라보다 효과적이다.

레이더는 먼 거리까지 측정이 가능하지만, 사용되는 파장의 한계로 작은 물체를 구별하기 어렵고, 정밀한 이미지를 제공하지 못한다. 이에 따라 단독으로 사용하기에는 어려움이 있으며, 정확성을 높이기 위해 타 센서와 함께 사용되는 경우가 많다.

라이다(LiDAR)

라이다는 레이더가 사용하는 전자파 대신 빛의 반사를 통해서 돌아오는 시간을 계산하여 물체의 형상과 거리를 추정한다. 라이다는 정확한 거리를 추정할 수 있으며, 차량 주변 360도를 3D 상태로 확인할 수 있기 때문에 3차원 영상을 구현하는 데 가장 핵심적인 부품이다. 또한 카메라와 달리 날씨 상황과 관계없이 유연하게 작동이 가능하다. 평균적으로 차량당 1대 정도 탑재되며, Honda의 경우 5개의 라이다를 차량에 탑재하고 있다.

2021년 기준 ADAS향 라이다 시장 규모는 3,800만 달러에 불과하나, 2022년~2027년까지 연평균 73% 성장해 20억 달러에 이를 것으로 전망된다. 현재는 레이더와 카메라 대비 높은 가격대를 형성하고 있어 주로 고급 차량에 적용되고 있지만, 향후 가격 하락과 함께 적용이 확대될 것으로 전망된다.

라이다는 먼 측정 거리, 우수한 각도와 해상도, 운전 환경에 영향을 적게 받는다는 장점 덕분에 자동 운전 시스템 신뢰성을 제고할 수 있다. 상대적으로 파장이 긴 전파를 이용하는 레이더와 달리 레이저 빔을 기반으로 하기에 탐색 시간이 짧은 것에 비해 높은 밀도로 사물을 인식할 수 있다. 이에 많은 중국의 자동차 그룹들이 자율주행 등급 중 L3(조건부 자율주행) 이상의 자율주행 시스템에 필수적인 센서로 채택하고 있다. 이처럼 고도화된 자율주행이 확산됨에 따라 차량 한 대에 탑재되는 라이다 수는 지속적으로 증가할 것으로 예상된다.

카메라(Camera)

카메라는 오래전부터 차량에 사용되었지만, 이미징 기술이 적용되면서 ADAS에 필수적인 센서로 자리잡고 있다. 카메라는 레이더 및 라이다와 달리 주변 환경을 촬영하여 이미지로 출력하는 센서인데, 현재는 단순히 영상을 보여주던 기존 역할과 달리 물체를 인식하고 감지하기까지의 과정에서 가장 중요한 역할을 하고 있다. 즉, 운전자에게 단순히 영상을 전달하는 것을 넘어 능동적인 자율주행이 가능하도록 지원하는 역할을 하는 것이다.

카메라의 기능이 viewing에서 sensing으로 발전함에 따라 고해상도의 기술이 접목된 카메라의 필요성이 가파르게 상승하고 있으며, 차량당 카메라 탑재 대수 또한 빠르게 증가할 것으로 전망된다. 다만 카메라는 어두운 환경이나 악천후 상황에서는 시야와 작동이 제한될 수 있다. 따라서 제한적인 상황에서도 시야를 확보할 수 있는 다양한 보정 기술이 개발되고 있으며, 이를 통해 한계를 실질적으로 극복하고 있다.

무엇보다 차량용 센서 중 카메라만이 색상, 물체의 형태, 질감 등을 유일하게 인식할 수 있다. 레이더와 라이다는 물체의 정보를 정확하게 파악할 수 없지만, 카메라는 교통표지판, 차선, 장애물 등을 정확하게 파악할 수 있기 때문에 ADAS 기능 구현에 필수적인 센서이다. 이에 따라 장애물 구분 및 차선 인식과 같은 기능에서 타 센서 대비 활용도가 높고, 상대적으로 저렴하기에 가격 경쟁력 또한 갖추고 있다.

이러한 자율주행을 위해 카메라에 사용되는 이미지 센서는 영상의 노이즈를 제거하고, 실시간으로 보정이 가능해야 한다. 이를 통해 실제 영상과의 오차를 최대한 줄이고, 송출 지연이 발생하지 않도록 하여, 정확한 인식 및 감지 가능한 영상을 제공해야 한다. 즉, 차량용 카메라의 특성상 사람의 생명과 매우 밀접한 관련이 있기에 높은 품질과 인증이 요구되는 것이다. 또한 넓은 화각을 유지하면서 선명하게 많은 정보를 인식하기 위해서는 고해상도의 카메라가 필수적이다.

이와 관련돼 카메라 탑재에 대한 법제화가 여러 국가에서 시행됨에 따라 카메라 업체의 성장이 예상된다. 실제로 일본과 유럽 몇 개국은 이미 법제화를 시행하고 있다. 가장 대중적으로 사용되던 후방카메라부터, 차량 주변 360° 상황을 위에서 내려다보듯 실시간으로 제공하는 SVM, 사각지대 시야를 확보할 수 있는 E-mirror 등 카메라가 구현할 수 있는 기능이 다양해지고 있다. 이에 따라 필요한 카메라의 수도 증가하는 추세이며, 나아가 완전 자율주행을 위해 카메라 센서의 새로운 인지 기술 개발과 함께 계속해서 발전하고 있다.

또한 자율주행 Level3부터는 주행 환경뿐만 아니라 차량 내부 또한 감지할 수 있어야 한다. Level3부터는 일정 부분 자율주행이 가능해지기 때문에, 운전자가 차량을 제어해야 하는 순간에 실제로 운전에 집중하고 있는지가 매우 중요해진다. 이는 사고 발생 시 운전자와 업체 중 누구에게 책임 소재가 있는지를 판가름하는 중요한 요인이기 때문인데, 따라서 IN-CABIN 카메라와 같이 내부를 인식하는 카메라의 필요성도 증가할 것으로 예상된다.

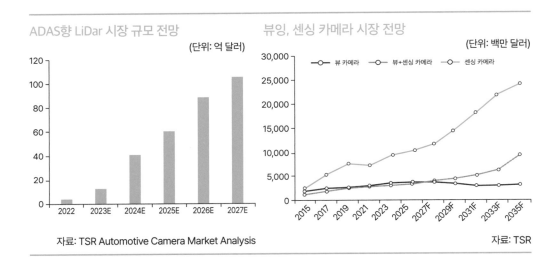

ADAS향 LiDar 시장 규모 전망
(단위: 억 달러)

자료: TSR Automotive Camera Market Analysis

뷰잉, 센싱 카메라 시장 전망
(단위: 백만 달러)

자료: TSR

ONLY CAMERA, Tesla

테슬라는 레이더나 라이다 등의 센서를 최소화하고, 카메라만을 사용하여 자율주행을 이루고자 한다. 이를 실현하기 위해 실제로 지속해서 자동차에 탑재된 라이다를 제거하고 있으며, 카메라만으로 자율주행 구현을 시도하고 있다. 적절한 위치에 카메라를 다수 탑재하여 주변 환경을 포괄적으로 감지하고, 자사의 알고리즘을 통해 사전 학습을 실시하면서 정확성을 올리고 있는 것이다.

테슬라가 카메라를 고집하는 이유는 레이더, 초음파, GPS, 라이다보다 안정적인 보급이 가능하고, 가장 큰 원가 절감 효과가 있으며, AI 기술을 통해 가장 효율적으로 진화할 수 있다고 판단하기 때문이다. 테슬라는 카메라를 소형화하고 여러 개 부착해 오차 범위를 줄이면 라이다의 정확도를 대체 가능하며, AI 기술의 컴퓨터 비전으로 더욱 진화 가능하다고 판단하는 것이다.

테슬라의 비전 프로세싱 툴인 '테슬라 비전'의 구성 요소 중 하나는 차량 주변에 설치된 8개의 카메라이다. 8대의 카메라로 취합한 이미지를 벡터 공간으로 전달해 운전에 필요한 모든 것을 3차원으로 표현하는 것인데, 그 과정을 세분화하면 다음과 같다. 일단 8개의 카메라를 통해 차량 주변의 모든 시각 정보를 취합하면, RegNet이라는 인공신경망을 통해 이미지의 특징을 추출한다. 다음으로 BiFPN이라는 피처 피라미드 네트워크로 객체를 확인한다. 그 뒤 트랜스포머를 통해 3D 벡터 공간으로 변환하여 실시간으로 주행 환경을 인식하고, 인공지능을 통해 주행 상황을 더 정확하게 이해한다. 이렇게 테슬라는 향후 레이더나 라이더 없이 카메라만으로 완전 자율주행을 구현할 수 있을 것으로 기대하고 있다.

반면, 테슬라 외의 자동차 업체들은 카메라, 레이더, 라이다를 혼합해서 사용하고 있다. 장기적으로 자율주행 Level이 고도화될수록 여러 센서를 혼합 사용하는 방식으로 발전할 것으로 예상하는 것이다. 그러나 초기 단계에서는 가장 활용도가 높고, 가격이 저렴한 '카메라'가 직접적인 수혜의 대상이 되리라는 것은 공통적인 판단이다.

센서 퓨전 사용 전망

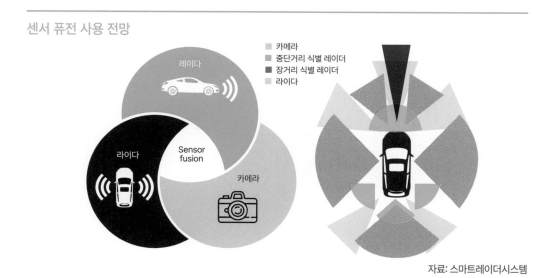

자료: 스마트레이더시스템

자율주행 업체들 센서 탑재 현황

(단위: 개)

분류	Camera	Reader	LIDAR	총개수
Nexo(평창)	4	3	4	11
BENz	7	5	1	13
Yandex	5	6	3	14
Pony.ai	7	4	4	15
ActoX	8	6	1	15
바이두(Apollo)	6	4	5	15
Nio	00	5	1	17
구글(waymo	8	4	6	18
Xpeng	13	5	2	20
Aptiv	2	10	9	21
엔비디아	12	9	2	23
BMW	12	9	5	26
Sony	16	6	4	26
Mobileye	13	6	9	28
현대(아이오닉5)	13	10	7	30
Uber	20	7	7	34
바이두(Apollo RT6)	12	18	8	38
GM(Cruise)	14	21	21	56

자료: 각 사, 메리츠증권 리서치센터

전장용 카메라 성장 = 전장용 ISP 성장

전장용 ISP시장은 19년 7,000만 PCS에서 30년 3억 PCS까지 큰 폭으로 성장할 것으로 전망한다. 이는 일반적으로 1개의 전장용 카메라에 1개의 전장용 ISP가 들어간다는 점에 기인한다. 자율주행의 고도화로 전장용 카메라 채택이 증가하면 ISP에 대한 수요도 증가할 수밖에 없는 구조인 것이다.

ISP는 카메라의 이미지 센서에서 전송된 가공되지 않은 데이터를 보정하여 소비자가 선호하는 형태의 사진이나 영상으로 만들어내는 역할을 한다. 카메라 모듈에서 발생할 수 있는 물리적 한계점을 보완하고 노이즈를 제거할 뿐 아니라, 영상의 밝기를 조절하고 디테일한 부분을 강조하는 후처리 과정도 수행한다.

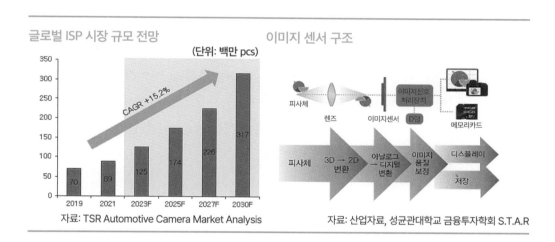

글로벌 ISP 시장 규모 전망

(단위: 백만 pcs)

CAGR +15.2%

자료: TSR Automotive Camera Market Analysis

이미지 센서 구조

자료: 산업자료, 성균관대학교 금융투자학회 S.T.A.R

전장용 ISP의 진입 장벽

전장용 ISP의 경우 진입 장벽으로 인해 소수 업체(ARM, Indie Semiconductor, 넥스트칩)가 시장을 과점하고 있는 상황이다. 이러한 진입 장벽은 전장용 카메라의 핵심 목적이 단순히 운전자에게 영상 정보를 제공하는 뷰잉(Viewing)에서 차량의 주변 상황을 인식(Sensing)하는 것으로 전환되었다는 점에 기인한다.

자율주행을 목적으로 전장용 ISP가 채택되면서 1) 고화질 처리, 2) 실시간 처리에 대한 필요성이 강화되었다. 자율주행 프로세스의 인지, 판단, 제어가 카메라가 찍은 데이터를 기반으로 하기 때문에, ISP는 높은 기술력으로 영상을 선명하게 처리해야만 한다. ISP의 기술적 한계로 이미지가 잘못 처리된다면 큰 사고로 이어질 가능성이 존재하기 때문이다.

화질뿐만 아니라 실시간으로 빠르게 처리하는 기술 역시 중요하다. 자율주행 자동차의 경우, 많은 양의 데이터를 실시간으로 전달받아 인지, 판단, 제어에 활용해야 하므로, ISP의 딜레이 없이 영상을 처리하는 능력 또한 요구되는 것이다.

6. 2,3단계 인지/판단 수혜주는?

ADAS SoC, 인지/판단의 핵심 부품

인지, 판단 단계에서는 자율주행용 SoC(System on Chip)와 관련 소프트웨어가 혜택을 받을 것으로 전망한다. 이는 수집 단계에서 들어오는 데이터를 인지, 학습하고 판단, 명령하기 위한 HW/SW가 필요하기 때문이다. 즉, 카메라, 라이다 등의 센서를 통해 얻은 도로 정보, 신호 정보 등을 딥러닝 알고리즘으로 처리하여 사물을 식별하고, 경로 추출 및 설정 등의 작업을 수행하는데, 해당 작업은 CPU, GPU, NPU 등을 내장한 SoC가 기반이 된다.

아키텍처, 칩 성능, Level별로 요구가 다르다!

자율주행 Level에 따라 인지, 판단 영역에서 혜택을 받는 기업이 다를 것으로 전망하는데, 이는 자율주행 Level별로 인지, 판단을 위해 요구하는 1) 차량의 아키텍처, 2) 칩의 성능이 다르기 때문이다. 그리고 Level4(AD)의 인지, 판단 SoC의 경우, 중앙집중형 차량 아키텍처와 고성능 칩이 필수적이기 때문에 테슬라와 빅테크(엔비디아, 모빌아이)가 시장을 점유할 것으로 전망된다.

그러나 Level2~2+(ADAS)의 인지, 판단 SoC의 경우, 중앙집중형 차량 아키텍처가 필수적이지 않고, 분산형 차량 아키텍처로 구현할 수 있기 때문에 제한적인 칩 성능으로도 가능하다. 이에 중앙집중형 아키텍처를 갖추지 못한 완성차 업체와 필요한 기능만 적절한 가격에 제공하는 엣지 ADAS SoC 업체가 시장을 점유할 것으로 전망한다. 엣지

ADAS SoC란 차량의 엣지단에서 ADAS 역할을 위한 처리를 담당하는 SoC를 의미한다.

중앙집중형 아키텍처 vs 분산형 아키텍처

중앙집중형과 분산형 아키텍처를 구분하는 핵심은 ECU(Electronic Control Unit, 자동차의 엔진, 변속기 등을 전자 제어하는 장치)라고 불리는 제어기의 개수와 역할이다. 제어기는 자동차의 기능을 제어하는 역할을 하는데, 브레이크 제어기는 브레이크를 제어하고, 엔진 제어기는 엔진을 제어한다. 각 기능마다 제어기가 필요한 상황에서 자동차의 기능들은 시간이 지남에 따라 ADAS, 에어백 등 다양한 기능을 포함하며 증가해 왔으며, 이는 각 기능마다 필요한 제어기의 증가로 이어졌다.

현재 고사양 차량에 탑재되는 제어기는 100여 개에 달한다. 이처럼 제어기를 기능, 구역별로 통합하지 않고 각 기능마다 배치한 아키텍처를 분산형이라고 부른다. 이와 반대로 하나의 제어기가 여러 기능의 제어를 담당하는 것을 중앙집중형이라고 부른다. 하나의 제어기가 많은 기능을 제어할수록 있도록 하는 집중화는 높은 수준의 자율주행을 구현하기 위해 상당히 중요하다.

자율주행 Level4, 중앙집중형 아키텍처가 필요하다!

자율주행 Level4 구현을 위해서는 비싼 가격의 자율주행 SoC가 필수적이다. 자율주행이 발전함에 따라 높은 연산 능력의 SoC가 필요하기 때문이다. 예를 들어 구글의 자율주행차는 300여 개의 센서를 통해 초당 1GB의 데이터를 생성한다. 그리고 이를 처리하기 위해, 일반 PC의 2,300배인 초당 120조 회의 데이터 처리 연산 성능을 보유한 SoC를 장착하고 있다.

Level4 시장은 테슬라, 엔비디아, 모빌아이가 점유할 가능성이 높다. 테슬라의 경우, 자동차 업체 중 거의 유일하게 중앙형 아키텍처와 자체 자율주행 SoC 및 소프트웨어를 보유하고 있다. 엔비디아와 모빌아이는 Level4 단계에 대응할 수 있는 자율주행 SoC를 개발하여 판매하고 있기 때문에 구조적인 성장에 따른 수혜가 기대된다.

7. 자율주행 3사

테슬라

테슬라는 자율주행을 위해 1세대 시스템인 HW1.0에는 모빌아이의 EyeQ3를 사용하였고, HW2.0~2.5에는 엔비디아의 SoC를 사용했다. 그러나 2016년 모델 S의 사고 원인과 추후의 방향성에 대한 고민 결과, 더 이상 타사의 칩이 아닌 자체 개발한 칩을 통해 자율주행 소프트웨어와 차체인 하드웨어를 통합하고자 했다. 이는 AI 추론이 차량 내에서 빠르게 일어나야 한다는 점 때문인데, 이를 해결하기 위해선 훈련 영역인 딥러닝이 필수적으로 이루어져야 한다고 판단한 것이다.

하지만 분산형 시스템에서는 딥러닝에 한계가 있기에, 데이터센터에서 계속 훈련시켜 클라우드를 통해 차량으로 무선 소프트웨어를 업데이트하는 방안을 추진했다. 테슬라의 가장 큰 장점은 실제 주행을 통한 압도적인 데이터이며, 이를 바탕으로 보다 최적화된 소프트웨어와 하드웨어의 통합을 추진한 것이다.

FSD칩은 테슬라의 자율주행을 가능케 하는 칩으로, HW3.0부터 탑재되기 시작했다. 이는 144TOPS(초당 144조 회 계산)의 성능을 가지며, 1개의 GPU코어, 12개의 CPU, 자체 개발한 NPU를 사용한다. 자체 개발 NPU의 경우 영상 처리 이외의 기능을 삭제하고, MAC 연산기를 96*96개까지 늘렸는데, 카메라만으로 자율주행을 구현하려는 테슬라의 방향성을 뒷받침하고 있다. 또한 고사양의 SRAM을 사용해 처리 속도를 향상시키고 있는데, 테슬라의 차기작 HW4.0에는 2개의 FSD칩이 탑재될 예정이다.

차량 사고당 주행 거리

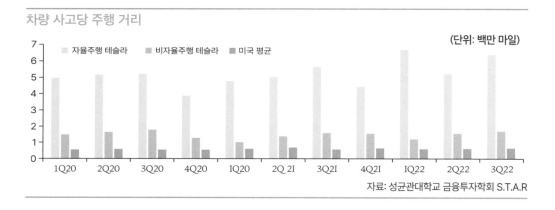

자료: 성균관대학교 금융투자학회 S.T.A.R

모빌아이

모빌아이는 최초로 ADAS를 개발한 회사로 SoC인 eyeQ를 2004년 처음 발표하였고, 현재는 eyeQ5까지 양산하고 있으며, eyeQ울트라를 2025년 양산할 예정이다. 울트라의 경우 1초에 176조 회 연산이 가능한데, 테슬라의 HW3.0은 144조 회, 엔비디아가 개발 중인 드라이브 토르의 경우는 2,000조 회가 가능한 것으로 추정된다.

그러나 모빌아이가 강점으로 갖는 것은 REM(Road Experience Management)으로, 완성차 업체에 1억 개가 넘는 eyeQ 시리즈를 판매할 정도로 다양한 경력 및 이력을 가지고 있다. 이를 이용하여 모빌아이 탑재 차량 주행 데이터로 자율주행에 필요한 지도를 만들고 있다. 모빌아이는 GPS 궤적과 주행 카메라 표식을 조합하여 지도 데이터가 없는 지역에서도 실시간으로 빠르게 지도를 만들어 내며, 차선이나 신호등이 없는 도로나 길에서도 자율주행을 가능케 하고 있다. 모빌아이는 현재 유럽, 미국, 일본, 호주 등에서 REM을 적용 중이다.

엔비디아

자율주행 시장의 성장에 따라 엔디비아의 NPU, 데이터센터 구성을 위한 A100, H100 등의 칩들 수요가 증가하고 있다. 현재 엔비디아는 드라이브 오린을 통해 자율주행 플랫폼을 제공하고 있다. 무엇보다 엔비디아는 공개형 운영체제를 이용하기 때문에 완성차 업체마다 세부적인 변형이 가능하다는 장점이 있다. 맞춤형 자율주행 솔루션을 제공할 수 있는 것이다. 엔비디아는 'End to End' 전략을 통해 자율주행에 필요한 학습부터, 인지, 제어에 이르는 모든 과정을 드라이브 오린 칩과 공개형 운영체제를 통합한 솔루션을 제공한다.

벤츠의 경우 소프트웨어 전체를 엔비디아와 협업하고 있는 중이다. 엔비디아의 가장 큰 강점은 NPU를 이용한 칩의 엄청난 연산력에 있다. 현재 양산 중인 드라이브 오린의 경우 254TOPS를 보이고 있으며, 개발 중인 드라이브 토르 칩은 무려 2,000TOPS를 보일 것으로 기대하고 있다. 엔비디아는 자체 GPU 및 CPU를 사용함으로써 시스템 비용을 절감할 수 있고, 더욱 복잡해질 자율주행에 필요한 높은 연산력에 강점을 지니고 있는 것이다.

SoC 모델별 연산 처리 성능

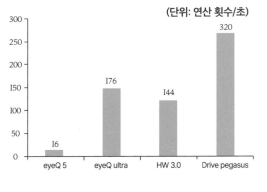

자료: 성균관대학교 금융투자학회 S.T.A.R

Drive Thor 집중화

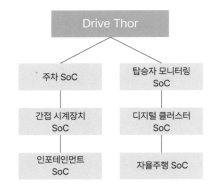

자료: 성균관대학교 금융투자학회 S.T.A.R

8. 자율주행의 두뇌: SoC

자율주행 차량의 인식과 의사 결정, 제어 등 중추적인 역할을 담당하는 SoC의 핵심적인 하드웨어 구성요소는 CPU와 GPU, NPU이다. 이들은 자율주행 프로세스에 필요한 데이터를 연산하고 차량을 제어하는 역할을 한다. 자율주행을 실현하기 위해서는 높은 기술의 하드웨어와 소프트웨어가 필요하며, 따라서 핵심 반도체의 성능 발전이 자율주행 단계 상승을 견인할 것으로 판단된다.

CPU

CPU는 컴퓨터의 뇌 역할을 하는 프로세서로, 소프트웨어를 실행하고, 다른 하드웨어 장치를 제어하는 역할을 한다. CPU는 외부 정보 입력 및 기억, 명령어 해석, 처리 등 컴퓨터의 모든 부분을 담당하는 핵심 부품으로 복잡한 연산이 가능하며, 순차적으로 연산을 진행하는 특성이 있다. 자율주행 알고리즘 내에서 데이터 처리와 차량 제어의 기능을 한다.

GPU

GPU는 주로 이미지 합성 작업을 수행하며, 대규모의 병렬 연산에 특화되어 있다. CPU는 순차적으로 연산하는 특성상 방대한 양의 연산을 처리할 때 지연이 발생하게 된다. 따라서 대규모 데이터 병렬 연산에 특화된 GPU가 AI를 비롯한 다양한 기술에서 CPU의 대안으로 떠올랐다.

자율주행 알고리즘은 연산에 지연이 발생하면 사고로 이어질 수 있기 때문에 실시간 연산이 매우 중요하다. GPU는 자율주행 알고리즘 내에서 여러 센서를 통해 받아들인 주변 환경의 실시간 데이터를 인지하기 위한 객체 추적과 데이터 변환, 센서에서 생성한 데이터를 입력해 결합하는 등의 병렬 연산에 활용된다. 이처럼 복잡한 도로 환경을 탐색하는 데 필요한 데이터 소스를 실시간으로 분석하기 때문에 자율주행 SoC의 성능과 직결되는 핵심 반도체라고 할 수 있다.

NPU

NPU는 AI용으로 특수 제작된 병렬 연산 반도체다. 추론 결과 도출을 위한 AI 알고리즘에 최적화되어 인공신경망을 가속화하는 데 필요한 병렬 연산에 특화되어 있다. GPU만으로 AI 연산을 수행하면 하드웨어의 구조적 차이로 인해 연산 효율이 떨어지는 문제점이 존재하지만, NPU를 활용하면 낮은 전력으로도 높은 AI의 성능을 이끌어 낼 수 있다.

자율주행 알고리즘 내에서 NPU는 이미지 센서로부터 받아들인 데이터를 인지 및 분석하여 객체를 인식한다. 그리고 대상의 구분, 얼굴 구분, 표정 구분 등의 작업인 '영상 분석'과 사람의 행동을 인지하는 '행동 분석' 등의 기능을 한다. 예를 들어, 교통 사고가 발생했을 때 운전자의 상태, 행동, 표정 등의 정보를 구분하여 데이터 및 상황을 분석하는 기능을 하는 것이다.

CPU, GPU 비교

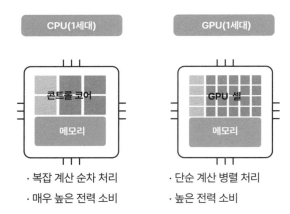

CPU(1세대)	GPU(1세대)
콘트롤 코어	GPU 셀
메모리	메모리
· 복잡 계산 순차 처리	· 단순 계산 병렬 처리
· 매우 높은 전력 소비	· 높은 전력 소비

자료: 산업자료, 성균관대학교 금융투자학회 S.T.A.R

자율주행 기술의 발전과 미래

자율주행에 필수적인 AI는 연산에 활용되는 AI 반도체의 성능이 상승함에 따라 비약적으로 발전하고 있다. 인공지능 반도체 시장은 2030년까지 1,179억 달러 규모로 성장할 전망이며, 이는 전체 시스템 반도체 시장의 3분의 1에 달하는 규모이다. AI 반도체의 발전은 CPU와 GPU를 활용한 1세대에서 시작해, FPGA 및 ASIC를 활용한 2세대, 뉴로모픽칩을 활용하는 3세대까지 이어지고 있다.

1세대

AI 반도체 1세대는 전통적인 폰 노이만 구조를 따르는 CPU와 GPU를 활용한 반도체다. 폰 노이만 구조란 메모리와 연산장치, 입출력장치의 전형적인 3단계 이루어진 프로그램 내장형 컴퓨터 구조를 말한다. 높은 범용성과 상대적으로 낮은 가격으로 AI 연산이 가능하지만, CPU와 GPU는 본래 AI 연산을 목적으로 설계되지 않았기 때문에 AI 연산 성능과 에너지 효율이 낮다는 한계가 존재한다.

2세대

AI 반도체 2세대는 FPGA 및 ASIC를 활용한 반도체다. FPGA 및 ASIC 형태를 통해 병렬 처리 특성은 유지하면서 AI 연산에 최적화된 AI 전용 반도체로 NPU가 이에 해당한다. FPGA는 하드웨어를 재설계하지 않고 프로그래밍을 통해 특정 용도에 맞춰 재구성이 가능한 반도체로, 높은 유연성을 보이지만 전력 소모량이 높고 가격이 비싸다는 단점이 있다. ASIC는 특정 용도에 맞춰 주문 제작된 반도체로, AI 연산 속도가 빠르며 전력 효율성은 높지만 설계 변경과 학습을 위한 설계가 어렵다는 단점이 있다.

이러한 형태를 바탕으로 제작된 NPU는 CPU와 GPU와는 다르게 축적된 데이터를 기반으로 스스로 판단이 가능하며, 1세대 대비 저전력과 고효율의 특성을 지니고 있어 현재 활발하게 상용화가 진행 중에 있다.

3세대

AI 반도체 3세대는 전통적인 폰 노이만 구조를 벗어나 인간의 뇌 신경을 모방한 뉴로모픽을 활용한 반도체다. 현재까지 가장 높은 연산 속도와 전력 효율을 보이지만 낮은 범용성을 보인다는 한계가 있다. 활발하게 상용화가 진행 중인 2세대 AI 반도체와 비교해서는 아직 초기 연구 단계이지만, 17년부터 관련 특허가 폭발적으로 증가하고 있어 성장성이 높은 것으로 전망된다.

1. SDV로 전환되는 미래

스마트카 산업의 개화에 맞추어 모빌리티 업체들이 제시하고 있는 미래 먹거리는 명확하다. 바로 SDV(Software Defined Vehicle)이다. SDV는 소프트웨어로 정의된 차량을 의미하며 차량의 인포테인먼트, ADAS와 같은 기능을 다양한 소프트웨어를 통해 업데이트(OTA)할 수 있는 디바이스를 말한다.

늘어나는 통신과 연산량

현대차는 25년까지 기존 내연기관 차량 라인업을 포함하여 전 차종을 SDV로 전환하겠다고 발표했으며, 자동차 부품 공급의 최상단에 있는 Tier1 전장 업체들과 빅테크 업체들이 제시한 로드맵 또한 유사하다. 일례로 차량 계기판에 표시되는 여러가지 UX/UI를 변경하기 위해, 그리고 ADAS의 차선 이탈 방지 기능의 업데이트를 위해 차량은 새로운 데이터를 클라우드로부터 전송받게 되는데, 이 과정에서 소프트웨어는 차량과 클라우드를 이어주는 매개체 역할을 수행한다.

ADAS의 기능이 최종적으로 자율주행(AD) 수준으로 발전하고, 차량 내부의 인포테인먼트 시스템의 다양화에 따라 차량과 클라우드 간, 그리고 차량 내부의 데이터 통신량과 연산량은 지속적으로 증가할 것이며, 이를 제어하고 통제하는 소프트웨어와 관련 부품의 중요성이 높아질 것 또한 분명하다.

선두주자인 테슬라, 완성차 OEM 업체는?

테슬라는 HW3.0 자체 칩 설계에 따른 완전 중앙집중형 아키텍처 구축을 목표로 양산을 진행하고 있다. 이는 차량의 전선 역할을 하는 와이어링 하네스의 배선을 줄여 차량의 구조 단순화와 무게 절감에 장점을 가지며, 중앙에 칩셋을 위치시켜 대부분의 처리를 담당하기 때문에 기기 간 호환성이 보장된다.

테슬라는 기존 완성차 OEM업체와 근본적인 차이가 있다. 테슬라는 위치를 중앙으로 통합하는 Zonal Architecture를 표방하며 SDV로 대표되는 자율주행 디바이스로 자동차 시장에 진출했고, 완성차 OEM업체는 기존 레거시 아키텍처로 수십 년간 사업을 영위해 왔다.

그렇기에 최근 많은 완성차 OEM업체들이 테슬라와는 일부 다른 SDV에 대한 향후 비전을 제시하며 1) 하드웨어와 소프트웨어의 통합, 2) 3~4개의 도메인(기능) 중심 최상위 제어기-엣지단에서의 보완적인 작동, 3) AUTOSAR 기반의 OS(운영체제)라는 3가지 축을 말하고 있다.

대부분 비슷한 구조와 전략을 차용하는 이유는 기존 공급망의 몸집이 너무 거대하기 때문이다. 부품의 사양을 OEM이 결정하면 Tier1→Tier2→Tier3 순서로 공급받은 부품을 통합하여 납품을 해왔는데, 이미 생산 중인 내연기관의 볼륨 모델을 재설계하고 공급망을 재편하기 위해서는 막대한 시간과 비용이 들 수밖에 없다. 따라서 도메인 아키텍처는 이 과도기에 필수적인 전략이라고 할 수 있다.

왜 모두 중앙화에 집중할까?

전동화로 인해 자동차의 아키텍처에 변화가 있을 것으로 전망된다. 실제로 현재 테슬라를 제외한 기존 내연기관차 OEM업체들 또한 최종적으로 중앙집중형 아키텍처를 목표로 전환을 꾀하고 있으며, 과도기적 성격으로 기능 중심의 통합에 집중하는 Domain Architecture로 전환을 꾀하고 있다는 것이 정론이다.

SDV 관련 밸류체인

기능별 분류	기업명
알고리즘 / 칩	웨이모, 퀄컴, 화웨이, 아르고, Motional, APTIV,Cruise 등
공통	테슬라, 엔비디아, 모빌아이 등
SDV 솔루션	기아, 도요타, 포드, 폭스바겐, 스텔란티스, GM, NIO, PENG, Li Auto 등

자료: 산업지도, 성균관대학교 금융투자학회 S.T.A.R

엣지 프로세싱은 유효하다

그러나 완성차 OEM의 중앙집중형 아키텍처로의 전환, 그리고 완전 자율주행의 도입에는 상당한 시간이 소요되기 때문에 엣지단에서 ADAS 기능 구현을 보조해주는 SoC에 대한 수요는 분명히 존재한다. 이는 1) 한정된 소비 전력으로 중앙 칩셋에 요구되는 연산 능력을 분담할 수 있으며, 2) 생명과 직결되는 실시간 처리의 안정성을 담보할 수 있고, 3) 반자율주행, 주행보조(ADAS) 시장이 니치마켓으로서 존재하기 때문이다.

OS, 생명과 직결되는 실시간 처리 능력

신뢰성과 안정성이 요구되는 주행 영역에서 정확한 동작을 위해 각각 MCU(마이크로 컨트롤 유닛)를 적용해 도메인 게이트웨이를 연결하는 것이 도메인 방식의 대표적인 특징이다. 반면 고성능 SoC 기반 다중 통합제어 시스템을 구축한다면 하나의 시스템에서 인포테인먼트, 자율주행 등을 모두 구현할 수 있다. 그러나 이를 위해서는 안정적이면서 고성능의 연산 능력을 가진 칩셋이 필수적으로 담보되어야 한다.

주행 관련 기능은 다른 기능보다 실시간 제어가 중요하다. 주행 중에 갑자기 전방에 나타난 보행자를 피하기 위해 방향을 틀 때 레이턴시(자극과 반응 사이의 시간)가 발생한다면 큰 사고로 이어질 수 있기 때문이다. 이에 소프트웨어단에서는 이미 RTOS(실시간 운영 체제) 방식으로 보다 신속하게 데이터를 처리하고 관련 기능을 제어하는 데 중점을 두고 발전해 왔다. 그리고 소프트웨어단에서의 흐름만이 아닌 적용될 부품에 대해서도 점차 실시간 처리 능력이 화두로 떠오르고 있는데, 그만큼 안전성과 무결성이 갈수록 더 중요해지고 있기 때문이다.

ADAS SoC도 마찬가지

이에 자율주행 관련 부품에 관해서도 1) 안전성과 2) 호환성이 품질을 결정하는 데 주요한 지표가 될 것이다. 실제로 ADAS 및 자율주행 OS로 활용되는 대표적인 RTOS로 QNX, VxWorks, Green Hills INTEGRITY, Real-time Linux가 있는데, 보안성과 안전성을 무기로 QNX의 선호도가 높고, 우수한 안전 등급이 요구된다. 또한 범용적인 개발 언어로 구동 및 수정이 가능한 형태로 제공하게 되면, 이를 통해 안드로이드 오토모티브, 리눅스 기반 OS와 같은 차량 인포테인먼트 OS와 충돌하지 않게 된다.

현재 Level2~3 수준의 자율주행을 위해 사용되는 AP에서는 50W 내외 소비전력으로 100~300TOPS의 연산 성능이 요구되고 있다. 이는 점차 심화되어 완전 자율주행 단계를 위해서는 동일 수준의 소비전력에서 1,000TOPS 이상의 성능이 뒷받침되어야 할 것으로 전망된다. 실제로 SDV 선도업체인 테슬라는 2년~3년 주기로 통합제어 시스템을 업그레이드하고 있으며, 이미 HW3.0까지 발전시킨 상태다. HW3.0은 2.6GHz 연산 속도의 12개 ARM Cortex-A72 CPU(3쿼드코어)와 2GHz로 동작하는 2개의 NPU, Mali GPU 1개가 실장되었으며, 220W의 전력 소모량에 전작보다 10.5배 높은 연산 성능을 제공할 수 있다.

누구와 함께할까?

완성차 제조사들은 여러 가지 솔루션을 가지고 고민할 것이다. 중앙집중형 E/E 아키텍처들 중 도메인 방식에서는 각각의 기능별로 전용 SoC를 사용하거나 하나의 고성능 SoC를 통해 다중 통합제어기를 구축할 수 있다. 대표적으로 인포테인먼트는 Qualcomm의 스냅드래곤 라이드, 삼성의 엑시노스 오토, 텔레칩스의 TCC 등 선택지가 존재한다.

자율주행단에서는 1) 특정 부품을 사용해 엣지 프로세서단에서 기능을 보조/처리하거나(넥스트칩의 APACHE 시리즈, Ambrella의 CV시리즈, Indie semiconductor 등), 2) 엔비디아의 드라이브 페가수스 혹은 모빌아이의 EyeQ 등 해당 기업의 플랫폼과 이에 종속되는 제품을 이용하는 방식이 존재한다.

실제로 21년 출시된 엔비디아의 차량용 SoC인 드라이브 오린은 Cortex-A78AE 12코어 CPU와 2048코어 암페어 GPU를 이용해 최대 200TOPS의 인공지능 연산 능력을 보여주었으며 이는 전작인 AGX XAVIER보다 약 6배 증가한 수치이다. 차세대 SoC 드라이브 토르는 무려 2,000TOPS의 연산 속도를 보여주며 처리 능력으로는 테슬라의 그것에 전혀 밀리지 않는다. 또한 차량 내 디지털 클러스터, 인포테인먼트, 자율주행 등으로 분할하여 기능을 활용할 수 있는 것을 목표로 하고 있다.

완성차 OEM 업체의 우려

완성차 업계는 자체 플랫폼 확보를 위해 막대한 연구 개발비를 투자해야 하는 위험 부담을 줄일 수 있다는 이점이 있다. 하지만 엔비디아에 대한 의존도가 높아진다면 기존의 공급망과 원가경쟁력에 문제가 발생하고, 플랫폼에 종속됨으로써 경쟁사와의 옵션, 서비스 차별화 요인을 두기 힘들어진다. 실제로 엔비디아의 단일 GPU만으로도 60만 원~80만 원대로 판가가 형성되어 있으며 토르의 판가는 15,000달러 내외로 예상된다. 다중 코어가 붙은 CPU가 SoC에 실장된다면 부품의 값은 가격 협상력이 적은 상태에서 천정부지로 치솟을 염려가 있으며, 소프트웨어나 플랫폼까지 종속되면 문제는 더욱 커질 가능성이 높다.

2. Non-Tesla 진영, 중앙집중화가 어렵다!

Non-Tesla(테슬라 외 완성차 업체) 진영은 중앙집중화 아키텍처 구축에 상당한 어려움을 겪고 있다. 이는 자동차 부품 개발을 자체적으로 하지 않고, 부품사에게 외주를 주고 있기 때문이다. 부품사가 따로따로라 부품 간의 표준화나 호환성을 고려하지 않은 상태로 각자 개발 및 생산하기 때문에 각 부품이 서로 다른 OS(Operating System, 운영체제)를 기반으로 작동할 확률이 높다. 이러한 개별성과 더불어, 완성차 업체와 부품사의 고착화된 상황은 중앙집중화를 더욱 어렵게 만든다. 그러나 테슬라의 경우는 부품사에 의존하지 않는 기술력을 기반으로 중앙집중화를 할 수 있었다.

Non-Tesla 진영, 자체 소프트웨어 개발도 어렵다

Non-Tesla 진영의 완성차 업체는 자체 소프트웨어 개발에도 어려움을 겪고 있다. 중앙집중화 아키텍처를 위한 소프트웨어와 Level4 자율주행을 위한 소프트웨어 모두 완벽한 개발이 안 된 상태다. 폭스바겐과 포드가 투자한 자율주행 소프트웨어 개발업체 아르고 AI는 폐업을 했고, 폭스바겐은 2025년 도입 예정이던 신규 EV용 소프트웨어 플랫폼 Cariad를 연기했다. 현대차그룹의 EV9은 소프트웨어 설계 오류로 여러 차례 무상수리를 진행한 이력이 있다. 자율주행 소프트웨어는 모빌아이 같은 업체로부터 구입할 수 있지만 1) 플랫폼에 종속될 우려가 있다는 점, 2) 부가가치가 큰 자율주행 소프트웨어 분야에서 수익을 포기한다는 점에서 완성차 업체의 고민이 커지고 있는 상황이다.

Non-Tesla 진영, Level2~2.5+에 집중

이처럼 중앙집중화와 소프트웨어 개발 난항으로 Non-Tesla 진영은 Level2~2.5+ 자율주행에 상당 기간 집중할 것으로 전망된다. 혹여 중앙집중화와 자체 소프트웨어 개발에 성공하더라도 사업 전략상 Level2~2.5+ 자율주행 차량과 Level4 차량은 공존할 것이다.

NVIDIA 반도체 적용 현황

완성차 업체	볼보	22년 출시 모델(XC90)에 '오린' 적용
	상치 (SAIC)	22년 출시 모델(IM)에 '오린' 적용
	다임러 그룹	24년 이후 출시 모델에 '오린' 적용. 차량 개발 초기 단계부터 협력
모빌리티 업체	디디 츄싱	엔비디아의 자율주행 반도체, 데이터 센터를 활용하여 자율주행 솔루션 개발
	Zoox	로보택시용 반도체 및 데이터 센터 공급, 아마존 인수(20년) 전부터 협력(17년)

자료: 성균관대학교 금융투자학회 S.T.A.R

Level2~2.5+ ADAS 엣지 SoC 수혜

Level2~2.5+ 단계에서는 차량 중앙의 고성능 SoC가 아닌, 엣지단에서 특정 기능을 수행하는 엣지 SoC가 시장을 점유할 것으로 전망된다. 따라서 완성차 업체의 경우, Level2~2.5+ 단계에서 엔비디아와 모빌아이의 고성능 SoC를 사용할 필요성이 아직은 적다. 이는 해당 레벨에서는 제한적인 자율주행 기능만 수행하기 때문이다. Level3~4 용 고성능 자율주행 SoC가 완성차 업체가 요구하는 것보다 과한 기능을 제공한다는 것과 반대로, ADAS 엣지 SoC는 완성차 업체가 요구하는 ADAS 기능에만 초점을 맞춰 개발할 수 있다는 장점이 있다. 이러한 특성 때문에 ADAS 엣지 SoC는 상당히 높은 가격 매력도를 보유하고 있다.

TOP PICK

1. 넥스트칩(KQ.396270)

목표주가 20,470원으로 매수 제시

목표주가 20,470원으로 매수를 주장한다. 동사의 2025년 매출액과 영업이익은 각각 1,427억 원(YoY +234.2%), 236억 원(YoY +흑자 전환)으로 전망한다.

투자 포인트 1. 캐시카우 ISP와 함께

24년, 25년 동사의 ISP 매출액은 227억 원(YOY +59.3%), 297억 원(YOY +31%)으로 전망한다. 동사는 자체 개발 프로세싱을 통해 확보한 ISP 기술 경쟁력을 바탕으로 전장용 카메라에 특화된 기능을 제공함에 따라 ISP 판매량이 빠르게 증가할 것으로 기대된다. 이에 수요처 다변화 및 새로운 시장 진출이 가속화될 예정이며, 자율주행 고도화로 인한 구조적인 성장과 더불어 고객사의 양산에 따른 동사 제품 적용 확대로 큰 폭의 외형 성장이 전망된다.

투자 포인트 2. APACHE5, ADAS SoC로 어프로치

25년 동사의 APACHE4, 5의 매출액은 1,086억 원으로 전망한다. 자체 ISP 기술력에 기반한 APACHE5가 2H24부터 양산됨에 따라 완성차 OEM향 매출이 본격화될 것이다. 이는 EU, 일본의 정책적 모멘텀에 따라 ADAS 도입 필요성이 존재하는 가운데 1) 엣지 프로세서를 통해 비용 효율성을 달성할 수 있으며, 2) 높은 전력 효율성과 호환성을 담보하는 동사의 설계 능력에 기인한다.

보너스 포인트 . **APACHE6, 검출에서 판단으로**

APACHE6는 기존 인지, 검출 기능에 더해 특정 MCU의 제어 영역까지 확장된다. 따라서 자율주행 Level2+~Level3 단계에서 특정 ADAS 기능을 적은 수의 칩을 이용해 구현하고자 하는 완성차 업체향 매출이 발생할 것으로 전망된다.

투자지표	2021	2022	2023F	2024F	2025F
매출액(억 원)	245	129	172	427	1,427
영업이익(억 원)	(135)	(274)	(199)	(103)	236
영업이익률 (%)	N/A	N/A	N/A	N/A	16.53
순이익 (억 원)	(216)	(274)	(199)	(102)	186
순이익률 (%)	N/A	N/A	N/A	N/A	13.03
EPS (원)	(1,690)	(1,699)	N/A	N/A	1,049
PER	N/A	N/A	N/A	N/A	14.22

Key Information	
KOSDAQ 지수	739.23
52주 최고/최저(원)	21,800/ 4,400
시가총액(억 원)	2,646
발행주식수(주)	17,735,840
22년 배당수익률(%)	N/A
주요주주 지분율(%)	45.50

Stock Price

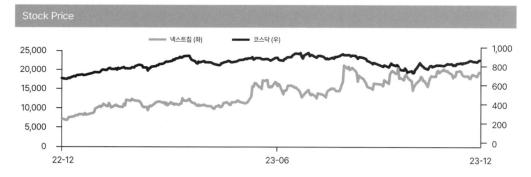

TOP PICK

2. 퓨런티어(KQ.370090)

전장용 카메라모듈 공정용 장비 제조업체

동사의 매출은 장비 매출과 부품 매출로 구분되며, 올해 2분기 누적 기준으로 57:43(장비:부품) 비중의 매출을 기록하였다. 동사는 전장용 카메라모듈의 조립/보정/검사 공정용 장비를 제조하는데, 주요 제품은 1) 카메라 렌즈와 이미지 센서를 조립하는 Active Align 장비, 2) 2개 이상 카메라들 간의 정밀 정렬 및 접합 공정에 사용되는 Dual Align 장비, 3) 조립한 렌즈와 이미지 센서에 편차(품질 차이로 발생)가 발생할 경우 이를 소프트웨어로 보정해주는 Intrinsic Calibration 장비, 4) 해상력, 왜곡, 이물 등을 검사해주는 EOL 장비이다. 동사의 부품사업부(산업용 PC 및 LED 광원 등 공급)는 모회사 하이비전향 70% 납품 중이다.

자율주행이 이끄는 카메라 시장 성장의 수혜

자율주행이 고도화되면서 차량에 탑재되는 전장용 카메라 센서의 수는 Level1 2개, Level2 7개, Level3 12개로 가파르게 증가하고 있다. 따라서 카메라 센서의 채택 증가는 구조적으로 검사 장비의 수요 증가로 이어질 것으로 보인다. 이러한 영업 환경에서 동사는 글로벌 OEM 사로 카메라 모듈 검사 장비를 납품 중인데, 전장용 장비 전체 매출 중 80~90% 이상을 차지한다. 미국의 앱티브, 중국의 오필름 그리고 대만의 Primax Electrics 등도 동사의 고객사이다.

테슬라와 함께 폭풍 성장

동사 최대 고객사인 테슬라의 카메라 탑재량은 2023년 180만 대 수준에서, 2030년 1,000만 대 이상으로 성장할 전망이다. 전장 카메라의 경우 1) 화소 수가 증가할 때, 2) 신규 차종이 출시될 때 새로운 생산라인과 장비가 필요하다. 테슬라의 경우 HW4.0 탑재로 500만 화소 수 증가와 모델3 하이랜드, 사이버트럭 등 신규 차종 출시가 동시에 이뤄질 예정이다. 이에 따라 동사의 센싱 카메라용 장비의 공급 확대가 전망된다.

경쟁사보다 가격은 낮고 기술력은 좋다!

동사 장비의 측정 거리 및 크기 오차 수준은 10미터 기준으로 12mm에 불과하며, 정량적인 테스트 결과에서도 글로벌 경쟁사인 미국의 AEI, 유럽의 트라이옵티스보다 우수한 수치를 기록하고 있다. 가격 또한 고객사 제조 단가 기준에서도 유리한 위치를 차지하고 있다.

투자지표	2021	2022	2023F	2024F	2025F
매출액(억 원)	222	269	487	592	757
영업이익(억 원)	12	16	94	122	162
영업이익률 (%)	5.5	6.07	19.22	20.59	21.46
순이익 (억 원)	26	20	93	113	150
순이익률 (%)	11.92	7.37	19.1	19.03	19.81
EPS (원)	432	256	1,140	1,378	1,833
PER	93.15	72.18	25.96	21.48	16.15

Key Information	
KOSDAQ 지수	859.71
52주 최고/최저(원)	39,800/18,100
시가총액(억 원)	2,422
발행주식수(주)	8,181,830
22년 배당수익률(%)	N/A
주요주주 지분율(%)	40.45

Stock Price

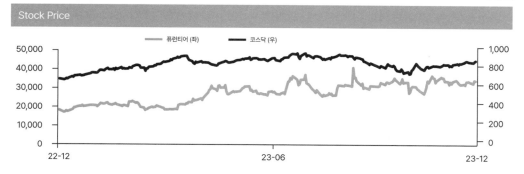

전 세계적인 재생에너지의 도입 확대로 ESS 시장의 구조적 성장이 이루어지고 있다. 이에 따라 글로벌 ESS 시장 규모는 21년 2,109억 달러에서 30년 4,353억 달러로 연평균 8.4% 성장할 것으로 전망한다. ESS가 재생에너지의 문제점인 전력계통의 불안정성과 높은 LNG 의존도에 대한 해결책이 될 수 있기 때문이다. 미국 ESS 시장은 22년 12GW에서 30년 103GW로, 연평균 31%씩 성장할 것으로 전망된다. 이는 미국의 1) 재생에너지 확대, 2) 전기차 시장 성장, 3) 송배전망 교체 및 신규 설치에 따른 ESS 필요성 확대에 기인한다. 미국은 '탄소 절감'과 '에너지 독립' 목표에 맞춰 제시한 3가지 요소에 '정책적 드라이브'를 걸고 있다.

EU의 리튬이온 ESS 시장은 22년 197억 달러에서 32년 940억 달러로 연평균 16.9% 성장할 것으로 전망된다. 이는 러시아·우크라이나 전쟁으로 에너지 자립에 대한 필요성이 높아지면서 재생에너지 확대 기조가 더욱 가팔라진 것에 기인한다.

업종분석

PART 04 ESS

에너지 위기 해결사

ESS란 무엇인가?

ESS 산업의 성장 전망과 이유

글로벌 ESS 설비 규모는 22년 43.8GW에서 30년 508GW(CAGR +40.0%)로 10배 이상의 가파른 성장이 예상되고 있다. 이는 1) 코로나19 이후 화석연료 전력 단가 상승, 2) 재생에너지 비중 확대, 3) 배터리 생산 단가 하락에 기인한다. 기존 전력 생산의 핵심이었던 화석연료의 정치적 무기화가 이뤄지면서 공급이 제한되어 전력 단가가 급증하자, 재생에너지에 대한 요구가 급격하게 확대되었고, 추가적으로 ESS 설치 비용의 핵심인 리튬 배터리 가격이 원자재 가격의 하락 안정화로 경제성이 보장되었기 때문이다. ESS 산업을 제대로 이해하기 앞서 ESS란 정확히 무엇이고, 어떻게 구분할 수 있는가를 알아보자.

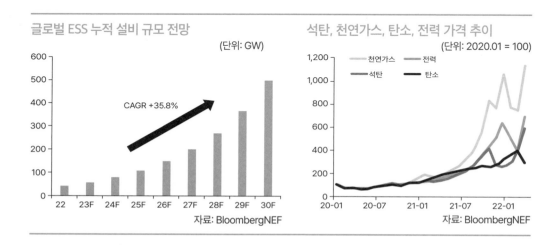

글로벌 ESS 누적 설비 규모 전망 (단위: GW)

CAGR +35.8%

자료: BloombergNEF

석탄, 천연가스, 탄소, 전력 가격 추이 (단위: 2020.01 = 100)

천연가스 전력
석탄 탄소

자료: BloombergNEF

ESS의 정의와 구조

ESS(Energy Storage System)란 전기에너지를 저장했다가 전력이 필요한 시기에 사용할 수 있게 해주는 에너지 솔루션으로, 재생에너지 변동성을 보완하여 전력계통의 안정화를 돕는 역할을 한다. ESS는 기본적으로 크게 4가지로 구성되어 있다.

1) 전기 저장과 방전 역할을 하는 배터리
2) 전압과 전류 등을 제어하는 BMS(Battery Management System)
3) 배터리와 EMS(Energy Management System) 사이의 AC/DC 변환과 전력 공급, 충전을 담당하는 PCS(Power Conversion System)
4) ESS 부품들의 작동을 감시, 제어하기 위한 시스템인 EMS(Electronic Manufacturing Services)

에너지저장시스템 ESS의 구성 요소

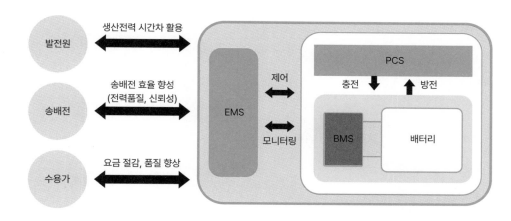

자료: Energy Insight

ESS의 수요처별 분류

ESS는 여러 방법으로 분류가 가능하나 크게 'FTM(Front-of-the-Meter)'과 'BTM(Behind-the-Meter)'으로 구분된다. FTM은 수요처별로 전력량계(Electricity

Meter) 앞단인 발전, 송전, 배전과 관련된 전력 공급자 측 유틸리티용 ESS 자산이다. BTM은 FTM 자산과 주택, 상업 시설을 연결하기 위해 설치되는 전력량계 뒷단, 즉 전력 수요처 측 주거용/상업용 ESS 자산을 의미한다. FTM 자산의 경우 1) 전력 발전원과 연계되어 전력 저장 및 부하 조정 목적, 2) 송배전망과 연계되어 전력 품질과 신뢰성을 향상하기 위한 목적으로 설치된다. BTM 자산의 경우 피크 저감을 통한 전력 소비자 비용 절감, 비상시 예비 전원, 가정/기업단 설치된 재생에너지원의 자체 소비 등의 목적으로 설치된다.

FTM ESS의 경우 기능별로 다음과 같이 구체화가 가능하다.

1) 태양광, 풍력 등 간헐성이 큰 재생에너지 발전 자산과 연계되어 부하 조정, 회전 예비력을 제공하여 출력 안정화
2) 전력망과 연결되어 일시적인 전력 부하 및 재난 시 예비 전력으로 작동
3) 전력망 최대 출력을 낮추어 송전, 배전에서 전력 손실률을 최소화하는 비용 절감 기능

BTM ESS의 경우는 상업 혹은 가정단에서 설치되어 다음처럼 구분이 가능하다.

1) 전기 요금이 낮은 시간에 전력을 저장했다가 높은 시간에 방전하여 피크 저감을 통한 요금 절약 기능
2) 비상시 예비 전력
3) 자체적으로 건물 옥상, 마당에 설치한 태양광 등의 재생에너지 자체 소비용

FTM ESS, BTM ESS의 최근 변화와 전망

기존 발전기를 비롯해 재생에너지 등의 발전원과 연결되어 사용되는 FTM ESS의 경우, 최근 AI 딥러닝 기반 소프트웨어들이 개발되면서 전력 도매시장에서 전력 가격 예측

정확도가 높아지고, 전력 자동 거래 및 ESS 관리의 경제성이 높아지며 주목을 받고 있다.

BTM ESS의 경우 기후 변화와 자연 재해 빈도 증가로 전력난이 심해지자, 비상시 예비 전력 가정단 ESS도 빠르게 늘고 있다.

추가적으로 미국 정부가 노후 전력망 대안책으로 재생에너지와 같은 분산에너지 자원과 ESS를 연결시켜 자급자족이 가능한 전력망 충당 시스템인 마이크로그리드(MG) 지원 정책을 발표하면서 향후 마이크로그리드향 BTM ESS 수요 증가에 대한 기대감도 커지고 있다.

재생에너지 연계 FTM을 주목해야 할 이유

이 책에서 집중적으로 다루게 될 ESS는 22년 ESS 용도별 비중 중 54%를 차지하는 재생에너지 연계 유틸리티 ESS로, 재생에너지 발전 설비 확대 및 연계 수요 증가에 따라 해당 비중은 30년까지 66%로 증가할 전망이다.

미국과 EU, 중국 등 주요국들이 재생에너지 연계 및 전력망 연결용 ESS 보급 확대를 위한 보조금 지급, 세제 혜택 제공, 설치 의무화 등의 정책적 드라이브를 걸고 있어, 중단기적으로도 재생에너지와 연결되는 ESS의 확장에 주목해야 하는 시점이다. 그렇다면 ESS 산업이 왜 이제서야 강력한 성장 지원을 받고 있으며, 왜 투자자들이 ESS 산업에 주목해야 하는지 알아보자.

왜 ESS에 주목해야 하는가?

1. 재생에너지 확대는 거스를 수 없는 흐름

글로벌 재생에너지 시장 연평균 8.6% 성장

글로벌 재생에너지 시장 규모는 22년 9,883억 달러에서 30년 1조 9,121억 달러로 연평균 8.6% 성장할 것으로 전망된다. 이는 1) 기후 변화에 대한 인식 증가로 글로벌 국가들의 탄소 배출 감축 의지, 2) 러시아·우크라이나 전쟁으로 인한 에너지 안보 필요성 대두에 기인한다.

전 세계 재생에너지 시장 규모 추이

(단위: 십억 달러)

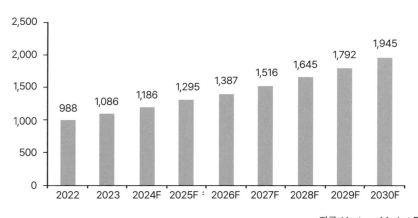

자료: Vantage Market Research

탄소 배출 감축은 30년 전부터 논의

국제 사회는 지난 몇십 년간 기후 변화에 대응하기 위해 다양한 방안을 모색해왔다. 1997년에 채택된 교토의정서는 탄소 배출 감축 의지를 보여주는 대표적인 기후 변화 협정이다. 교토의정서는 주요 선진국 37개국을 대상으로, 2008년~2012년(첫 번째 약속 기간) 온실가스 총 배출량을 1990년 수준보다 평균 5.2% 감축할 것을 목표로 제시한 바 있다.

교토의정서의 한계

교토의정서는 전 세계적으로 합의된 첫 기후 관련 협약이라는 점에서 큰 의의가 있지만, 다음과 같은 명확한 한계점 때문에 큰 실효성을 거두지는 못했다.

1) 온실가스 감축 의무에서 개발도상국 배제
2) 선진국 입장에서 이를 처벌로 인식하여 회의적인 대응

무엇보다 온실가스 배출량 1위 국가인 중국, 3위 국가인 인도가 개발도상국으로 분류돼 감축 의무가 부과되지 않았다. 선진국 입장에서는 온실가스 감축을 통해 얻는 혜택보다 비용이 더 많이 들어가는데, 협약에서 빠진 개발도상국의 무분별한 배출로 전 세계 총 온실가스 배출량은 늘어나는 상황이기에, 참여 유인을 떨어트리는 주요한 요인이 되었다.

미국 상원은 미국 경제에 대한 잠재적인 피해를 이유로 2001년 교토의정서 비준을 거부했는데, 캐나다와 일본, 러시아 또한 각각 2011년과 2012년 위약금 없이 협정을 탈퇴한 선례를 남기게 되었다.

결국 전체 온실가스 배출량의 15%를 차지하는 국가들만 남게 되었으며, 첫 번째 약속 기간인 2012년까지 개발도상국의 배출량 증가로 오히려 1997년 수준보다 44%나 탄소 배출이 증가하게 되었다.

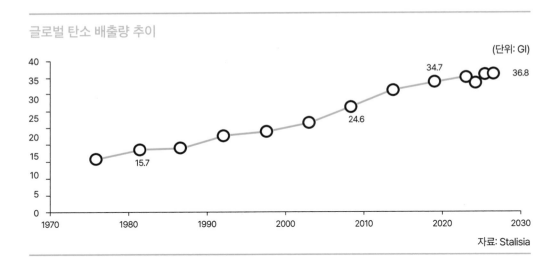

글로벌 탄소 배출량 추이

(단위: GI)

자료: Stalisia

2. 파리기후협약, 지구를 위해 한 걸음 더 나아가다

이에 2020년 만료되는 교토의정서의 한계점을 보완하고자 2015년 파리에서 열린 제 21차 유엔기후변화협약 당사국총회(COP21)에서 '파리기후변화협약(이하 파리협정)'이 체결되었다. 교토의정서와 달리 파리협정은 195개 당사국 모두가 온실가스 감축 의무를 가진다는, 즉 선진국만이 아닌 전 세계가 기후 변화에 대응해야 한다는 점에서 큰 의의가 있다.

구체적인 목표 제시

파리협정은 지구 평균 온도 상승을 산업화 이전 대비 2℃ 이하로 제한하고, 1.5℃를 넘지 않는 것을 구체적인 목표로 제시하고, 이를 달성하기 위해 국가별로 5년 단위의 기본 계획을 수립하게 했다. IEA에 따르면 과도 기간인 2015년~2019년 재생에너지 투자 증가율은 2%에 불과했지만, 파리협정이 본격적으로 적용된 2020년 이후 관련 투자는 12%로 크게 성장했는데, 파리협정이 재생에너지 확대에 큰 기여를 한 것이다. 그럼에도 파리협정에서 제시한 1.5℃ 목표를 달성하기 위해서는 적극적인 재생에너지 정책 전환이 필요한 상황이다.

글로벌 대표 국가들의 기후 변화 대응 기본 계획

	최근 약속한 온실가스 감축 목표
한국	2030년까지 2018년 대비 온실가스 최소 35% 감축(탄소중립기본법, 2022년 3월 25일부로 시행)
미국	2030년까지 2005년 대비 온실가스 배출량 50%~52% 감소(백악관, National Cimate Task Force, 2021년 1월 27일)
독일	2030년까지 1990년 대비 온실가스 배출량 65% 감축
프랑스	2030년까지 2005년 대비 온실가스 배출량 36% 감축(EU, National energy and climate plans, 2020년)
영국	2030년까지 1990년 대비 탄소 배출량 68% 감축
캐나다	2030년까지 2005년 대비 탄소 배출량 40%~45% 감축
중국	1) 2030년 이전 이산화탄소 배출 정점(Peak) 달성, 2) 2060년까지 탄소중립
일본	2030년까지 2013년 대비 탄소 배출량 46% 감축

자료: 성균관대학교 금융투자학회 S.T.A.R

3. 러·우 전쟁, 재생에너지 확대에 정치적 명분을 제공하다

글로벌 재생에너지 확대 트렌드에 필연적 명분을 제시해준 것이 러시아·우크라이나 전쟁이다. 러시아가 유럽에 천연가스를 공급하는 노르드 스트림을 봉쇄함에 따라 천연가스의 대체재인 석유의 가격 또한 급등한 것이다. 이로 인해 전 세계적으로 난방, 냉방, 운송 비용이 직접적인 영향을 받았을 뿐만 아니라, 글로벌 공급망 전반에 걸쳐 상품 및 서비스 비용이 증가했다.

석유, 천연가스, 석탄의 세계 평균 가격

(2018가격: 100)

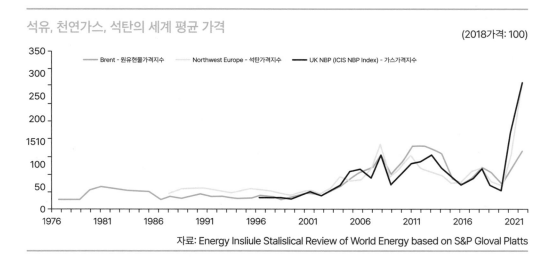

자료: Energy Insliule Stalislical Review of World Energy based on S&P Gloval Platts

비영리 독립 언론 <The Convesation>이 116개국을 대상으로 진행한 모델링 연구에 따르면, 전쟁 발발 1년 뒤 한 가구가 사용하는 에너지 비용이 최소 63%에서 최대 113% 증가한 것으로 나왔다. 이는 전 세계 가계 지출을 2.7%~4.8% 증가시키는 수치이다. 이처럼 러·우 전쟁을 통해 에너지 안보 강화의 필요성을 뼈저리게 느낀 국가들이 화석연료에 대한 의존도를 낮추기 위한 방안으로 재생에너지를 적극적으로 확대하기 시작한 것이다.

4. 재생에너지 확대에 따른 ESS의 필연적 성장

재생에너지의 확대에 따라 ESS 시장 또한 성장해 21년 2,109억 달러에서 30년 4,353억 달러로 연평균 8.4% 성장할 것으로 전망된다. 이는 ESS가 재생에너지의 간헐성을 보완해 1) 전력계통의 불안정성, 2) LNG 등의 자원에 대한 외부 의존을 줄여줄 수 있다는 점에 기인한다.

전 세계 ESS 시장 규모 추이

(단위: 억 달러)

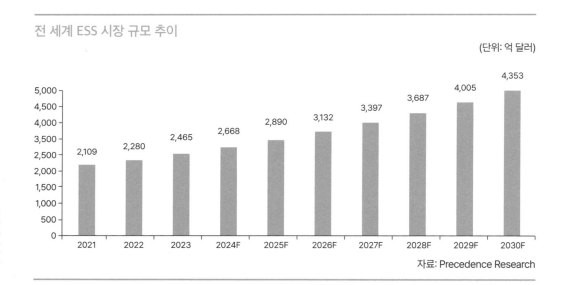

자료: Precedence Research

5. 전력계통의 불안정성, ESS로 보완

해결책은 ESS

재생에너지는 전력 생산 과정에서 탄소를 배출하지 않는다는 장점에도 불구하고 전력 발전량이 시간과 환경(햇빛의 양, 구름의 유무, 바람의 세기 등) 같은 외부 변수에 큰 영향을 받는다는 단점이 존재한다. 이는 전기의 수요와 공급에 불균형을 초래할 수밖에 없고, 실시간으로 수요와 공급이 일치해야 하는 전력계통의 특성에 위배된다. 전력은 수요가 공급을 초과하는 경우만이 아니라 공급이 과잉되는 상황에서도 블랙아웃(대규모 정전 사태)이 발생하기 때문에, 수요 공급의 불균형이라는 근본적인 문제점은 재생에너지 보급 확대에 결정적인 장애물이 되어 왔다.

이처럼 재생에너지의 가장 치명적 단점인 간헐성, 그로부터 발생되는 전력계통의 불안정성 등의 문제점을 가장 효과적으로 보완해줄 수 있는 것이 바로 ESS이다. 재생에너지 발전소(특히 태양광)에 ESS를 함께 설치함으로써, 초과 발전되는 전기를 ESS에 저장한 뒤, 전력 수요가 높을 때 저장된 전기를 사용한다면 기존 전력계통에 무리를 주지 않고 효과적으로 재생에너지를 주 에너지원으로 이용할 수 있기 때문이다.

LNG의 역할, ESS가 대신하다

기존에는 재생에너지의 간헐성을 보완하고자 LNG가 보조 발전원으로 주목받았다. LNG는 발전 단가가 비싸다는 단점이 있지만, 단기간에 빠르게 전력을 생산할 수 있다는 장점이 있다. 이에 따라 재생에너지 확대를 추진하는 각국 정부는 LNG 발전의 확대도 동시에 추진하였고, 재생에너지 비중이 높아질수록 LNG의 중요성도 함께 증가하게 되었다.

그러나 이로 인해 유럽은 러·우 전쟁 이후 전력 가격이 급등하게 되었다. 전력 가격은 전력 생산자의 고정투자 비용을 보장해주기 위해 수요와 공급이 일치하는 선상에서 발전소가 제시한 가격으로 결정되며, 대부분은 첨두발전원의 가격으로 결정된다. 독일 같은 경우, 2021년에 이미 재생에너지 비중이 42%에 달할 정도로 높았기 때문에 전력 가격 상승이 더욱 컸다.

재생에너지가 확대되려면 ESS는 필수

재생에너지 보급이 확대될수록 ESS에 대한 수요는 증가할 수밖에 없다. 전기의 가장 큰 문제점인 비저장성 때문에 전력 생산의 변동성이 타 에너지원 대비 큰 재생에너지는 보조 전력원에 대한 의존도가 클 수밖에 없기 때문이다. 천연가스 수급 문제로 전력 가격 폭등을 겪은 유럽 입장에서는 재생에너지 확대에 제동이 걸릴 수 있는 요인이다. 그러나 ESS를 활용한다면 전기의 초과 생산량을 저장할 수 있어, 보조 발전원에 대한 의존도를 줄일 수 있다. 에너지 자립을 위한 재생에너지 보급 확대를 위해서는 ESS 채택은 필수적인 것이다.

6. 2030년까지 ESS 급성장 구간

원자재 및 배터리 단가 하락으로 가성비 확보

향후 리튬이온 배터리의 가격 하락에 따라 ESS의 '경제성'이 보다 커질 것으로 전망된다. ESS 설치 비용의 60%는 리튬이온 배터리가 차지할 만큼 ESS의 설치 원가는 '리튬 가격', '배터리 단가'에 연동되는 모습을 보인다. 기존 ESS가 대중화되지 못했던 이유 또한 높은 원자재 가격과 이로부터 비롯된 높은 배터리 단가로 '경제성 부족'이라는 벽에 직면했기 때문이다. 반면 현재는 1) 원자재 가격 하락, 2) 중국의 LFP 배터리 CAPEX 투자로 인한 배터리 수급 안정화로 기존의 벽을 허물고 '가성비' 확보가 가능해진 상황이다.

탄산리튬의 공급 과잉, 낮은 가격 유지 가능

에너지 전문 시장조사업체인 SNE리서치에 따르면, 탄산리튬 가격은 28년까지 지속적으로 하락할 전망이다. 22년 초 리튬 가격은 배터리 수요 증가에 따른 리튬 부족 현상으로 톤당 58만 위안까지 치솟았다. 그러나 반기도 채 지나지 않은 22년 말 톤당 16만 위안으로 하락하였고, 23년 하반기까지 쭉 하락 기조를 유지하고 있다. 이는 1) 22년 말 중국의 전기차 보조금 중단으로 배터리 재고 상승, 2) 광산업체들의 리튬 과잉 생산에 기인한다. 이렇게 낮아진 리튬 가격은 앞으로도 지속될 것으로 판단된다. SNE리서치에 따르면, 23년 리튬 생산량은 약 95만 톤으로 예상되며 이는 수요인 79만 톤을 넘어서는 수치로, 30년까지 리튬의 공급이 수요를 초과할 것으로 전망되고 있다.

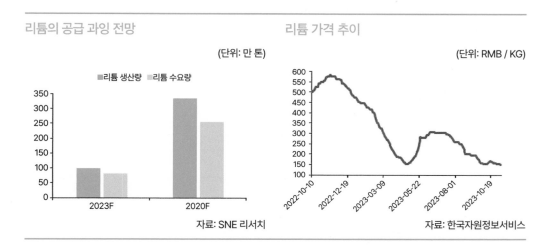

리튬의 공급 과잉 전망

(단위: 만 톤)

■리튬 생산량 ■리튬 수요량

자료: SNE 리서치

리튬 가격 추이

(단위: RMB / KG)

자료: 한국자원정보서비스

중국 리튬 생산 투자, 채굴 국가 증가

최근 중국의 '리튬 생산 투자 확대'와 '채굴 국가 증가' 또한 광물 가격이 낮게 유지될 것이라는 전망에 힘을 실어주고 있다. 리튬의 초과 공급이 예상되는 23년 현재 상황에서도 중국은 점유율을 높이기 위해 리튬 광산에 공격적인 투자를 늘리고 있다.

블룸버그에 따르면, 중국은 23년 3분기 짐바브웨의 리튬 생산 분야에 27억 9,000만 달러 투자 허가를 따냈는데 이는 전년 동기 대비 +1,100% 수준이다. 또한 리튬은 현재 중국 의존도가 높지만, 매장량 측면에서는 일명 '리튬 트라이앵글'이라고 불리는 남미(칠레, 볼리비아, 아르헨티나)가 60%나 차지하기에 원활한 공급이 가능해 가격 안정성이 유지될 수 있다. 뿐만 아니라 호주, 북미, 유럽, 아프리카 여러 국가가 리튬 채굴에 나서고 있어 핵심 광물 확보 측면에서 공급망 다변화로 가격 안정이 기대되고 있다.

프로젝트	주체	투자 규모
볼리비아 리튬 프로젝트	CATL 등 컨소시엄	1조 3,000억 원
아르헨티나 광산 기업 리테아 인수	중국 간평 리튬	1조 2,800억 원
칠레 리튬 채굴 및 생산, 배터리 생산 공장 투자	중국 BYD	5,000억 원
아르헨티나 로사리오 전기차 공장	중국 체리오토모티브	5,000억 원
칠레 리튬 산업단지	칭산홀딩그룹, 루이푸에너지 등	미정
페루 항구 도시 찬카이	일대일로 프로젝트	4조 7,250억 원

자료: 성균관대학교 금융투자학회 S.T.A.R

리튬 매장량 1위 남미 주요 분포

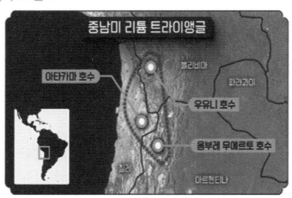

자료: 성균관대학교 금융투자학회 S.T.A.R

배터리 공장 투자 대폭 증가, 배터리 셀 가격 하락

하락하는 원자재 가격, 중국 LFP 배터리 공장의 폭발적인 증설로 배터리 수급 안정화와 가격 하락이 가능해질 것으로 판단된다. 뒤의 '기술 발전' 부문에서 설명하겠지만, LFP 배터리로의 구조적 전환이 일어나고 있는 중이다. 중국의 자동차 전문 리서치 중치데이터에 따르면, 중국의 LFP 배터리 생산량은 21년 YoY +263%, 22년 YoY +165%

를 기록할 정도로 대폭 증가하고 있다. 글로벌 LFP 배터리 시장의 95% 이상을 점유 중인 중국이 현재도 대규모 LFP 배터리 투자를 단행하고 있는 상황이기 때문에, 25년~26년까지 중국을 중심으로 배터리 생산 능력이 대폭 확대되면서 배터리 셀 가격 하락이 기대된다.

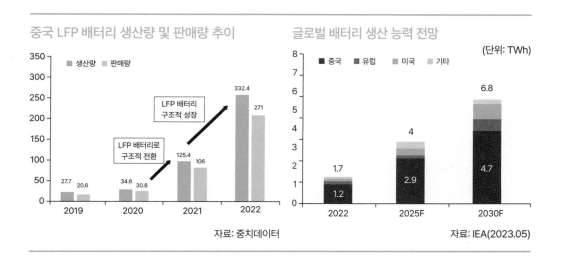

중국 LFP 배터리 생산량 및 판매량 추이

자료: 중치데이터

글로벌 배터리 생산 능력 전망

자료: IEA(2023.05)

7. 기술 발전(배터리&소프트웨어)

ESS 기술 발전, ESS 보급 규모 확대 기대감 UP

기술 발전으로 경제성이 확보되며 ESS의 보급이 확대될 전망이다. 여기서 기술 발전은 대표적으로 1) 내부 배터리 성능 향상, 2) ESS SI를 통한 소프트웨어 기능 향상을 말한다.

배터리 성능 향상, '안정성', '경제성'

배터리의 성능 향상으로 기존 시장이 ESS에 가지던 우려를 제거하며, 결론적으로 '안정성'과 '경제성' 확보가 가능해졌다. ESS에는 늘 '화재 사고'의 우려가 존재했다. 그러나 최근 1) NCM 배터리에서 LFP 배터리로의 전환, 2) LFP 배터리의 성능 향상이 이뤄지며 화재 사고를 방지할 수 있는 환경이 갖추어졌다.

LFP 배터리로의 전환기

21년을 기점으로 LFP 배터리로 구조적 전환이 발생하고 있다. 이는 LFP 배터리가 NCM 배터리 대비 다음과 같은 특성을 가지고 있기 때문이다.

1) 약 30% 저렴한 가격
2) 긴 수명
3) 350도 이상의 고온에도 폭발하지 않을 만큼 뛰어난 안정성

과거에는 NCM(니켈, 코발트, 망간) 배터리 대비 LFP 배터리의 수요가 상대적으로 매우 낮았다. 즉, LFP 배터리는 배터리 및 전기차 생산업체로부터 채택되지 못했는데, 이는 NCM 대비 낮은 에너지 밀도 및 높은 무게 때문이었다. 전기차는 주행 거리가 특히 중요하기에 성능 측면에서 우위에 있는 NCM 배터리가 선택된 것이다.

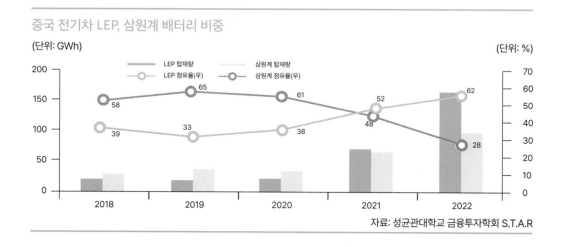

중국 전기차 LEP, 삼원계 배터리 비중

(단위: GWh)

(단위: %)

자료: 성균관대학교 금융투자학회 S.T.A.R

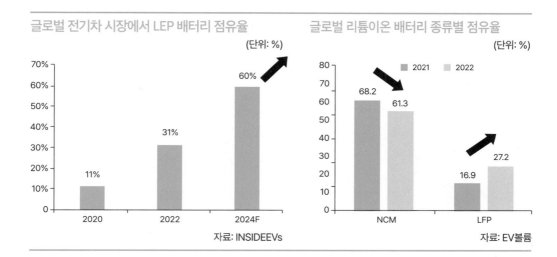

글로벌 전기차 시장에서 LEP 배터리 점유율 (단위: %)

70% / 60% / 50% / 40% / 30% / 20% / 10% / 0

2020: 11%
2022: 31%
2024F: 60%

자료: INSIDEEVs

글로벌 리튬이온 배터리 종류별 점유율 (단위: %)

2021 / 2022

NCM: 68.2 / 61.3
LFP: 16.9 / 27.2

자료: EV볼륨

LFP 배터리로 관심이 전환된 이유

그러나 전 세계적으로 전기차의 대중화가 진행되며, 보급형 라인이 확대되고, 경쟁자가 늘어나 '가격 경쟁력'의 중요도가 커지기 시작했다. 이에 전기차 업체들이 제조 원가의 40%를 차지하는 배터리 단가를 낮추는 것을 핵심 과제로 인식하게 되었다.

전 세계적인 투자로 LFP 배터리, NCM 배터리에 버금가는 성능 향상

이러한 인식은 LFP 배터리로의 구조적 전환의 시발점이 되었다. 20년 말 테슬라가 자사 전기차에 LFP 배터리를 도입하며, LFP 배터리가 크게 관심을 받는 계기가 되었다. 이를 기점으로 전 세계적으로 LFP 배터리에 관한 투자가 기하급수적으로 증가했고, 그 결과 한계점이었던 '에너지 밀도'가 NCM 배터리 수준으로 개선될 만큼 기술 발전이 이루어지고 있다.

구체적으로 LFP 배터리팩 기준 평균 에너지 밀도가 kg당 120~140Wh(20년 기준)에서 최근 155~160Wh까지 개선돼, 1회 충전당 주행거리가 200㎞대에서 400㎞대로 늘어났다. 실제로 23년 CATL은 10분 충전에 400㎞대까지 주행 가능한 초고속 충전 LFP 배터리를 개발하는 등 기술력이 점진적으로 향상되고 있는 것으로 보인다. 24년 KG모빌리티는 중국 BYD의 LFP 배터리를 탑재해 1회 충전으로 433㎞를 주행하는 '전기차 토레스 EVX'를 출시할 예정인데, 이는 주행 거리 측면에서 NCM 배터리의 성능을 뛰어넘은 수준이다.

LFP 배터리는 현재 상용화의 시작 단계

테슬라에 이어 폭스바겐, 포드(23년), 벤츠(24년)도 LFP 배터리 전기차를 출시할 예정이며, 테슬라와 포드는 CATL과 LFP 배터리 합작공장 투자까지 추진 중에 있다. 우수한 성능을 이유로 줄곧 NCM 배터리만 고집하던 현대차도 자체 자동차용 LFP 배터리를 개발 중이며, 23년 9월 처음으로 LFP 배터리가 탑재된 레이EV를 출시하였다. 이는 LFP 배터리가 기술적으로 상용화될 만큼 발전했다는 방증이며, 향후 LFP 배터리의 상용화가 본격화될 것임을 보여준다. 결과적으로 ESS의 LFP 배터리 도입으로 ESS의 경제성은 보다 향상될 것으로 기대된다.

8. ESS SI의 등장, 경제성 업그레이드!

ESS의 SI(System Integrator)의 등장으로 ESS의 '경제성'이 커지고 있다. ESS는 설치 후 '운영'과 '트레이딩'이 사업의 핵심이다. 그러나 ESS SI가 등장하기 전에는 운영 및 트레이딩이 거의 불가능한 구조였다. 이는 인간의 역량으로는 예측 불가능한 '높은 전력 가격 변동성' 때문이었다. 게다가 재생에너지 발전 비중이 증가하고, 전기차, 데이터센터 등에서 기술적 혁신이 가속화됨에 따라 전력 수요 변동성이 커져 예측은 보다 더 힘들어졌다.

소프트웨어를 통해 ESS로 다양한 수익원 창출

이에 테슬라, 플루언스에너지(FLNC) 같은 테크업체들이 ESS SI에 진출하여 소프트웨어를 통해 고객사들의 자원을 거래하고, 고객사들과 수익을 나누는 구조로 ESS의 수요를 증대시키고 있다.

ESS의 수요 창출 과정은 다음과 같은 선순환 결과를 가져올 수 있다.

머신러닝을 통한 예측 기술을 활용해 전력 트레이딩으로 발생한

초과이익을 ESS 소유자와 공유

⬇

ESS 소유자의 이익 확대

⬇

ESS 설치량 증가

⬇

SI 업체 측에서 추가적인 데이터 레퍼런스 확보 및 운영 개선

⬇

소유자의 이익 증가

요약하자면 ESS SI는 AI, 머신러닝 등을 기반으로 1) 전력 자원 및 데이터를 확보해, 2) 이를 활용한 소프트웨어 기능으로 전력 변동성 예측의 정확성을 높여 '트레이딩'을 가능하게 만드는 것이다. 실제 업체들의 머신러닝 기술은 기존 다중 회귀분석 방식 대비 평균 오류값이 40%~60%가량 낮아 확실한 효과가 있다. 이처럼 ESS SI의 등장으로 '에너지 저장'이라는 한계를 넘어 소프트웨어 기능을 하드웨어에 접목시키면서 ESS의 유용성은 더 커질 것으로 기대된다.

ESS 핵심 시장, 미국

1. 미국 ESS 확대 조건 1, 재생에너지

ESS의 핵심 시장은 단연코 '미국'이다. 에너지 조사기관 우드 맥킨지(Wood Mackienzie)에 따르면, 북미 ESS 시장은 22년 12GW에서 30년 103GW(CAGR +31%)로 약 10배 가까이 성장할 전망이다. 31년까지 미국 내 누적 ESS 설치량은 600GW에 달할 전망이며, 전 세계 ESS 시장의 60%를 미국이 차지할 것으로 내다보고 있다. 이는 탄소 절감이라는 목표 아래 1) 재생에너지의 확대, 2) 전기차 시장의 성장, 3) 송배전망 교체 및 설치에 따른 ESS 필요성 확대 현상에 기인한다. 미국은 러·우 전쟁으로 촉발된 에너지 독립 의지에 맞춰 위에서 제시한 3가지 요소에 강력한 '정책적 드라이브'를 걸고 있다.

재생에너지와 함께 성장하는 ESS

미국의 재생에너지 발전 비중은 갈수록 증가하며 ESS의 성장을 견인할 전망이다. 이는 1) 재생에너지의 근본적인 결함, 2) 미국만의 지리적 특성에 기인한다. 앞서 언급했듯이 재생에너지 자체가 1) 단위 면적당 발전량이 화석 발전보다 낮고, 2) 간헐성 문제가 존재하기 때문이다. 즉, 과잉 생산으로 잉여 전력이 그냥 버려지거나 반대로 기상 악화로 과소 생산되기도 하는 것이다.

태양광 시간별 생산량 차이

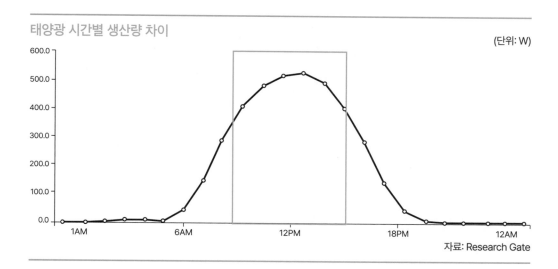

(단위: W)

자료: Research Gate

재생에너지 발전 비중 증가

따라서 재생에너지의 발전 비중이 커질수록 1) 변동성 및 출력 안정화, 2) 발전 효율성 제고를 위해 '에너지 저장' 기능과 '전력 예측' 기능을 담당하는 ESS 설치의 필요성역시 증대될 수밖에 없다. 수요과 공급이 불일치하기 때문에 저장이 가능해야 수요가넘칠 때 저장된 에너지를 방전하여 안정적인 공급이 가능해지는데, 이런 간헐성 문제는 ESS 소프트웨어를 활용한 '전력 예측'으로 보완 가능하기 때문이다.

ESS 주파수 조정 대응 사례

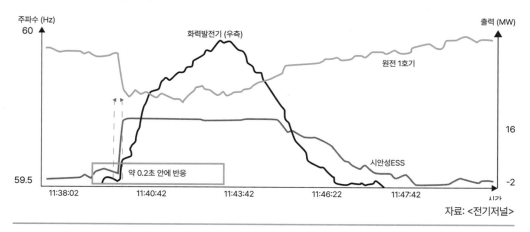

자료: <전기저널>

미국만의 재생에너지 지역 편중 현상

이에 더해 미국의 '재생에너지 지역 편중 현상' 또한 ESS의 성장을 견인할 전망이다. 미국은 지리적 특성상 풍력 자원은 주로 중부, 태양광 자원은 주로 남부 지역으로 편중되어 있다. 이렇게 분산되어 있는 풍력, 태양광을 모아 주요 인구 밀집 지역(수용가)까지 장거리 송배전의 과정을 거쳐야만 전력 사용이 가능하다. 따라서 ESS가 발전소, 송배전망을 거치는 모든 과정에서 중요한 역할을 할 수밖에 없다. 발전소에서는 에너지를 저장하였다가 수요가 많을 때 방전하는 기능을 하며, 장거리 송배전 과정에서는 '전력 부하를 조절'하여 전력 손실을 막고, 지역 편중 현상으로 인한 에너지 과부하의 문제를 막는 기능을 제공하는 것이다. 따라서 미국의 지리적 특성상 ESS의 필요성은 커질 수밖에 없는 구조이다.

2. 재생에너지 산업의 향후 전망

미국: 재생에너지 확대는 필연적 수순

미국의 재생에너지는 점차 확대될 수밖에 없는 구조이다. 이는 앞서 언급하였듯이 '탄소 절감'과 '에너지 독립'이라는 목표를 동시에 충족할 수 있는 에너지원이 재생에너지뿐이라는 점에 기인한다. 그렇다면 실질적으로 미국 내 재생에너지 확대가 어떻게 진행될지 알아보아야 하는데, 이는 1) 미국의 재생에너지 현재 상황 및 설치 계획, 2) 정책적 드라이브로 예측할 수 있다.

재생에너지로의 전환은 꾸준했고, 앞으로는 더 폭발적일 것!

미국 에너지정보국(EIA)은 <Annual Energy Outlook 2023>에서 22년부터 50년까지 미국 내 재생에너지 생산 능력이 약 380%가량 증가할 것으로 전망했다. 반면 석탄, 천연가스를 포함한 화석연료의 생산 능력은 약 11% 증가할 것으로 전망했다.

최고의 시나리오인 '경제 고성장+저탄소 기술 비용'이 접목될 경우, 22년부터 50년까지 약 600% 성장이 예상되며, 최악의 시나리오인 '경제 저성장+고탄소 기술 비용'일 경우에도 230% 수준의 성장을 예상하고 있다.

실제로 미국의 월간 발전량 기준 석탄 부문이 차지하는 비중은 19년 1월 29%였지만 23년 5월 14.3%으로 약 50%가량 줄어들었으며, 23년 4월 기준 풍력 발전량이 석탄 발전량을 뛰어넘기도 했다. 이는 미국이 꾸준히 재생에너지 전환 정책을 진행하고 있다는 것을 방증하며, 과거보다 필요성이 더 커진 현재 상황에서 재생에너지로의 전환은 더욱 긍정적이라고 판단된다.

미국 에너지원별 발전 비중 변화

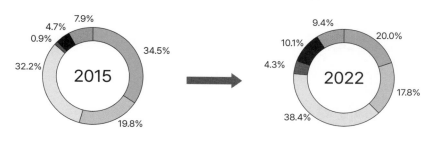

자료: <전기저널>

정책적 드라이브로 재생에너지 확대

미국은 IRA(Inflation Reduction Act, 인플레이션감축법)라는 대규모 정책적 드라이브를 걸어 재생에너지 확대를 가속화할 예정이다. IRA의 내용을 보면 총 투자금액 약 4,730억 달러 중에서 3,690억 달러를 '에너지 안보 및 기후 변화' 부문에 투자할 예정이며, 여러 세액 공제 혜택 또한 주어질 예정이다.

IRA 첨단 제조생산 세액 공제

구분	해당 주요 품목	금액
태양광	셀	4.0 센트
	웨이퍼	12 달러
	폴리실리콘	3 달러
	모듈	7.0 센트
풍력	블레이드	2.0 센트
	나셀	5.0 센트
	타워	3.0 센트
	해상풍력 고정 플랫폼	2.0 센트
	해상풍력 부유 플랫폼	4.0 센트

자료: EIA

IRA 투자 비중

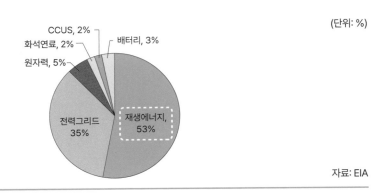

(단위: %)

자료: EIA

3. 태양광: ESS에게 그저 빛

태양광은 계속 잘나간다!

미국은 태양광 신규 설치 용량만 22년 24GW에서 28년 50GW까지 CAGR +13%로 확대할 전망이다. 23년 3분기에 발간된 우드 매킨지의 태양광 보고서에 따르면, 23년에는 32GW(YoY +37%)가 설치된 것으로 파악되었다. 이는 연초 제시했던 목표량보다 2GW 상향된 수치이다. 실제로 23년 1분기 설치량은 6.1GW(YoY +30%)로 신규 설치량 기준 역대 최고 수치를 기록하였고, 23년 2분기 실제 설치량 역시 5.6GW(YoY +20%))를 기록하였다.

미 정부는 현재 중국산 패널 규제 조치까지 완화할 정도로 태양광 보급에 의지를 보이고 있다. 고금리인 현재 상황에도 불구하고 태양광 산업이 안정적인 성장을 이어가고 있는 점을 볼 때, 앞으로도 긍정적인 흐름을 보일 것으로 예상된다. 최근 태양광 밸류체인 가격 하락 추세 또한 미국 내 태양광 성장 확대를 이끌 것으로 기대된다.

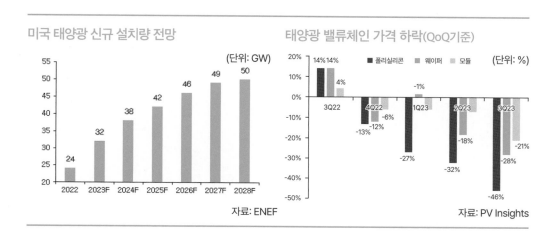

미국 태양광 신규 설치량 전망 (단위: GW)

자료: ENEF

태양광 밸류체인 가격 하락(QoQ기준) (단위: %)

자료: PV Insights

4. 풍력: 단기적 업황은 우려, 중장기적 성장은 확실

풍력의 성장과 시장의 우려

미국 내 풍력 발전 신규 설치 용량 역시 23년부터 27년까지 CAGR +14% 수준의 성장을 보일 것으로 전망된다. 최근 세계 최대 해상 풍력 기업 '오스테드'의 손상차손 발표가 있었다. 풍력 산업 내 선두 기업의 손상차손 발표로 풍력의 전망에 관해 우려가 커진 상태이며, 이러한 우려가 전반적인 풍력 밸류체인에 대한 투자 심리 악화라는 결과로 이어졌다.

하지만 이는 '일시적인 리스크'일 뿐 풍력 재생에너지의 중장기적인 성장성을 저해하는 요인은 될 수 없다고 판단한다. 오스테드의 손상차손은 프로젝트 입찰 당시(20, 21년)와 달라진 1) '고금리'라는 매크로의 영향, 2) 그로 인한 하부 구조물 납품 지연, 3) IRA ITC 보너스 크레딧(10%) 확보 가능성의 저하에서 촉발되었다.

그러나 이는 현 시기에 국한되는 문제일 뿐이다. 풍력의 경우, 발전 단지 조성 비용이 높아 초기에 대규모 자금이 소요되고, 수익 창출은 전력 판매를 통해 서서히 이루어지는 구조이다. 따라서 고금리 시기에 투자를 하기에는 부채 비용이 너무 크다는, 즉 기업 입장에서 수익성 악화라는 큰 부담으로 작용할 수밖에 없기 때문에 오션윈드 1&2 프로젝트가 지연된 것이다.

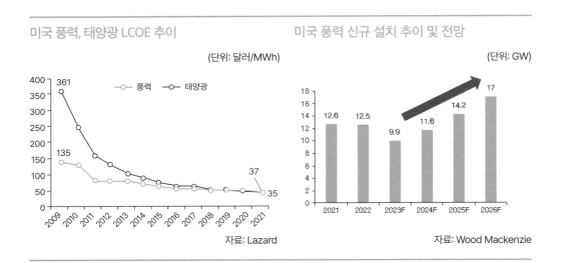

미국 풍력, 태양광 LCOE 추이

(단위: 달러/MWh)

자료: Lazard

미국 풍력 신규 설치 추이 및 전망

(단위: GW)

자료: Wood Mackenzie

미국 해상 풍력은 개선세를 보일 것!

하지만 오스테드는 3분기 손상차손 발표에도 불구하고, 23년 11월 1일 레볼루션윈드 프로젝트 투자 결정을 내렸으며, 현재 이미 육상 건설을 진행 중으로 25년에 완공될 예정이다. 또한 뉴욕 주는 10월 경, 오스테드를 포함한 발전 사업자들의 요금 단가 인상 요구를 거절한 지 2주 만에 의견을 바꿔 새로운 투자 지원책을 제시하였다. 정확한 규모는 밝혀지지 않았지만 현재까지의 해상 풍력 투자 금액 중 '역대 최대 규모'라는 점에서 주목할 만하며, 미국의 해상 풍력 업황은 점차 개선세를 보일 것으로 판단된다.

23년 풍력 밸류체인 내 신규 수주는 계속 상승 중!

　실제로도 우려와 달리 23년 미국 내 풍력 기업들의 신규 수주는 상승하고 있다. 대표적인 예로 풍력 산업의 선행지수로 볼 수 있는 미국 내 터빈 신규 주문 수가 1H23 기준 7.7GW(YoY +305%)로 증가하였으며, 그 외 여러 지표들 또한 풍력의 성장을 가리키고 있다. 고금리라는 현 상황에서 벗어나면 풍력 프로젝트들은 국가의 정책적 지원 아래 지연 없이 진행될 확률이 높으며, 이에 따라 풍력은 태양광과 재생에너지의 두 축으로 확실한 역할을 할 것이다.

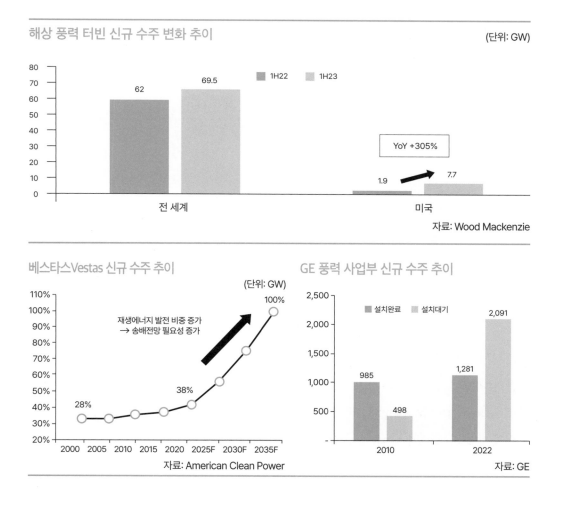

해상 풍력 터빈 신규 수주 변화 추이　　　　　　　　　　　　(단위: GW)

자료: Wood Mackenzie

베스타스Vestas 신규 수주 추이

자료: American Clean Power

GE 풍력 사업부 신규 수주 추이

자료: GE

5. 미국 ESS 확대 조건 2, 전기차

전기차 성장

IRA 정책에 기반한 1) 북미 내 전기차 시장 성장, 2) 그에 따른 전기차 인프라 보급 확대 역시 ESS의 성장을 견인할 전망이다. 미국은 22년 기준 전기차 침투율 7%로 ESS의 보급 확대에 있어 중요한 시장이다. 미국 전기차 판매 규모는 22년 약 100만 대에서 지속적으로 성장하고 있다.

자동차 전문 시장조사기관인 콕스 오토모티브에 따르면, 실제 23년 2분기 북미 내 전기차 판매량은 약 29만 5천 대(QoQ +14%, YoY +50%)로 큰 성장세를 보이고 있으며, 테슬라를 선두로 한 가격 인하 정책으로 전기차 평균 가격 또한 낮아지고 있다. 1) 정부의 세제 혜택, 2) 저렴해진 가격, 3) 늘어나는 모델 수에 따라 미국 내 전기차 시장은 지속적으로 성장할 것으로 기대된다.

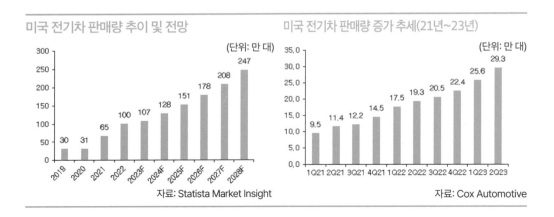

미국 전기차 판매량 추이 및 전망

자료: Statista Market Insight

미국 전기차 판매량 증가 추세(21년~23년)

자료: Cox Automotive

전기차 충전 인프라 시장 성장

전기차 보급 규모가 확대되면 충전 인프라도 확대될 수밖에 없다. 시장조사 전문기관 Research and Markets에 의하면, 미국 전기차 충전 인프라 시장 규모는 22년 32억 달러에서 30년 241억 달러(CAGR +29.1%)로 성장이 예상된다. 미 정부도 전기차 보급 확대와 충전소 구축에 지원을 확대하고 있다.

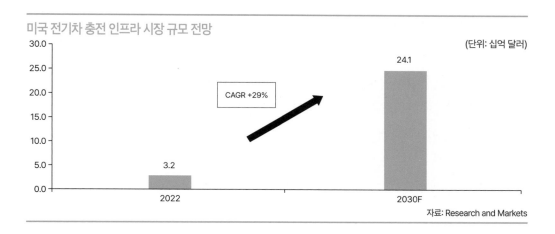

미국 전기차 충전 인프라 시장 규모 전망

(단위: 십억 달러)

CAGR +29%

24.1

3.2

2022　2030F

자료: Research and Markets

전기차와 ESS 보급 확대

전기차 및 충전 인프라의 성장과 함께 ESS의 보급 확대가 예상된다. 전기차 침투율이 증가할수록 전기차 충전 수요가 높아지는 것은 당연한 결과이며, '충전'의 과정에서 ESS가 중요한 기능을 제공하기 때문이다.

예를 들어 인구 밀도가 높은 곳에서 전기차 충전이 동시에 대량으로 발생하면 '전력 과부하' 문제로 '정전', '공급 리스크'가 발생할 수 있다. 이때 ESS로 저장된 전기를 방전하여 안정적인 공급을 가능케 할 수 있고, 전력 주파수를 조절하여 정전과 같은 리스크를 막을 수도 있다.

6. 미국 ESS 확대 조건 3, 전력망 안정화

미국 대규모 전력망 재정비 시기 도래, ESS에 기회

미국은 현재 대규모 전력망 재정비가 반드시 필요하다. 당연히 대규모 전력망 교체는 ESS에 있어 최고의 기회이다. 앞서 언급했듯이 ESS는 발전소, 송배전, 수용가 영역, 즉 전력망의 모든 영역에서 쓸모가 있다. 나날이 늘어나는 전기 수요에 '저장'과 '전력 수요 예측'의 필요성이 증대되며, 재생에너지로의 전환이 필수가 된 현 시대 상황에 '대규모 전력망 인프라 투자'가 맞물려 북미 ESS 시장의 폭발적인 성장이 기대되는 것이다.

미국 전력망 인프라 투자는 필수

미국은 현재 전력망 인프라 투자가 '선택'이 아닌 '필수'이다. 실제로 미 정부는 ESS 포함 역대 최대 규모의 지원을 진행 중이다. 이는 크게 1) 송배전망의 노후화로 인한 사고 증가, 2) 재생에너지로의 전환 시기가 도래했기 때문이다. 미국의 송배전망은 대부분 1960년대~1970년대에 구축되었는데, 제품의 수명은 50년~80년이 한계다. 즉, 70년을 넘긴 그리드 규모가 약 30%, 25년 이상 노후화된 그리드 규모가 전체의 70%에 달할 정도로 전력망 노후화가 진행된 상태이다.

미국 에너지정보국에 따르면, 21년 미국 소비자들은 연평균 7시간 이상의 정전을 겪었다. 자연 재해는 증가하고 전기 사용량은 느는데, 전력망 불안정으로 전기 수요를 감당하지 못해 정전사태가 지속적으로 증가하고 있는 것이다.

미국 정부 전력망 지원책 일부 항목 (2023.06. 기준)

예산	기능	주요내용
35억 달러	바이든 행정부 10/19 그리드 지원책	역대 최대 34.6 달러 지원, 민간 투자 포함 80억 달러
		노후 전력망 업그레이드, 44개 주 58개 프로젝트
		이 프로젝트로 재생 에너지 약 35GW 규모에 도움
105억 달러	GRIP 프로젝트	Grid Resilience Utility and industry Grant (25억 달러) 자연재해로 인한 영향을 줄이기 위한 전력망 현대화 프로젝트
		Smart Grid Grants (30억 달러) 송배전 수준에서 재생에너지 통합, 전기차, 건물 및 기타 그리드 에너지 장치 통합 프로젝트
		Grid Innovation Program(50억달러) 송전, 저장, 배전 인프라에 대한 혁신적인 접근 방식을 사용해 그리드 탄력성과 안정성 향상 프로젝트
25억 달러	송전 촉진 프로그램	대규모 신규 송전선 개발 및 송전 업그레이드 프로젝트
1억 달러	해상 풍력 송전 프로그램	해상 풍력 송전 계획 및 개발, 모델링, 분석 지원

자료: 미에너지정보국, KOTRA

재생에너지로의 전환

재생에너지로의 전환 또한 전력망 인프라 투자를 필수적으로 해야 하는 요인이 된다. 이는 기존의 미국 전력망이 화석연료 시스템에 맞춰 설계되었기 때문이다. 화석연료는 필요 지역 근처에서 발전 가능하지만, 재생에너지는 지리적으로 적합한 위치에 설치되어야 하므로 인구 밀집 지역과 멀리 떨어진 경우가 많다. 또 재생에너지는 특성상 발전 설비의 분산 배치가 요구되는데, 기존 주 에너지원인 화석연료의 경우 계통 연계망 위치가 다른 문제도 있다.

구체적으로 미국은 화력발전소 대비 5배 정도 더 많은 재생에너지 발전소가 각 지역에 분산 설치되어야 한다. 즉, 현재 교체를 위한 수요, 신규 발전소에 따른 수요 모두 필요한 상황이다.

전력 대기 수요 증가, 전력망 정비 필요성의 극대화

실제 미국은 꾸준히 전력계통 연계, 대기 수요가 늘어나고 있는 상황이다. 현재 미국 전체 송전망 용량은 1,250GW인 반면, 미국 전역에서 계통 연계를 위해 대기 중인 전력 규모는 2,020GW(재생에너지 1,350GW) 수준이다. 이러한 현상으로 인해 가정, 기업의 ESS 설치에 대한 국가적인 정책 지원 확대 및 국가 차원의 보급 규모 확대가 이어질 전망이다.

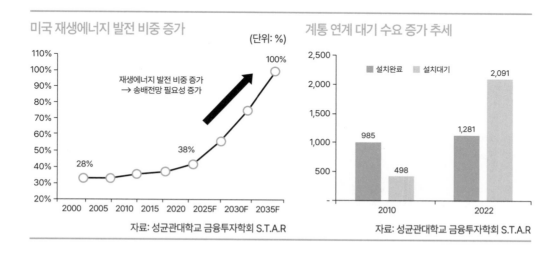

미국 재생에너지 발전 비중 증가 (단위: %)

재생에너지 발전 비중 증가
→ 송배전망 필요성 증가

자료: 성균관대학교 금융투자학회 S.T.A.R

계통 연계 대기 수요 증가 추세

설치완료 / 설치대기

자료: 성균관대학교 금융투자학회 S.T.A.R

7. 결론: ESS 수요, 공급의 '선순환' 구조

현재 미 주요 지역들은 앞다퉈 ESS 도입 목표를 제시하고 있다. 미 정부 또한 22년 Building a Better Grid Initiative, NEM 3.0 등을 제시하며 정책을 지속적으로 업그레이드 중이다. 실제로 ESS의 공급량은 대폭 늘고 있으며, 기업단 실적에서도 ESS의 수요가 증명되고 있다. 23년 6월 공공부문 ESS 신규 설치는 1.04GW(YoY +96%)를 기록했으며, EIA에 따르면 23년 7월부터 12월까지 계획된 ESS 프로젝트만 8GW(YoY +220%)일 정도로 높은 성장세를 보이고 있다.

미국 주요 지역 ESS 도입 목표

지역	목표
뉴욕	2030년까지 3.000MW ESS 도입 목표
메사추세츠	2025년까지 1.000MWh ESS 도입 목표
뉴저지	청정에너지법(Clean Energy Act. P.L)을 통해 2030년까지 2.000MW ESS 도입 목표
비지니아	2035년까지 3.100MW ESS 도입 목표

자료: EIA

미국 ESS 관련 지원책 및 보조금

항목
태양열 재생 에너지와 연계된 ESS 배터리 26% 세금 공제
캘리포니아주, 오리건주, 메사추세츠주 ESS 의무적 설치 법규 시행
신축 주택 가정용 ESS 100% 수준의 보조금 지원
주거용 시장 3Kwh 및 상업용 5Kwh이상 스토리지설치시 소비자 30% 투자 세액 공제
'자가 발전 인센티브 프로그램(SGIP)'에 약 9억 달러 자금 추가 제공

자료: EIA

미국 월별 ESS 설치 프로젝트 현황

(단위: MWh)

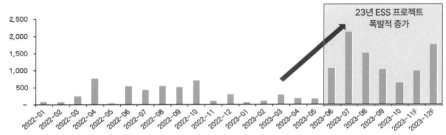

자료: EIA

ESS 기업단에서 실적으로 증명되는 중

글로벌 ESS 기업 1위, 2위를 다투는 테슬라와 플루언스에너지의 ESS 부문 실적 또한 지속 상승 중이다. 테슬라의 ESS 판매량은 가파르게 성장하고 있으며, 가장 최근 실적인 23년 2분기에도 15억 달러(YoY +74%)를 기록했다.

플루언스에너지의 경우 23년 2분기 컨퍼런스 콜에서 23년 ESS 부문 매출액을 16억 ~18억 달러에서 18.5억~20억 달러로 상향했는데, 3분기 실적 발표에서는 2분기에 상향한 전망치보다도 추가로 상향된 실적을 발표했다. 또한 23년 대비 24년 ESS 부문 매출액을 40% 성장할 것으로 예상했다. 이렇게 실적이 증명하듯, 전력망 내 ESS의 필요성은 가시화되었다고 판단한다.

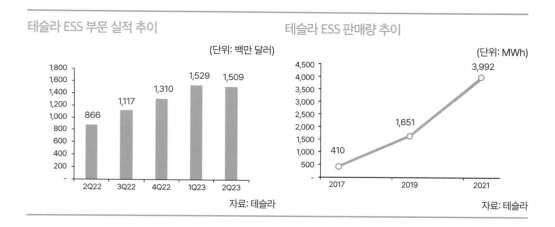

테슬라 ESS 부문 실적 추이 (단위: 백만 달러)

자료: 테슬라

테슬라 ESS 판매량 추이 (단위: MWh)

자료: 테슬라

성장하는 ESS, 국내 배터리 3사도 뛰어든다!

국내 기업들도 적극적으로 ESS 사업에 뛰어들고 있다. 최근 ESS 사업에 진출한 국내 배터리 3사가 그 예이다. 대표적으로 LG에너지솔루션은 23년 3조 원 규모의 애리조나 LFP 배터리 생산공장 투자 계획을 밝혔으며 26년 양산을 계획 중에 있다. 오로지 ESS 생산을 위해 16GWh 규모의 배터리 공장을 증설하고 있는 것이다. 22년 북미 ESS 시장 전체 규모가 12GW인 점을 감안하였을 때, 배터리 산업단에서 북미에 ESS를 설치 확대하는 것은 매우 긍정적으로 전망된다.

국내 배터리 3사 ESS 사업 투자

순위	LG에너지솔루션	삼성SDI	SK온
현재 생산라인	한국 오창, 중국 남경	한국 울산, 중국 시안	한국 서산, 중국 옌청
증설 계획	미국 애리조나 (16GWh 규모, 2026년 양산 목표)	-	-
비고	5년 내 ESS 부문 매출 3배 이상 성장 목표	23년 하반기 ESS 신제품 출시 계획	ESS 전용 라인 확보를 통해 매출 비중 점진적 확대 계획 미국 지역과 재생에너지 연계용 ESS에 집중할 것

자료: 각 사, 성균관대학교 금융투자학회 S.T.A.R

ESS 핵심 시장, EU

1. EU: 재생에너지 확대에 강력한 의지

유럽의 러시아 의존도 줄이기

EU는 러시아·우크라이나 전쟁으로 천연가스 및 전력 가격 폭등 현상을 경험하며 에너지 안보에 대한 필요성을 체감하였다. 이에 EU는 러시아에 대한 에너지 의존도를 줄이고, 안정적인 에너지 수급을 위하여 재생에너지로의 전환 목표를 강화하고 있다.

재생에너지 확대에 대한 강한 의지

EU는 'Fit for 55', 'RePowerEU' 등에 대해 여러 논의를 거치며 최종적으로 23년 9월 12일, 2030년까지 에너지 소비에서 재생에너지가 차지하는 비율을 42.5%까지 확대하는 법안을 통과시켰다. 이는 30년까지 재생에너지 비중을 32%까지 확대하겠다는 기존 방침에서 10.5%P나 증가한 수치로, EU의 강력한 의지를 보여주는 부분이다.

재생에너지 확대를 위한 우호적인 정책 마련

EU는 앞선 목표를 달성하기 위해 30년까지 매년 태양광과 풍력 설비를 각각 48GW, 36GW 설치해야 한다. 이를 달성하기 위해서는 1) 재생에너지 확대에 우호적인 정책이 필요하며, 2) 프로젝트 자금 조달이 용이해야 한다. 이에 정책적으로 'RePowerEU'와 'NZIA(Net Zero Industry Acts)'를 통해 재생에너지 보급 확대 목표를 달성하고자 의지를 보여주고 있다. EU는 앞선 두 정책을 통해 '재생에너지 프로젝트 인허가 절차

간소화, 프로젝트 허가 창구 일원화, 프로젝트 허가 기간 단축' 등을 추진하며 재생에너지 보급이 확대되는 데 있어 정책적 기반을 제공하고 있다.

자금 조달 부담을 덜어주다

또한 EU는 'EU 재생에너지 금융 메커니즘(EU Renewable Energy Financing Mechanism, 이하 RENEWFM)'을 통해 자원(땅)과 재원의 불균형 해소에 도움을 주며, 재생에너지 보급 확대에 힘쏟고 있다.

RENEWFM에 참여하는 국가들은 '자금공여국(contributing country)', '사업유치국(hosting country)'으로 나뉜다. 자금공여국 같은 경우, 사업유치국의 프로젝트에 자금을 제공하는 국가로, 이로써 자국의 재생에너지 목표 실적으로 인정받을 수 있게 된다.

사업유치국의 경우 재생에너지 시설이 설치될 땅을 제공하는 국가로, 자금공여국을 통해 1) 재생에너지 생산설비에 투자하고, 2) 재생에너지를 생산하는 데 보조금을 지원받을 수 있게 된다. 이는 사업유치국에 재무적 부담을 줄여줄 뿐만 아니라 고용 확대를 늘리고, 에너지 자립도를 향상시킨다는 이점이 있다. 즉, RENEWFM은 참여 국가 양측에 인센티브를 부여함으로써 재생에너지 보급 확대에 기여할 수 있게 한다.

대표적 사례

대표적인 사례로 23년 2월 27일 처음으로 시행된 핀란드와 룩셈부르크의 binding commitment가 있다. 룩셈부르크는 자금공여국으로 참여해 400만 유로의 자금을 기여했으며, 핀란드는 이를 바탕으로 최대 400MW에 달하는 태양광 발전 프로젝트를 진행할 예정이다. '유럽 기후 인프라 환경 집행기관(CINEA)'은 다른 EU 국가들의 참여 의사를 받고 있으며, 이를 바탕으로 23년 말까지 두 번째 입찰을 시작할 예정이다.

유럽 ESS 시장, 태양광과 함께 고성장

유럽의 리튬이온 ESS 시장은 22년 197억 달러에서 32년 940억 달러로 연평균 16.9% 성장할 것으로 전망된다.

유럽은 러시아·우크라이나 전쟁으로 에너지 자립에 대한 필요성이 대두되면서, 풍력 대비 설치 절차가 간소하고 기간이 짧은 태양광 설치가 크게 증가했고, 그 과정에서 재생에너지의 단점인 전력의 불안정성을 보완할 수 있는 ESS 설치량도 증가하였다.

22년 태양광 신규 설치 용량은 41.4GW(YoY +47%)로, 21년 Solar Power Europe이 예측한 수치보다 10GW나 상회하였다. 유럽 가정용 ESS 설치 대수 역시 21년 65만 대에서 22년 100만 대로 가파르게 증가하였다. 유럽에서는 재생에너지로의 가파른 전환과 함께 ESS에 대한 수요도 함께 증가하고 있음을 알 수 있는 대목이다.

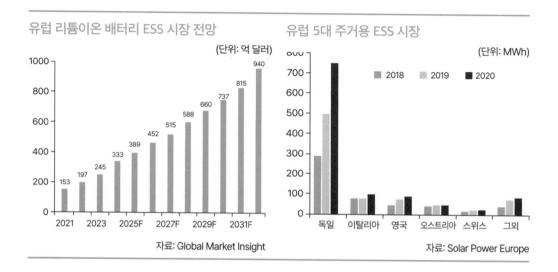

유럽 리튬이온 배터리 ESS 시장 전망 (단위: 억 달러)
자료: Global Market Insight

유럽 5대 주거용 ESS 시장 (단위: MWh)
자료: Solar Power Europe

2. 유럽 대표 국가 사례

유럽은 개별 국가 차원에서도 재생에너지 확대에 드라이브를 걸고 있다. 각국은 자신들만의 재생에너지 목표를 설정해 다양한 정책과 함께 보조금을 지원하고 있다.

독일, 유럽 내 가장 가파른 성장

독일 연방 정부는 2030년 기준 215GW의 태양광에너지 설치를 목표로 제시하였으며, 이와 관련된 ESS 설치에도 많은 지원을 하고 있다. 이에 따라 독일 ESS 시장은 23

년~28년까지 CAGR +10% 이상 성장할 것으로 예상된다. 이는 1) ESS 설치 시 독일 정부에서 제공하는 보조금, 2) 낮은 금리의 대출에 기인한다.

독일은 가정에서 3kWh ESS 설치 시 500유로의 보조금을 지원하며, 1kWh 증가할 때마다 100유로를 추가적으로 지원한다(최대 30kWh, 2,700유로 지원). 또한 정부는 KfW 재생에너지 프로그램을 운영하며, 태양광을 신규로 설치하든 기존에 설치된 태양광과 연동하든 상관하지 않고 ESS를 설치하고자 하면 낮은 금리로 대출을 해준다. 이런 태양광 ESS에 대한 독일의 우호적인 정책에 따라 가정용 태양광 중 ESS가 함께 설치된 비중이 80% 이상으로, 가정용 태양광 설치와 ESS 시장의 성장이 동행한다는 것을 알 수 있다.

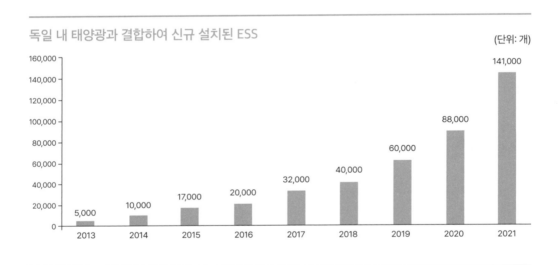

독일 내 태양광과 결합하여 신규 설치된 ESS   (단위: 개)

프랑스

프랑스는 30년까지 누적 48.1GW, 50년까지 누적 140GW의 태양광 설치를 목표로 한다. 23년 8월 엘리자베스 보른 총리는 재생에너지 및 태양광 설치 관련 내용을 담은 새로운 계획을 '생태 전환 국가 위원회(CNTE)'에 제출하였다. 이 계획에는 에너지 전환 예산을 기존 300억 유로에서 370억 유로로 증액하는 내용 또한 포함되었다.

23년 태양광 누적 설치량이 16.4GW인 점을 고려할 때, 2030년 목표를 달성하기 위해서는 연간 3,700MW~5,500MW의 태양광 설치가 필요할 것으로 예상된다. 이에 따라 프랑스에서도 재생에너지로의 전환이 빠르게 이어질 것으로 전망된다.

또한 추가적으로 24년부터 태양광 및 풍력 발전 시설, 배터리 등에 매년 5억 유로의 예산이 책정될 것으로 예상되며, 세액 공제를 통해 기업에 자본지출의 20%를 지원해줄 것으로 예상된다. 이는 재생에너지 설치뿐만 아니라 ESS 설치에도 높은 인센티브를 제공해, 프랑스의 ESS 시장 성장을 이끌 것으로 전망된다. 이에 따라 프랑스 ESS 시장은 22년 2억 9,300만 달러에서 28년 3억 9,290만 달러로 연평균 5.01% 성장할 것으로 전망된다. 다만 프랑스의 ESS 시장은 유럽 TOP3 국가 중 하나인 독일 대비 작을 것으로 예상된다. 이는 프랑스가 원전에 우호적이라는 점에 기인한다.

탈원전을 진행한 독일과 달리, 프랑스는 원전 우호국으로 22년 기준 원전 CAPA가 61GW에 달한다. 원전은 날씨와 시간대에 상관없이 전력을 생산할 수 있기에 재생에너지와 달리 ESS를 필요로 하지 않는다. 프랑스는 재생에너지로의 전환 과정에 탈탄소 수단으로써 원전을 인정하고 있으며, 23년 5월 원자로 건설 절차 가속화 법안을 통과시키는 등 현재도 원전에 우호적인 상황이다.

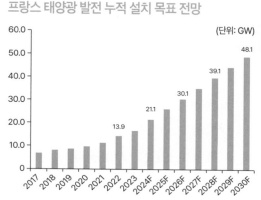

프랑스 태양광 발전 누적 설치 목표 전망

(단위: GW)

자료: Service des données et études stahliques

프랑스, 독일 비교

	프랑스	독일
2021년 온실가스 배출량	302.3Mt (1인당 4.5톤)	665.9Mt (1인당 8톤)
전력 생산 내 재생에너지 비중	27%	44%
설치된 재생에너지 CAPA	65GW	150GW
설치된 원자력 CAPA	61GW	0GW

자료: Renewable Energy Statistics

TOP PICK
1. 플루언스에너지 (나스닥거래소, FLNC)

목표주가 30.81달러로 강력 매수 의견

2024년 매출액 27억 6,000만 달러(YoY +34.0%), 영업이익 2,500만 달러(흑자 전환)로 예상하며, 목표주가 30.81달러로 강력 매수를 주장한다. 이는 1) ESS SI로서 ESS 설치, 유지 보수 및 Fluence IQ와 같은 디지털 솔루션까지 통합적으로 제공한다는 점, 2) 미국 전력망 강화를 위해 35억 달러 규모의 투자 계획이 발표된 상황에서 국가 전력망 수준의 고압 기준 안전 요건과 성능을 충족하는 기업은 테슬라 외에 당사가 유일하다는 점에 기인한다.

투자 포인트. 스마트하고 획기적인 System Integrator

동사는 ESS 판매 및 관리 기업들이 편리하고 경제적으로 ESS를 관리하는 데 도움을 주는 Fluence IQ를 제공하면서 ESS 소프트웨어 기업으로 변화하고 있다. AI 기반 전력 가격 예측 및 전력도매시장 자동 입찰 소프트웨어 Mosaic를 개발한 Advance Microgrid Solutions(AMS)를 지난 20년에 인수했으며, 22년에는 AI 머신러닝 기반 소프트웨어 업체인 Nispera AG까지 인수하였다. 이를 기반으로 전기요금 예측 및 거래 자동화, ESS와 태양광, 풍력 등 재생에너지 기계장치 실시간 통합 확인 및 컨트롤 소프트웨어인 Fluence IQ를 개발해 고객사에 제공하고 있다. ESS 고객들의 편리성과 경제성을 높여줌으로써 시장 M/S와 신규 수주에 유리하며, 장기적으로 재생에너지 시장이 확대되는 데 큰 역할을 할 예정이다.

그리고 이야기했듯이 23년 10월 미국 정부가 노후화된 전력망 개선을 위해 민간 투자자와 함께 80억 달러 지원을 책정했다. 그밖에 마이크로그리드 설치, ESS와 재생에너지 연결을 위한 에너지 부문에 사상 최대 금액을 직접 투자하는 것도 주목해볼 점이다. 1) 간헐적 정전을 해결하고 안정적인 전력 공급을 위해선 ESS가 핵심이라는 점, 2) 동사는 국가 전력망 수준의 안정성, 생산능력, 서비스가 검증된 유일한 순수 ESS 1위 기업이라는 점이 동사의 중장기적 실적 성장 핵심 요소로 작용할 것이라 판단된다.

투자지표	2020	2021	2022	2023F	2024F
매출액(백만 달러)	561	681	1,199	2,059	2,760
영업이익(백만 달러)	(41)	(158)	(284)	(136)	25
영업이익률 (%)	(7.3)	(23.28)	(23.65)	(6.59)	0.9
순이익 (백만 달러)	(104)	(162)	(104)	(108)	41
순이익률 (%)	(18.5)	(23.8)	(8.72)	(5.25)	1.48
EPS (원)	(0.94)	(2.99)	(1.50)	(0.7)	0.1
PER	N/A	N.A	N/A	N/A	174

Key Information	
나스닥 지수	13,639
52주 최고/최저(원)	13.19 / 31.32
시가총액(억 원)	3.32
발행주식수(주)	177,093,776
22년 배당수익률(%)	N/A
주요주주 지분율(%)	N/A

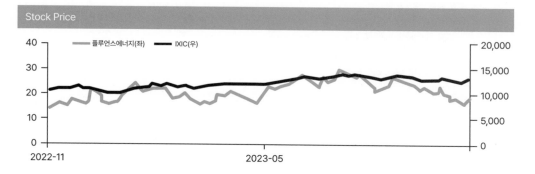

Stock Price

TOP PICK

2. 서진시스템(KQ.178320)

목표주가 23,500원으로 매수 제시

24년 매출액 1조 3,857억 원(YoY +64.5%), 영업이익 1,266억 원(YoY +337.6%)으로 예상하며, 목표주가 23,500원을 주장한다. 동사는 알루미늄 응용제품 생산 국내 1위 업체로 기존 통신 장비, 반도체 장비 부품 제조에서 ESS와 전기차 부품 제조로 사업영역을 빠르게 확장 중이다. 특히 ESS 캐비닛과 케이블, PCB, 커넥터 등 종합 ESS 부품 등을 자체적으로 생산해 마진률을 높인 ESS 사업부의 경우 추가적인 발주가 빠르게 늘고 있어 기대감이 큰 상황이다.

체크 포인트. 24년 주가 상방은 제한적이다

23년 하반기, 2024년 ESS 매출액은 각각 2,000억 원(HoH +91.8%), 4,302 억원(YoY +41.4%)으로 전망된다. 이는 1) 글로벌 Top-Tier ESS 기업인 플루언스에너지와 포윈 Powin 등의 탈중국 기조에 따른 ESS 수주의 가파른 확대, 2) 검증된 적정 가격에 ESS 부품을 대량 공급할 수 있는 비 차이나 동맹의 부재 탓에 추가적인 고객사 물량 수주 등 구조적인 혜택 때문이다.

동사는 24년 6월 이전 만기 예정인 플루언스에너지/포윈향 ESS 수주 계약 총 3,615 억 원을 체결하며 성장이 구체화되는 중이다. 23년 상반기 ESS 매출은 1,043억 원으로 기대 대비 부진하였으나, 이는 1) 배터리를 제공하는 고객사의 배터리 가격 추가 하락으로 인한 마진 확대 요구, 2) 탈중국화 과정에서 발생한 배터리셀 수급 및 부품 오류 등의 일시적 문제 때문이다. 계약 만기 기간이 도래하고 있는 11월 현재, 계획대로 ESS 부품 생산과 납품이 본격적으로 진행 중이기 때문에, 4분기부터는 본격적인 ESS 매출 인식이 예정되어 있다.

추가적으로 동사는 이미 6,000억 이상의 ESS 부품 CAPA와 베트남에 20만 평 이상의 사업장을 확보하고 있어, 고객사 확대에 따른 신규 수주에 탄력적인 대응이 가능해 추가적인 ESS 사업 업사이드가 열려 있다는 점 또한 주목할 만하다.

투자지표	2020	2021	2022	2023F	2024F
매출액(억 원)	3,219	6,061	7,876	8,416	13,857
영업이익(억 원)	49	580	444	289	1,266
영업이익률 (%)	1.5%	9.6%	5.6%	3.4%	9.1%
순이익 (억 원)	(58)	386	16	85	889
순이익률 (%)	(1.7)	6.3	0.2	0.9	6.3
EPS (원)	(152)	1,027	43	192	2,318
PER	N/A	21.05	408.18	94.04	7.81

Key Information	
KOSDAQ 지수	811.02
52주 최고/최저(원)	21,300 / 14,510
시가총액(억 원)	6.686
발행주식수(주)	37,580,642
22년 배당수익률(%)	N/A
주요주주 지분율(%)	31.32

Stock Price

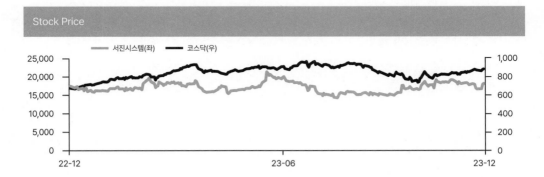

2023년 대전환을 이뤄낸 대한민국 화장품과 미용의료기기 산업은 24년에도 그 모멘텀을 이어갈 것으로 전망된다. K-컬처에 힘입은 화장품은 중국에서 일본, 그리고 미국으로 그 저변을 넓혀가고 있다. 미디어, 엔터 등으로부터 시작된 한국 문화의 확산이 화장품 산업에 어디까지 영향을 미칠지 주목된다.

업종분석
PART 05 화장품·미용의료기기

아름다움에 대한 욕망

K-뷰티는 끝난 것일까?

인간의 미에 대한 욕망은 영원하다. 과거에도 그랬고, 현재까지도 유효하다. 인간의 욕망을 충족시키기 위해 수많은 제품 브랜드들이 출시되었으며 이에 따라 산업은 꾸준히 성장해왔다. 하지만 투자자들에게 국내 화장품주는 좋은 기억보다는 안 좋은 기억으로 남아 있을 가능성이 크다.

화장품주 하면 대표적으로 떠오르는 아모레퍼시픽의 주가 흐름을 보면 2015년 45만 원을 기록한 후 8년 동안 70% 이상 하락했다. 그래서 보통 화장품주에 대해 얘기하면, K-뷰티는 끝난 것 아니냐는 반응이 대부분이다. 정말 K-뷰티는 끝난 것일까?

국내 화장품 밸류체인

종합 화장품 기업	브랜드 제조기업	브랜드 기업	OEM/ODM	원료/소재	부자재	유통
LG생활건강	코리아나	클리오	코스맥스	선진뷰티사이언스	연우	실리콘투
아모레퍼시픽	한국화장품	브이티	한국콜마	현대바이오랜드	펌텍코리아	청담글로벌
아모레G	인츠한불	아이패밀리에스씨	씨앤씨인터네셔널	엔에프씨		
애경산업	네오팜	토니모리	코스메카코리아			
		마녀공장	잉글우드랩			
		에이블씨앤씨	한국화장품제조			

자료: 각 사, 성균관대학교 금융투자학회 S.T.A.R

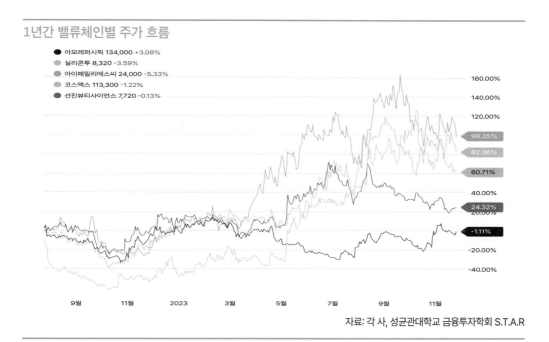

1년간 밸류체인별 주가 흐름

● 아모레퍼시픽 134,000 +3.08%
● 실리콘투 8,320 -3.59%
● 아이패밀리에스씨 24,000 -5.33%
● 코스맥스 113,300 -1.22%
● 선진뷰티사이언스 7,720 -0.13%

98.35%
82.06%
60.71%
24.32%
-1.11%

자료: 각 사, 성균관대학교 금융투자학회 S.T.A.R

23년 국내 화장품주를 리뷰해보면 종합 화장품 기업을 제외하고 주가, 실적 측면에서 좋은 흐름을 보여주었다. 고금리에 따른 경기 영향으로 저가 제품에 대한 수요가 비중국(미국, 일본, 동남아 등) 국가들에서 증가하면서 브랜드 파편화가 일어났고, 리오프닝으로 인해 인바운드 관광객이 증가했기 때문이다.

이에 따라 제품군이 보다 세분화되어 있고, 품질 좋고 제조 기술력이 강한 국내 인디 브랜드 업체(클리오, 브이티, 아이패밀리에쓰시)들이 강세를 보이고, 2차로 ODM(코스맥스, 코스메카코리아)/유통(실리콘투) 기업 또한 낙수효과를 받을 수 있었다.

그에 비해 여전히 중국의 경기가 회복이 안 되며 중국향 매출 비중이 큰 종합 화장품 업체(아모레퍼시픽, LG생활건강)들은 성장이 저조할 수밖에 없었다. 이렇듯 23년은 중국/비중국향 매출 비중에 따라 실적 성장이 차별화된 모습이 나타나며, 주가 또한 차별화된 모습이 나타났다.

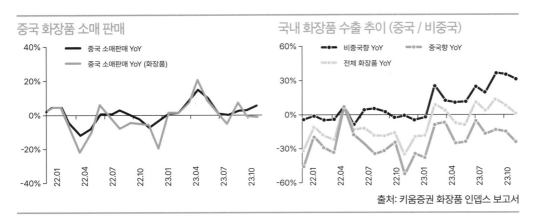

중국 화장품 소매 판매

국내 화장품 수출 추이 (중국 / 비중국)

출처: 키움증권 화장품 인덱스 보고서

주요 화장품 기업 23년 3분기 컨센서스 비교

	3Q23			YoY			컨센서스			차이		
	매출	영업이익	OPM	매출	영업이익	OPM	매출	영업이익	OPM	매출	영업이익	OPM
LG생활건강	17,462	1,285	7.4%	-7%	-32%	-2.8%	18,449	1,536	8.3%	-5%	-16%	-1.0%
아모레퍼시픽	8,888	173	1.9%	-5%	-8%	-0.1%	7,241	366	5.1%	23%	-53%	-3.1%
코스맥스	4,583	333	7.3%	15%	69%	2.3%	4,602	342	7.4%	0%	-3%	-0.2%
한국콜마	5,164	310	6.0%	9%	71%	2.2%	5,512	413	7.5%	-6%	-25%	-1.5%
코스메가 코리아	1,164	137	11.8%	12%	372%	9.0%	1,164	104	8.9%	0%	32%	2.8%
씨앤씨 인터내셔널	538	67	12.5%	49%	-6%	-7.2%	550	77	14.0%	-2%	-13%	-1.5%

출처: 키움증권 화장품 인덱스 보고서

그렇다면 투자자가 생각해 봐야 할 점은 1) 산업에서 해당 변화가 일시적인지, 2) 구조적인 변화라면 앞으로 어떤 업체들에 투자해야 하는지가 주요 골자일 것이다. 화장품 섹터의 과거와 현재를 살펴보고 미래를 짐작해보자.

화장품주의 역사

국내 화장품주의 역사를 살펴보면 1) 국내 오프라인 로드샵의 증가, 2) 중국향 수출 증가 과정에서 두 번의 큰 산업적 성장 모멘텀이 있었다.

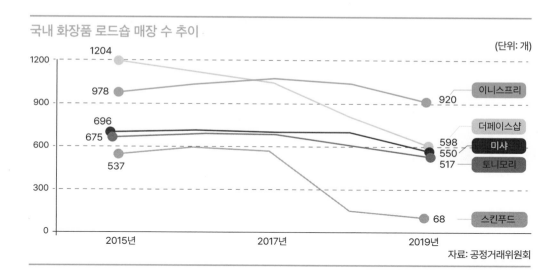

국내 화장품 로드숍 매장 수 추이

(단위: 개)

1204
978
696
675
537
920
598
550
517
68

이니스프리
더페이스샵
미샤
토니모리
스킨푸드

2015년   2017년   2019년

자료: 공정거래위원회

에이블씨엔씨, 흔히 미샤로 알고 있는 해당기업은 국내 오프라인 로드숍 문화를 선도한 업체이다. 미샤라는 브랜드가 온라인상에서 입지를 다지고 유통 채널을 오프라인 로드숍으로 다각화시키는 과정에서 국내 화장품 산업은 첫 번째 성장을 겪었다. 이 과정에서 네이처리퍼블릭, 토니모리, 에뛰드하우스 등 수많은 브랜드들이 탄생했으며, 이는 중국으로 국내 업체들이 진출하는 발판이 되었다.

국내 시장의 경쟁이 치열해지자 국내 화장품 업체들은 중국으로 시선을 돌렸는데, 그 과정에서 많은 업체들이 두 번째 성장을 이뤘으나, 현재는 한한령 등으로 인해 중국 매출 비중이 큰 업체들은 매출이 지속적으로 감소하고 있다.

두 번의 상승기에서 첫 번째 경우에는 국내 경쟁이 심화되면서, 두 번째는 한한령 등 중국 리스크로 인해 매출이 피크를 기록 후 감소했고, 이에 따라 주가도 다시 제자리로 돌아갔다. 그렇다면 현재 화장품 섹터에서 일어나는 변화도 일시적인 것일까?

플랫폼의 변화와 MZ세대에 주목하라

최근 들어 소비자들의 가장 큰 일상적인 변화 중 하나를 꼽자면 TV 시청 시간이 감소했다는 점이다.

미국 연령별 TV 시청자 수 변화				
	2019	2020	2019	2019
0~11	-1.50%	2%	-4.10%	-1.40%
12~17	-2.20%	2%	-4.90%	-1.50%
18~24	-4.00%	2.80%	-4.90%	-1.90%
25~34	-3.20%	4.30%	-3.10%	-1.60%
35~44	-3.80%	3.10%	-4.20%	-1.90%
45~54	-4.40%	2.00%	-5.60%	-2.90%
55~64	-2.20%	1.80%	-3.80%	-3.30%
65+	0.60%	4.90%	-0.20%	1.00%
Total	-2.40%	3.00%	-3.50%	-1.50%

자료: eMarketer.com

미국인 TV 평균 시청 시간

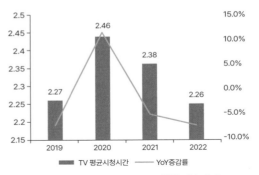

자료: eMarketer.com

TV를 시청하던 소비자들은 유튜브, SNS, 틱톡 등의 플랫폼에서 시간을 보내기 시작했다. 그 결과 TV 시청이 주류였던 시대에는 TV 광고를 할 수 있는 브랜드가 제한적이었지만, 틱톡, 유튜브, SNS 등이 주류가 되면서 광고 진입장벽이 낮아졌고, 이로 인해 다양한 브랜드들이 소비자들에게 더 많이 노출될 수 있었다. 이런 상황에 금리가 오르며 소비력이 감소하자, 구조적으로 인디브랜드에 대한 선호도 및 수요가 증가했다.

특히 그중에서도 향후 전 세계 소비의 주축이 될 MZ세대의 뷰티 제품 소비가 인디브랜드 위주로 나타나고 있다. 현재 전 세계의 MZ세대는 틱톡과 인스타그램의 인플루언서들이 화장하는 방법, 사용하는 제품들을 보면서 인디브랜드를 지속적으로 소비하고 있는데, 이는 자연스럽게 해당 브랜드 및 화장법에 종속될 수밖에 없고, 향후 시간이 지나서도 해당 방법과 브랜드를 소비할 가능성이 크다.

이런 흐름 속에서 국내 인디브랜드의 경우 가격이 저렴한 데 비해 품질이 좋다는 인식이 확산되며 혜택을 받고 있다. 게다가 BTS, 스트레이키즈, 세븐틴, TXT, 트와이스 등의 그룹이 북미, 일본에서 큰 인기를 얻으면서 K-팝에 대한 인식이 좋아지며 K-뷰티 또한 좋은 영향을 받을 수 있었다. 즉, 구조적인 흐름 속에서 K-뷰티 인디브랜드 업체들이 1) 저렴한 가격 대비 우수한 제품 경쟁력, 2) K-팝의 확산에서 시작된 K-컬처의 확산으로 인해 구조적인 혜택을 보고 있다.

미국의 화장품 흐름

미국의 경우 대표적인 기성 브랜드인 Estee Lauder와 인디브랜드인 ELF Beauty와의 비교에서도 이런 흐름을 확인할 수 있다. 23년 3분기 실적 발표 컨퍼런스 콜에서 Estee Lauder는 연간 가이던스를 하향했지만, ELF beauty는 오히려 미국 소비자의 소비 여력 둔화 우려에도 연간 가이던스를 상향했다. 미국의 대표적인 두 화장품 업체가 보여준 정반대의 전망치는 현재 화장품 업계에서 어떤 일이 벌어지고 있는지를 단적으로 보여주고 있다.

이런 흐름 속에서 한국의 중소형 인디브랜드(조선미녀, 코스알엑스 등)들도 현재 미국 시장에서 약진하고 있는데, 국내에서는 비교적 덜 유명할지 몰라도 미국에서는 가파르게 매출이 성장하고 있다. 따라서 24년에도 국내 인디브랜드들의 매출 상승과 더불어 이를 통한 유통업체(실리콘투), ODM 제조업체(코스메카코리아, 코스맥스) 등의 상승세가 지속될 것으로 예상된다.

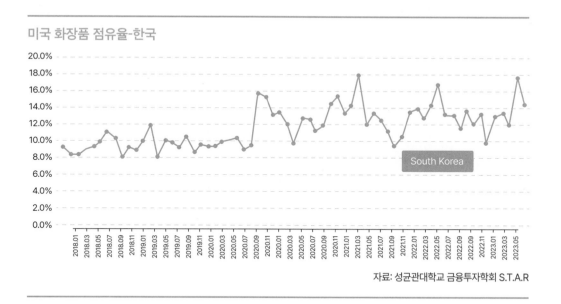

미국 화장품 점유율-한국

자료: 성균관대학교 금융투자학회 S.T.A.R

일본의 경우에도 롬앤(아이패밀리에스씨), 리들샷(브이티) 등의 한국 브랜드들이 저렴한 가격에 비해 우수한 제품 경쟁력을 가지고 있다는 인식이 확산되면서 성장세를 보이고 있다. 이 흐름은 K-팝과 맞물려 24년에도 지속될 것으로 기대된다. 또한 브랜드사뿐만 아니라 용기를 제조하는 펌텍코리아, 연우 등도 동반 성장할 것으로 전망된다.

TOP PICK

1. 실리콘투(KQ.257720)

실리콘투의 경우 국내 인디브랜드들의 글로벌 유통을 담당하는 업체로, 중소업체들에게 힘들 수 있는 통관, 물류 등의 업무를 대리해준다. 이런 사업 모델을 바탕으로 국내 인디브랜드들의 판매량이 증가할 경우 안정적인 동반 상승이 기대된다. 24년에도 국내 인디브랜드들이 미국 시장을 비롯한 글로벌 시장에서 성장을 지속한다면, 실리콘투 또한 성장의 궤를 같이할 것이다.

투자지표	2021	2022	2023F	2024F	2025F
매출액(억 원)	1,310	1,653	3,510	5,150	7,020
영업이익(억 원)	88	142	450	660	870
영업이익률 (%)	6.63	8.62	12.82	12.82	12.39
순이익 (억 원)	103	143	470	690	900
순이익률 (%)	6.3	6.75	10.54	10.29	9.83
EPS (원)	155	185	614	878	1,143
PER	20.79	13.29	14.57	10.19	7.82

Key Information	
KOSDAQ 지수	882.5
52주 최고/최저(원)	10,610/2,525
시가총액(억 원)	5,357
발행주식수(주)	60,389,234
22년 배당수익률(%)	N/A
주요주주 지분율(%)	34.41

Stock Price

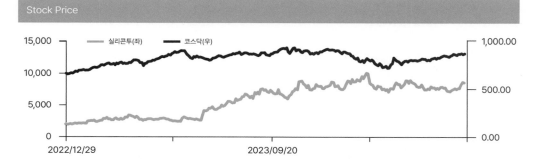

TOP PICK

2. 코스메카코리아(KQ.241710)

코스메카코리아는 ODM 업체로 타 ODM 업체 대비 미국향 매출 비중이 높기 때문에, 중국 경기 리스크에서 비교적 자유롭다. 인디브랜드들은 생산시설까지 갖추기엔 회사 규모가 영세하기 때문에 동사와 같은 ODM 업체들을 이용할 수밖에 없으므로, 현재 흐름이 지속된다면 동사 또한 성장이 지속될 것으로 기대된다.

투자지표	2021	2022	2023F	2024F	2025F
매출액(억 원)	3,965	3,994	4,724	5,430	5.972
영업이익(억 원)	201	104	481	619	724
영업이익률 (%)	5.07	2.60	10.17	11.40	12.12
순이익 (억 원)	170	60	378	489	577
순이익률 (%)	4.28	1.50	8.01	9.00	9.66
EPS (원)	834	249	2,258	3,101	3.493
PER	15.53	41.22	18.60	13.54	12.03

Key Information	
KOSDAQ 지수	882.5
52주 최고/최저(원)	42,250/8,670
시가총액(억 원)	4,283
발행주식수(주)	10,680,000
22년 배당수익률(%)	N/A
주요주주 지분율(%)	25.00

Stock Price

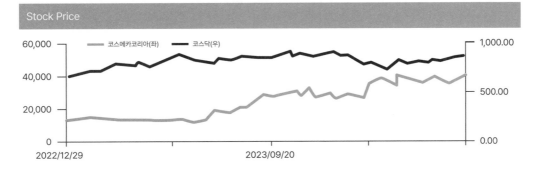

든든한 성장 공식, 미용의료기기

1. 미용의료 산업

Modor Intelligence에 따르면 미용의료기기 시장은 21년 189억 달러에서 37년 376억 달러까지 CAGR +12.1% 성장이 전망된다. 이는 비침습 안티에이징 시술의 구조적 수요 성장과 국내 업체들을 중심으로 한 가성비 미용기기 업체들의 성장에 기인한다.

인간은 본질적으로 아름다움과 젊음을 꿈꾼다. 기술의 발전으로 기대수명은 크게 증가했지만 사람들은 노화를 반기지 않는다. 즉, 고령화에 따라 미용 성형시술은 노화를 늦추는 방향으로 성장 중이다. 실제로 미국과 유럽 내 '안티에이징' 분야는 미용의료 시장의 40% 이상을 차지하고 있다. 이처럼 젊고 아름답게 살고자 하는 사람들의 욕구는 고령화에 따른 안티에이징 수요와 이를 위한 미용의료 시술에 대한 관심으로 이어지고 있다.

또한 사람들은 큰 비용과 오랜 회복 시간, 그리고 위험을 가지고 있는 침습형 성형수술보다는 시술 비용과 회복 기간, 그리고 부작용을 최소화한 비침습·최소 침습형 성형, 혹은 비접촉 미용의료기기를 점점 더 선호하고 있다.

보톡스, 필러의 꾸준한 수요 증가

미용의료는 색소 침착, 제모, 리프팅(윤곽 개선), 피부 탄력 개선 효과를 유도하여 상대적으로 낮은 부작용과 빠른 회복 속도, 그리고 신체의 외적 훼손을 최소화함으로써 시술의 진입장벽을 낮추면서 침습적 시술에 준하는 효과를 누릴 수 있어 피부과 대표 시술로 자리잡았다.

미용의료에는 1) 보툴리눔 톡신 제제(보톡스), 2) 필러, 3) 에너지 기반 미용의료기기(EBD)가 있다. 보톡스와 필러는 성형수술을 대체하고, 중저가 제품이 보급되면서 빠르게 대중화되었다. 실제로 현 미용의료 시장의 70% 이상을 보톡스와 필러가 차지하며, 안티에이징을 대표하는 제품군들로 수요가 여전히 증가하고 있다.

떠오르는 EBD 시장

반면에 에너지 기반 미용의료기기는 침투율이 약 6%에 불과하며 상대적으로 대중화가 더디었다. 이는 1) 3천만 원~1억 원에 이르는 기기 비용, 2) 그에 따른 고가의 시술 비용, 3) 낮은 인지도에 기인한다. 가성비를 통한 넓은 수요층으로의 침투가 중요한 시장인 만큼 사람들의 관심을 끌기 어려웠던 것이다.

그러나 미국의 유명한 EBD(Energy-Based Device) 업체인 Solta Medical의 대표 제품인 써마지 특허가 종료되면서 상황이 달라졌다. 써마지의 중저가 카피 제품이 연이어 출시되면서 써마지의 효과를 비교적 합리적인 가격에 경험할 수 있게 된 것이다.

그 결과 1) 기존 시술 대비 짧은 시술 시간 및 회복 기간, 2) 피부 상태에 따른 시술 조절의 유연성, 3) 다른 시술과의 조합 용이성으로 EBD 시장이 점차 성장하기 시작했고, 국내 EBD 업체 역시 시가총액 상승 곡선을 그리기 시작했다.

침투율 가속화를 바탕으로 EBD 시장은 CAGR +11.1%로 성장하여 27년 79억 달러 규모를 형성할 것으로 전망된다. 환자의 편의성뿐 아니라 EBD의 직접적인 수요자인 병원 입장에서도 1년 전후의 기간으로 장비 도입 비용을 회수할 수 있을 정도로 빠른 회전율의 시술 제공이 가능하여 수익에 도움이 된다. 또한 기존 보톡스, 필러 대표 시술과의 조합을 통해 환자에게 포괄적인 안티에이징 서비스를 제공할 수 있다는 점에서 환자와 의사 모두의 선호와 함께 EBD의 구조적인 수요 증가가 예상되기에 해당 업체를 주목해볼 필요가 있다.

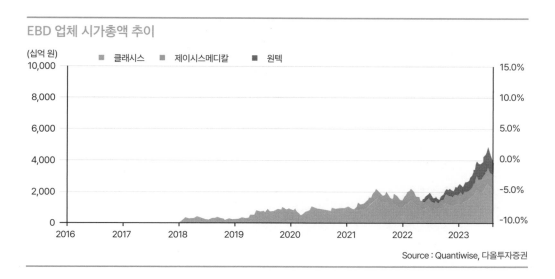

EBD 업체 시가총액 추이

(십억 원)
■ 클래시스 ■ 제이시스메디칼 ■ 원텍

Source : Quantiwise, 다올투자증권

2. 미용의료기기의 종류 및 특징

EBD는 사용하는 에너지 방식에 따라 크게 고주파(RF), 초음파(HIFU), 레이저(Laser)로 구분할 수 있다. 고주파는 콜라겐 재생, 주름 색소 치료 등에 효과적이고, 초음파는 피부 탄력 회복, 지방 연소에 효과가 있다. 레이저는 기미, 주근깨, 잡티 등 색소 치료에 가장 적합하다. 이러한 장비들은 경쟁 시장을 형성하기보다는 한 번에 여러 장비를 사용하여 복합 시술을 하는 경향이 확대되고 있다.

고주파는 피부에 고주파를 투입하여 발생하는 세포 발열을 이용하는 방식이다. 열을 발생시켜 낮은 화상을 유도함으로써 콜라겐 섬유를 생성하는 것이다. 대표적으로 써마지(Solta Medical), 인모드(Invasix), 올리지오(원텍), 볼뉴머(클래시스), 포텐자·덴서티(제이시스메디칼), 실펌(비올) 등이 있다.

초음파는 특정 피하 조직 부위에만 고강도의 초음파를 조사하여 조직의 응고, 자극을 통해 주름 개선, 피부 탄력 증대, 체형 관리 등의 효과를 얻는 방식이다. 대표적으로 울쎄라(멀츠), 슈링크(클래시스), 리니어(제이시스메디칼) 등이 있다.

레이저는 노화로 인한 피부 주름, 모공 확장, 여드름 흉터 등에 광범위하게 사용되고 있으며 사이노슈어, 큐테라 등이 대표적인 제품이다.

시술	레이저	파장광	비침습 고주파(RF)	마이크로니들 고주파	초음파(HIFU)
주요 브랜드	클라레티, 리팟 레이저, 라비앙 등	Lumenis One, 클라비안, 미라클	Themage, 올리지오, 볼뉴머, 텐써티 포텐자, 텐써마, FaceTite등	실펌 X, Inmode, Profound, 포텐자, 시크릿 RF 등	Ulthera, 슈링크, 타이탄 등
목표 피부층	표피/진피층	표피층	진피층	진피/피하지방층	표층 근건막계
기전	단일 파장 방출	다중 파장 및 방출	고주파 에너지 · 열발생 · 콜라겐 재생	진피/피하지방층	표층 근건막계
특징	- 기미, 주근깨, 여드름 흉터 등 색소 치료에 적합 - 가장 대중화된 피부 미용 시술		- 콜라겐 재생, 피부 주름, 색소 치료 등에 효과적 - 얇거나 노화된 피부에 적합		- 피부 탄력 회복, 불필요한 지방 연소효과 - 두껍거나 지방 많은 피부에 적합
소모품 여부	X	X	O	O	O

자료: 각 사, 산업자료, 키움증권 리서치센터

기업 입장에서는 의료 장비이기 때문에 국가별 까다로운 인허가 과정을 거쳐야 한다는 진입장벽이 존재한다. 특히 가격 경쟁력보다는 안정성과 신뢰성이 더욱 중요해 구매자(전문의)들은 기존 유명제품을 계속 사용하고자 하는 보수적인 경향이 강해 기업의 브랜딩이 매우 중요하다.

제도적으로는 의료기기로 취급되어 임상적 효과와 안정성을 보장하면서도 30%대의 낮은 원가율을 바탕으로, 한 번 기기가 보급된 이후 신제품 도입까지 3-4년 동안 지속적인 소모품 매출을 발생시킬 수 있다는 점에서 일반 제약업체 대비 높은 성장성을 보여준다.

3. 2023, 언제나 우려를 뚫고 성장한 EBD

23년 급격한 금리 인상과 경기 우려로 주식시장은 요동쳤다. 그러나 국내 EBD 업체 주가의 평균 YTD는 53%로, 코스닥 대비 약 43%p 아웃퍼폼했다. 꾸준한 실적 성장, 섹터 전반의 수출 실적 성장과 루트로닉 공개 매수, 클래시스-이루다 지분 인수 건이 진행되는 등 글로벌 기업과의 M&A를 통해 섹터 종목의 주가 강세가 지속된 것이다. 좀 더 자세히 들여다보면, 국내 EBD 6개 업체 평균 OPM 증가율은 YoY +58%로 수출 실적 성장을 바탕으로 이익 체질 개선에 성공했고, 23년 호실적 주가 랠리를 보여주면서 견조한 성장을 증명했다.

한편 주가 상승으로 높아진 멀티플이 밸류에이션에 부담을 가한다는 우려가 제기되었으나 높아진 멀티플에 걸맞은 실적 성장을 보여주며 우려를 잠식시켰다. 실제로 피부미용 섹터의 평균 12개월 선행 PER은 18배 수준이지만, 그 이상으로 리레이팅될 여지가 남아 있다고 판단된다.

국내 피부미용 산업 평균 12개월 선행 PER 추이 및 전망

주) 클래시스, 원텍, 제이시스메디칼 비율/이루다 하이로닉, 루트로닉 평균
자료: FnGuide, 키움증권 리서치센터

물론 10월 12일 미국 나스닥에 상장되어 있는 EBD 기업 인모드가 23년 가이던스를 하향 조정하면서 주가의 20%가 하락했다. 이는 1) 경기 침체, 2) 돌아온 계절적 비수기, 3) 높아진 금리로 장비 구매 기피 경향에 기인한다. 이에 국내 EBD 기업들도 실적 둔화 가능성이 불거지며 주가가 일부 하향 조정되었다. 그러나 국내 업체들은 장비만이 아닌 소모품 매출 비중이 30% 이상 차지하고 있어 계절적 비수기나 장비 수요 둔화에도 매출과 수익성 방어가 용이하다. 무엇보다 가성비 시장을 새롭게 형성해 경기 침체 혹은 고금리 우려를 최소화할 전망이다.

4. 2024년에도 이어질 성장 스토리

따라서 24년에도 국내 EBD 기업은 1) 견조한 시술 수요와 2) 가성비 시장을 주도하는 경쟁력으로 성장 스토리를 이어갈 것으로 전망된다.

견조한 시술 수요

고금리와 경기 침체 우려에도 미용의료 시술 수요는 크게 둔화되지 않았다. Revance의 설문 조사 결과, 지출 여력 감소 시 미용의료 시술 지출 감소에 응답한 사람은 24.7%로 다른 소비재나 서비스에 비해 양호한 결과를 보였다.

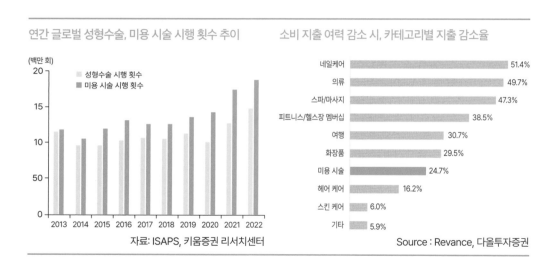

연간 글로벌 성형수술, 미용 시술 시행 횟수 추이

(백만 회)

- 성형수술 시행 횟수
- 미용 시술 시행 횟수

자료: ISAPS, 키움증권 리서치센터

소비 지출 여력 감소 시, 카테고리별 지출 감소율

네일케어	51.4%
의류	49.7%
스파/마사지	47.3%
피트니스/헬스장 멤버십	38.5%
여행	30.7%
화장품	29.5%
미용 시술	24.7%
헤어 케어	16.2%
스킨 케어	6.0%
기타	5.9%

Source : Revance, 다올투자증권

또한 고주파나 초음파 같은 미용의료기기들의 공통점은 수개월이 지나면 시술 전 모습으로 돌아오기 때문에 지속적인 재시술이 필요하다는 것이다. 시술 효과를 체감한 소비자들은 대부분 재시술을 선택하는데, 초음파는 초기 진행 시 3개월마다 한 번, 주기적으로 6개월간 시술을 받고, 레이저와 고주파도 일정 기간을 두고 수시로 시술을 받게 된다. 이는 EBD 업체들의 지속적인 수익 창출로 이어질 수밖에 없다.

실제로 소모품 성장도 지난 몇 분기 대비 둔화하긴 했으나 인플레이션과 엔데믹으로의 전환 과정에서 미용기기의 계절성이 정상화되었고, 비수기로 여겨지는 3분기도 수요가 좋았다. 계절성은 단기적인 영향으로 장기적인 구조적 성장 추세를 훼손시킬 이슈는 아니다.

무엇보다 인모드는 엄밀히 말하면 국내 기업의 경쟁사로, 국내 기업이 상대적으로 강점을 지니는 아시아 시장에서 인모드가 역대 최대 실적을 경신했다는 점을 미루어 보아 국내 기업에 작용하는 영향은 제한적일 것으로 판단된다.

가성비 시장 주도

또한 장비 판매가 매출의 대부분을 차지하는 인모드와 같은 해외 기업들과 달리 국내 업체들은 상황이 다르다. 국내 장비는 글로벌 주요 기기 대비 판가가 저렴하고 시술가도 비교적 저렴하여 글로벌 시장의 중저가 포지션을 확보해 수요 방어에 유리하다. 실제로 국내 미용의료기기의 성능은 오리지널 대비 약 70%~80%, 가격은 30%~60%의 수준으로 가성비 시장을 형성하고 있다. 국내 EBD 업체의 경쟁력은 1) 자체 R&D 능력과 2) 시간 단축 가능한 기술력이다.

미용의료기기는 3년~4년의 비교적 짧은 제품 사이클을 가지고 있어 지속적인 신제품 출시가 필요하다. 따라서 R&D 경쟁력이 매우 중요하다. 실제로 레이저 분야에 강세를 보이던 미국 기업들은 R&D의 부족으로 인해 고주파/초음파 경쟁력에서는 뒤처지고 있다. 미국의 써마지는 2002년 출시된 이후 신제품 FLX가 2017년에 출시될 때까지 15년이 소요되었다.

반면 국내 제이시스메디칼은 19년 포텐자 출시 이후 23년 덴서티를 출시했고, 클래시스는 14년 슈링크 출시 이후 22년 슈링크 유니버스를, 원텍은 20년 올리지오 출시 이후 업그레이드 버전을 25년 정도에 출시할 것으로 추정되고 있다. 이처럼 제품 및 기업별 일부 차이가 있지만 국내는 통상 R&D 능력을 바탕으로 5년 전후로 신제품을 출시하며 급변하는 미용의료 시장에 잘 적응하는 모습을 보여주고 있다.

R&D 능력과 더불어 국내 업체는 의사가 편한 시술을 할 수 있게 해주는 기술력을 지니고 있다. 미용 시술은 인종 및 시술 위치에 따라 조사하는 Depth(빔의 깊이)가 다르기 때문에 카트리지(소모품)를 환자에 맞게 교체해야 한다. 따라서 국내 기업들은 Depth

조절이 가능한 카트리지를 적용해, 의료진의 시술 시간을 단축시키는 데 도움을 주었다. 또한 써마지의 경우 시술 시 사용하는 소모품인 Tip에 Time Lock(예: Time Lock이 2시간이라면 2시간 뒤 Tip에 샷이 남아 있더라도 사용 불가)이 설정되어 있는데, 다양한 기기의 동시 시술이 확대됨에 따라 Time Lock으로 인해 Tip을 폐기해야 하는 상황이 발생하는 경우가 많았다. 원텍의 올리지오는 이러한 불편사항을 고려하여 Time Lock을 해제하여 폐기해야 하는 Tip을 줄임으로써 의사들의 이익 개선에 기여하고 있다.

주요 피부미용 시술별 소비자가격

HIFU					
업체명	시술명	소비자가격(만 원)	업체명	시술명	소비자가격(만 원)
Merz Aesthetics	Ulthera 300샷	100.0	Syneron Candela	프로파운드 1회	200.0
클래시스	슈링크 300샷	9.9	루트로닉	지니어스 1회	100.0
	슈링크 유니버스 300샷	13.0	비올	실펌 X 1회	30.0
	바디슈링크 500샷	40.0	제이시스메디칼	포텐자 600샷	25.0
하이로닉	더블로 300샷	25.0	이루다	시크릿 RF 1회	20.0
제이시스	리니어 Z 300샷	21.0			
	리니어 펌 300샷	15.0			
비침습 RF					
업체명	시술명	소비자가격(만 원)	업체명	시술명	소비자가격(만 원)
Solta Medical	Thermage FLX 600샷	200.0	루트로닉	클라리티 1회	20.0
Sisram Medical	튠페이스 1회	55.0	이루다	리팟 레이저	30.0
(Alma Lasers)	튠바디 1회	30.0	하이로닉	브이로 시너지 3,000샷	25.0
Inmode	Mini FX+FORMA	30.0	엑소코바이오	엑소좀 ASCE+5cc	30.0
텐텍	텐써마 600샷	110.0	파마리서치	리쥬란 HB+1회	25.0
클래시스	볼뉴머 300샷	70.0		리쥬란 1회	22.0
원텍	올리지오 100샷	13.9	바임글로벌	쥬베룩 1cc	10.0

주) 각 병원, 시술 방식, 조합 등에 따라 소비자가격은 크게 달라질 수 있음
자료: 키움증원 리서치센터

이처럼 경쟁력을 갖춘 기술력과 가성비를 무기로 24년에도 국내 EBD 업체들은 성장을 이어갈 것으로 전망되는데, 실제로 지난 몇 년간 쌓아온 기술력과 브랜드 파워를 통해 가장 큰 북미시장을 포함하여 세계 2위 시장인 브라질, 그리고 중국 및 태국 등 아시아 시장까지 진출을 가속화하고 있다. 또한 이미 성황리에 판매 중인 장비들의 누

적 판매 대수를 늘려가며 소모품 비중 역시 확대될 것으로 기대된다.

입증된 성장 공식

EBD 기업의 주요 키워드는 1) 수출, 2) 소모품이다. 수출과 소모품이 중요한 이유는 영업 레버리지에 따른 수익성 극대화에 기여하기 때문이다. 국내 EBD 기업들의 수출 단가는 국내보다 50%~70% 정도 높게 형성되어 있다. 또한 비교적 EBD 침투율이 높아 경쟁이 심한 국내는 소모품 무료 제공 프로모션 이후 유상 판매로 전환하는 구조로 소모품 매출 발생까지 3개월-6개월의 타임 랙이 발생하지만, 해외는 무료 제공 프로모션 없이 곧바로 소모품 매출이 발생하기 때문에 외형과 이익의 동반 성장이 가능하다.

그리고 국내 EBD 기업은 장비가 보급된 후 소모품 매출이 연동하여 발생하는 선순환 사업 구조를 가지고 있는 것이 특징이다. 국내 미용의료기기의 GPM은 60%~70%, 소모품의 GPM은 80%-90%에 달한다. 장비 판매에 후행하는 소모품 판매 비중의 확대는 미용의료기기의 약점인 계절성을 일부 극복하고 안정적인 매출의 확보가 가능하게 한다.

국내 EBD 업체들에게는 든든한 성장 공식이 존재한다. 경쟁력을 갖춘 신제품 출시 이후 '공격적인 장비 설치 증가 ⇨ 장비에 사용되는 소모품 비중의 확대 ⇨ 영업이익 개선 ⇨ 고수익성 유지 및 외형 성장'을 통해 안정적인 성장 사이클에 진입하는 공식이다. 클래시스, 루트로닉이 이를 증명한 바 있으며, 원텍과 비올 역시 비슷한 루트를 타고 있다.

따라서 2024년 국내 미용기기 업체는 수출 다변화 및 기존 주력하던 장비들의 누적 판매 대수의 증가와 이를 통한 소모품 매출의 지속적인 창출로 수익성이 개선되는 성장 스토리를 이어갈 것으로 전망된다.

TOP PICK

1. 클래시스(KQ.214150)

클래시스는 22년 1월 Bain Capital에 6,700억 원 규모로 인수되었고 효율적인 비용 관리 하에서 연간 OPM 50% 수준을 꾸준히 달성하고 있다. 커진 외형에도 매출은 꾸준히 연간 20% 성장을 상회할 것으로 전망된다.

투자 포인트. 수출 다변화로 고성장세

22년 초에 출시된 슈링크의 업그레이드 버전 '슈링크 유니버스'가 출시 8개월 만에 누적 판매 1,000대를 돌파하며 판매 호조세를 보이고 있고, 24년에도 누적 판매 대수와 이에 따른 소모품 매출 역시 꾸준히 증가할 것으로 예상된다. 초음파 장비만 취급했던 동사는 장비 판가가 2배가량 높고 소모품 매출액도 더 큰 고주파 볼뉴머를 출시하였으며, 23년 9월 이루다를 인수하면서 제품 포트폴리오를 다변화하고 미국 진출도 가시화하고 있다. 즉, 누적 장비 증가와 수출의 다변화로 고성장세가 24년에도 지속될 것으로 전망된다.

투자지표	2021	2022	2023F	2024F	2025F
매출액(억 원)	1,006	1,418	1,856	2,292	2,713
영업이익(억 원)	517	689	942	1,195	1,450
영업이익률 (%)	51.41	48.5	5073	52.13	53.44
순이익 (억 원)	438	754	798	978	1,189
순이익률 (%)	43.54	53.16	42.99	42.65	43.80
EPS (원)	677	1,164	1,232	1,509	1,835
PER	27.77	15.81	29.79	24.32	20.00

Key Information	
KOSDAQ 지수	866.5
52주 최고/최저(원)	41.700/16.960
시가총액(억 원)	2,445
발행주식수(주)	64,443,702
22년 배당수익률(%)	0.63
주요주주 지분율(%)	773.77

Stock Price

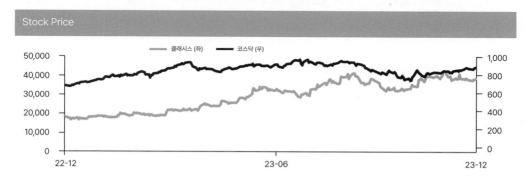

비올은 23년 비수기인 3분기에도 성장세를 유지하며 매출액은 늘고 판관비는 오히려 줄어드는 모습을 보였다. 3분기 OPM 58.5%로 분기 사상 최고치를 기록하며 간결한 비용구조로 영업 레버리지를 극대화하고 있다.

투자 포인트. 소모품 매출, 해외 매출에 주목

현재 소모품 매출 비중은 약 30%로, 장비 설치 이후 이익률이 높은 소모품 비중이 더 커지면서 이익은 더욱 성장할 전망이다. 미국 지역 매출 비중이 40%로 인모드 업황 악화 코멘트에도 견조한 모습을 보였으며, 23년 연내에 마이크로니들 고주파 제품인 실펌 X의 브라질 인허가를 앞두고 있어 본격적인 해외 매출과 외형 성장 역시 기대된다.

투자지표	2021	2022	2023F	2024F	2025F
매출액(억 원)	184	311	459	694	1,008
영업이익(억 원)	57	134	242	375	555
영업이익률 (%)	30.96	43.02	52.68	54.11	55.09
순이익 (억 원)	44	119	221	312	469
순이익률 (%)	24.16	38.41	48.17	44.95	46.55
EPS (원)	78	207	379	535	804
PER	29.04	15.62	24.53	17.40	11.57

Key Information	
KOSDAQ 지수	866.5
52주 최고/최저(원)	9,590/3,185
시가총액(억 원)	4,958
발행주식수(주)	58,333,152
22년 배당수익률(%)	0.31
주요주주 지분율(%)	36.92

Stock Price

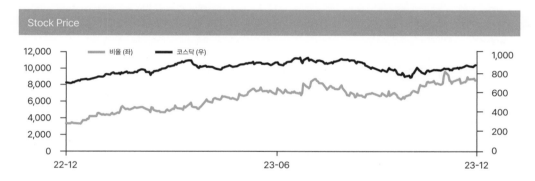

TOP PICK

3. 원텍(KQ.336570)

원텍은 주력 제품 올리지오의 국내 누적 판매 대수 1,000대를 돌파했으며 동남아를 비롯한 아시아 진출이 확대되고 있다.

투자 포인트. 신제품 출시, 브라질 승인

신제품 올리지오X는 환자 피부 상태에 따라 선택적 시술이 가능하며 전작 대비 장비가격 50% 이상인 고가 제품이다. 24년 초음파와 고주파를 결합한 '더그레이트 RF 소나타'의 제조 품목 허가로 24년 신제품 출시 효과도 발생할 전망이다. 브라질에 판매 중인 라비앙은 3분기 계절적 비수기로 판매가 감소했으나 4분기 수주 물량이 증가하면서 수출 실적이 개선될 전망이다. 라비앙으로 이미 브라질 내 유통채널이 준비 완료되어 브라질 승인으로 24년 브라질 매출액이 크게 성장할 것으로 예상된다.

투자지표	2021	2022	2023F	2024F	2025F
매출액(억 원)	511	815	1,227	1,658	2,129
영업이익(억 원)	104	268	502	712	980
영업이익률 (%)	20.4	32.9	40.9	42.9	46.0
순이익 (억 원)	170	134	397	558	779
순이익률 (%)	33.3	16.4	32.4	33.7	36.6
EPS (원)	220	154	451	633	883
PER	296	649	1,108	1,758	2,771

Key Information	
KOSDAQ 지수	884.6
52주 최고/최저(원)	15,110/3,985
시가총액(억 원)	8,191
발행주식수(주)	88,173,915
22년 배당수익률(%)	N/A
주요주주 지분율(%)	52.57

Stock Price

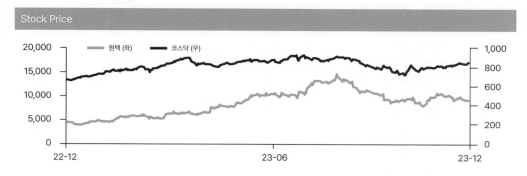

국내외 제약·바이오 산업은 고난의 시기를 지나고 있는 중이다. 외부적으로는 가장 중요한 외생변수인 금리가 가파른 상승을 마치고, 역사적 수준의 고금리 환경이 유지되는 단계로 접어들었다. Higher for Longer의 시대에 제약·바이오 산업은 한동안 성장주로서의 밸류에이션을 받기 힘들 것으로 예상된다. 내부적으로는 산업의 핵심인 신약 시장을 놓고 오리지널 의약품과 시밀러 제품 간에 본격적인 경쟁이 시작되었다. 주요 블록버스터 제품의 경우, 약가 인하에 대한 정책적 압박과 특허 만료로 미래 실적 전망치마저 낮아지고 있는 상황이다.

이를 타개하기 위해서는 결국 '신약 개발'이라는 본질로 돌아와야 한다. 이는 제약·바이오 산업의 역사를 볼 때 새로운 신약 시장의 개화에 따라 미래 실적 전망치가 상향되며, 업종 전반의 랠리가 동반되었기 때문이다.

글로벌 빅파마들이 새로운 장기 성장동력을 찾는 데 사력을 다하고 있는 현 상황에서 오리지널 블록버스터 시장의 파이를 빼앗을 시밀러 기업들의 중단기 실적 성장세가 기대된다. 더불어 신약 개발이라는 방향성에서 글로벌 빅파마들의 In-house 생산과 신규 모달리티 개발의 혜택을 볼 수 있는 CDMO 기업에 주목할 필요가 있다.

이번 장에서는 신약 시장을 놓고 펼쳐지는 창과 방패의 대결에서 국내외 제약·바이오 기업들의 생존 전략을 들여다보고, 이에 따른 제약·바이오 산업의 장기적인 방향성과 중단기 투자전략을 제시하고자 한다.

업종분석
PART 06 제약·바이오

창과 방패의 대결

방패 : 글로벌 빅파마들의 생존 전략

1. 내우외환의 제약·바이오 섹터

외부, 비우호적인 시장 환경

최근 5년간 제약·바이오 업종 주가를 살펴보면 금리 상승이 예상되던 21년부터 하락세를 보이기 시작했다. 이는 금리와 제약·바이오 섹터의 역의 상관관계에 기인한다. 가파른 금리 인상은 미래의 추정 이익을 현재 가치로 환산해 산출하는 신약의 할인율에 큰 영향을 줄 수밖에 없다. 또한 금리 인상으로 줄어든 유동성은 신약 매출이 발생하기 전까지 지속적인 자본 투자가 필요한 바이오 기업들에 높은 자금 조달 허들로 작용한다는 점에서 업종 전반에 투심 악화와 기업 가치 하락을 야기했다.

현재 시장은 22년부터 이어진 가파른 금리 상승기를 지나 'Higher for Longer'로 표현되는 고금리 시대로 진입했다. 이는 향후 제약·바이오 업종 전반의 주가 상방을 제한하는 요인으로 작용할 전망이다. 즉, 제약·바이오 섹터는 고금리라는 비우호적인 시장 환경이 지속되는 한 성장주로서의 밸류에이션을 받기 어려울 것으로 판단된다.

내부, 격전지로 변해가는 신약 시장

이에 더해 산업의 핵심 축인 신약 시장 내 글로벌 빅파마의 입지마저 다음과 같은 이유로 흔들리기 시작했다.

1) 특허 만료에 따른 바이오시밀러 제품의 시장 침투
2) 약가 인하 정책

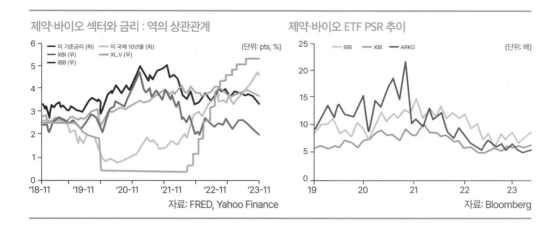

제약·바이오 섹터와 금리 : 역의 상관관계

(단위: pts, %)

미 기준금리 (좌)　미 국채 10년물 (좌)
XBI (우)　XLV (우)
IBB (우)

'18-11　'19-11　'20-11　'21-11　'22-11　'23-11

자료: FRED, Yahoo Finance

제약·바이오 ETF PSR 추이

(단위: 배)

IBB　XBI　ARKG

19　20　21　22　23

자료: Bloomberg

글로벌 빅파마들은 주요 블록버스터 제품의 특허 만료를 앞두고 있다. 반대로 이를 기회 삼아 24년부터 바이오시밀러 제품들의 본격적인 시장 침투가 진행될 예정이다. 23년 자가면역질환 치료제인 휴미라Humira(최대 예상 매출액 200억 달러)를 시작으로 24년 스텔라라Stelara(96.5억 달러), 25년 아일리아Eylea(97.2억 달러) 등 메가 블록버스터 제품들을 포함해 26년까지 총 10개의 오리지널 의약품들이 특허가 만료될 예정이며, 이에 따라 바이오시밀러 출시가 예정되어 있다.

약가 인하에 대한 정책적 압박 또한 높아지고 있다. 22년 8월, 미 정부는 의료 재정 부담을 경감하고 메디케어 대상자들의 비용 부담을 완화하고자 고가 처방약에 대한 가격 인하 내용을 포함한 IRA 법안을 발효한 바 있다. 23년 8월 29일 최종 발표된 1차 약가 인하 협상 대상 10개 의약품 리스트를 보면 빅파마의 주요 블록버스터 제품들이 포함돼 있다. 미국 의회 예산처(CBO)는 협상 대상 약품의 가격이 평균 25% 인하될 것으로 추정하는데, 본격적으로 효과가 나타나는 27년부터 31년까지 5년 동안 약 985억 달러를 절약할 수 있을 것으로 기대하고 있다.

결국 글로벌 빅파마들의 매출 공백은 불가피할 것으로 보여, 제약·바이오 업종 전반의 연초 대비 미래 예상 이익 기대감마저 낮아지고 있다. 후보 물질 개발부터 시판까지 10여 년이 걸리는 신약 개발 특성상 빅파마들은 이러한 매출 공백을 메꾸기 위해 대응책을 시급히 마련해야 하는 상황이다.

바이오시밀러 출시 예정 블록버스터 매출

(단위: 십억 달러)

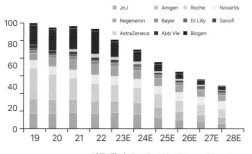

자료: 각 사, Cardinal Healthcare, Bloomberg

미국 IRA 약가 인하 협상 대상 의약품

(단위: 십억 달러)

No.	제품명	의약품명	적응증	메디케어 Part D 지출액
1	Biquis	BMS - Pfizer	혈전용해제, 항응고제	16.5
2	Jardiance	BI - Eli Lilly	신부전치료제, 당뇨치료제	7.1
3	Xarelto	JnJ	항응고제 등	6.0
4	Januvia	Merck	당뇨치료제	4.1
5	Farxiga	AstraZeneca	당뇨치료제 등	3.3
6	Entresto	Novartis	심부전치료제	2.9
7	Enbrel	Amgen	류마티스관절염 등	2.8
8	Imbruvica	JnJ - AbbVie	혈액암 치료제	2.7
9	Stelara	JnJ	류마티스 관절염 등	2.6
10	Fiasp - Novolog	Novo Nordisk	당뇨 치료제	2.6

자료: 백악관

약가 인하에 따른 예산 부담 완화 추정치

(단위: 십억 달러)

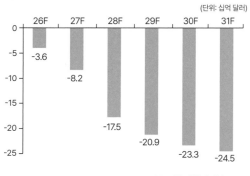

자료: 미국 의회 예산처(CBO)

S&P 500 헬스케어 예상 EBITDA 추이

(단위: 달러)

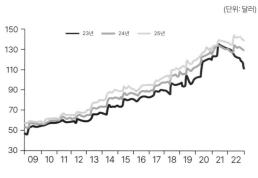

자료: Bloomberg

글로벌 빅파마 매출 Top 5 제품 현황

바이오시밀러 출시 예정   IRA 약가 인하 대상   둘 다 해당

업체명	제품명	분류	적용증	22년 매출액 (백만 달러)	매출액비중	특허만료년월
Abbvie	Humira	자가면역	류마티스관절염, 궤양성 대상염 등	21,237	37.80%	2023.01
	Imbruvica	항암	만성 림프구성 백혈병, 비호지킨 림프종	5,165	9.20%	2036.03
	Skyrizi	자가면역	크론병, 관절염, 건선	4,568	8.10%	2031.04
	Venclexla	항암	만성 림프구성 백혈병	2,009	3.60%	2031.06
	Vraylar	중추신경	우울증	2,006	3.60%	2027.06
Asrazeneca	Tagrisso	항암	EGFR 비소세포 폐암	5,444	12.30%	2032.08
	Farxiga	당뇨	1형, 2형 당뇨	4,381	9.90%	2025.01
	Imfinzi	항암	유방암, 담도암, 비소세포폐암	2,784	6.30%	2031.12
	Symbicort	호흡기	천식	2,538	5.70%	2017.09
	Lynparza	항암	난소암, 자궁관암, 췌장암	2,638	5.90%	2028.04
Bayer	Xarello	순환기	혈전증, 관상동맥질환, 심방세동, 폐색전증	4,757	8.90%	2024.08
	Eylea	안과	안과질환	3,384	6.30%	2025.05
BMS	Eliquis	순환기	폐색전증,비판막성심장세동, 심부정맥혈전증	11,789	25.50%	2026.11
	Revlimid	항암	비호지킨 림프종, 다발성 골수종 등	9,978	21.60%	2027.04
	Opdivo	항암	흑색종, 비소세포폐암 등	8,249	17.90%	2028.12
	Pomalyst	항암	다발성 골수종, 카포시 육종, HIV	3,497	7.60%	2025.06
	Orencia	자가면역	류마티스관절염, 건선성 관절염등	3,464	7.50%	2026.12
JnJ	Stelara	자가면역	크론병, 건선성 관절염, 건선, 궤양성 대장염	9,723	10.30%	2024.03
	Drazalex	항암	다발성골수종, 아일로드증	7,977	8.50%	2029.05
	Imbruvica	항암	비호지킨 림프종, 만성 림프구성 백혈병 등	3,784	4.00%	2036.03
	Invega sustenna	중추신경	정신분열증	2,297	2.40%	2019.05
	Remicade	자가면역	류마티스 관절염, 궤양성 대장염 등	2,343	2.50%	2016.01
Eli Lily	Trulicity	당뇨	2형 당뇨	7,440	26.10%	2028.1
	Verzenio	항암	유방암	2,484	8.70%	2029.12
	Taltz	자가면역	건선성 관절염, 강직성 척추염	2,482	8,70%	2030.1
	Jardiance	당뇨	만성 심부전, 제2형당뇨	2,066	7.20%	2028.08
	Humalog	당뇨	1형, 2형 당뇨	2,061	7.20%	2028.08
Merck (MSD)	Keytruda	항암	비소세포폐암 등	20,937	35.10%	2028.12
	Gardssil/Gardssil9	백신	자궁경부암, 항문암, HPV, 질암, 외음부암	6,897	11.60%	2028.06
	Januvia	당뇨	2형 당뇨	2,813	4.70%	2026.12
	Janumel	당뇨	2형 당뇨	1,700	2.90%	2023.01
Novartis	Cosenlyx	자가면역	건선, 강직성 척추염 등	4,788	9.20%	2029.12
	Entresto	순환기	고혈압, 심부전	4,644	9.00%	2027.11
	Gilenya	자가면역	다발성경화증	2,013	3.90%	2027.12
	Tasigna	항암	만성 골수성 백혈병	1,923	3.70%	2023.07
	Lucentis	인과	인과질화	1,874	3.60%	2020.06
Plizer	Cominaty	백신	코로나19	37,806	37.70%	N/A
	Eliquis	순환기	심방세동	6,480	6.50%	2026.11
	Prevnar/Prevenar13	백신	폐렴구균 예방	6337	6.30%	2011.11
	Ibrance	항암	유방암	5,120	5.10%	2027.03
	Xeljanz	자가면역	류마티스 관절염, 궤양성 대장염 등	1,796	1.80%	2025.12
Roche	Ocrevus	중추신경	다발성 경화증	6,325	9.50%	2029.03
	Perjeta	항암	유방암, 대장암	4,283	6.50%	2025.06
	Tecenriq	항암	비소세포폐암등	3,895	5.90%	2032.06
	Aclemra	자가면역	류마티스 관절염등	2,830	4.30%	2022.01
	Avastin	항암	유방암 등	2,224	3.40%	2019.07
Nono Nordisk	Ozempic	당뇨	2형 당뇨, 비만	8,459	33.80%	2032.12
	Novorapid	당뇨	1형, 2형 당뇨	2,189	8.70%	2014.12
	Victoza	당뇨	2형 당뇨	1,745	7.00%	2023.02
	Saxenda	비만	비만	1,512	6.00%	2027.02

자료: 각 사, GlobalData, Cardnal Healihcare, 백악관, Boomberg

2. 결국, 본질로 돌아올 때

핵심 에셋 위주의 R&D는 가속화될 것

결국 생존을 위해 제약·바이오 회사들은 '신약 개발'이라는 본업에 집중해야 한다. 따라서 휴미라(애브비AbbVie), 엘리퀴스Eliquis(브리스톨-마이어스스퀴브BMS/화이자Pfizer), 스텔라라(존슨앤드존슨JnJ) 등 핵심 에셋의 출혈이 큰 빅파마를 중심으로 R&D 투자가 가속화될 것으로 전망한다.

우려와 달리, 지속되는 R&D 투자

비우호적인 금리 여건으로 신약 시장의 R&D 투자 위축이 전망되었지만, 실제 R&D 투자 규모는 크게 줄지 않은 것으로 파악된다. 23년 10월까지 금액이 공개된 계약 기준 전체 M&A와 기술계약/파트너십 딜은 22년 10월 누적 금액을 상회했다. 주요 글로벌 빅파마가 외부 자산을 인수한 건으로 범위를 좁혀도 22년보다 23년에 거래가 더 활발히 성사됐다.

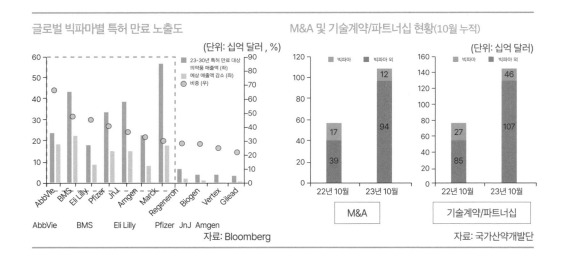

글로벌 빅파마별 특허 만료 노출도

(단위: 십억 달러, %)

자료: Bloomberg

M&A 및 기술계약/파트너십 현황(10월 누적)

(단위: 십억 달러)

자료: 국가산약개발단

싸진 매물, 현금은 충분

이런 상황에서 과거 대비 저렴해진 바이오테크 회사들은 현금 여력은 충분하지만 성장이 시급한 빅파마에게 매력적인 선택지가 될 것으로 판단된다. 바이오테크의 경우 현금 가치 대비 시가총액이 상당히 낮아져 M&A를 진행하거나 유망 파이프라인을 도입하기에 부담이 적다. 이에 신성장 동력을 모색하는 빅파마를 중심으로 핵심 에셋을 보강하는 R&D 투자가 가속화될 것으로 전망된다.

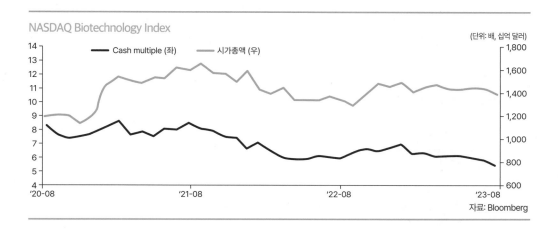

NASDAQ Biotechnology Index

(단위: 배, 십억 달러)

Cash multiple (좌)   시가총액 (우)

자료: Bloomberg

3. 신약 전망치 상승, 바이오 사이클의 핵심 조건

신약 성공 스토리

R&D 투자 활성화를 통한 신약 개발의 성공은 신약 시장 전망치를 끌어올리고, 전체 섹터 상승에 중요한 요인으로 작용한다. 실제로 과거 사이클을 되돌아보면 성공적인 임상 결과가 발표되며 신약 실적 전망치가 유의미하게 상향될 때 상승 사이클이 찾아왔음을 알 수 있다.

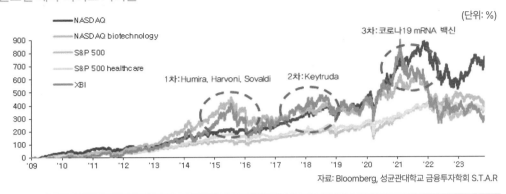

글로벌 제약·바이오 사이클

(단위: %)

자료: Bloomberg, 성균관대학교 금융투자학회 S.T.A.R

1차~3차 바이오 사이클

표를 보면 신약 시장이 유의미하게 성장하기 시작한 2010년 이후 총 3차례의 상승 사이클이 발생했음이 확인된다.

· 1차 상승: 14년~15년 애브비(휴미라)와 길리어드 사이언스Gilead Science(하보니 Harvoni, 소발디Sovaldi)의 전망치가 상승했다.

· 2차 상승: 17년 MSD(키트루다Keytruda)를 선두로 한 PD-(L)1 면역항암제 시장의 전망치가 크게 상승했다.

· 3차 상승: 20년 코로나19 발생에 따른 유동성 증가, 같은 해 10월 유전자가위 기술의 노벨상 수상과 12월 모더나Moderna, 화이자의 mRNA 코로나19 백신 임상3상 성공을 바탕으로 유전자 세포치료 시장 개화에 대한 기대감이 발현됐다.

22년 유의미한 체중 감량 효과를 입증한 임상 결과 발표로 비만 치료제 시장의 실적 전망치가 상향되며 GLP-1 기반 약물이 바통을 이어받을 것으로 예상됐다. 그러나 1) 엔데믹에 따른 코로나19 백신 매출 역성장, 2) 인플레이션 발생에 따른 유동성 축소 및 가파른 금리 인상에 의해 4차 대세 상승으로 이어지지는 못했다.

적응증별 Keytruda 매출 추이

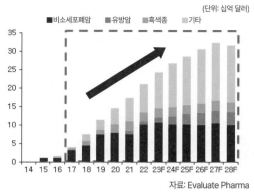

적응증별 GLP-1 시장 규모 추이

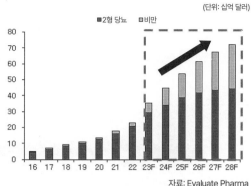

다음 주인공은?

코로나19 시기를 제외하고 보면, 업종 전체를 뒤흔든 신약 성공 스토리는 18년 키트루다를 끝으로 이어지지 않고 있다. 이에 성공적인 임상 결과를 바탕으로 신약 전망치 상향을 통해 다음 대세 상승을 일으킬 'Next 키트루다'를 살펴본 결과, 결론적으로 항체-약물 접합체(Antibody-Drug Conjugate, 이하 ADC) 시장에서 그 주인공이 탄생할 것으로 판단한다.

4. Next 키트루다를 찾아서

가장 유력한 후보, ADC

ADC는 표적 특이성을 지닌 단일클론 항체(antibody)에 세포 독성 기전을 가지는 저분자 약물(payload)을 링커(linker)로 연결한 항체 의약품을 말한다.

ADC = [Antibody] + (Linker) + [Payload]

항체는 체내 면역계에서 세균, 바이러스 등의 항원에 특이적으로 결합하여 약물을 타깃 세포로 유도한다. 이후 리소좀 등에 존재하는 분해 효소로 인해 결합이 끊어지며 독성 물질이 세포 사멸 기능을 수행한다. 최근에는 독성을 가진 저분자 약물 대신 면역항암제, 펩타이드, 방사성 물질 등 다양한 물질을 이용한 결합이 시도되고 있다.

ADC 구조

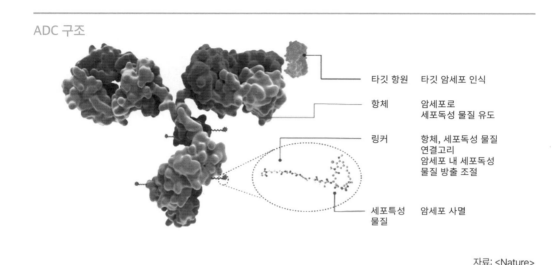

타깃 항원	타깃 암세포 인식
항체	암세포로 세포독성 물질 유도
링커	항체, 세포독성 물질 연결고리 암세포 내 세포독성 물질 방출 조절
세포특성 물질	암세포 사멸

자료: <Nature>

신기전 치료제의 핵심으로 부상

이렇듯 단일클론 항체의 장점인 표적 특이적 효능을 가지면서 동시에 넓은 확장성을 보유한 ADC에 대해 많은 관심이 쏟아지면서 최근 5년 사이 임상 및 상용화 건수가 급증했다. 2000년 마일로탁Mylotarg(화이자)을 시작으로 2022년까지 총 13개의 ADC가 FDA 승인을 받았고, 전체 뉴 모달리티(신기전) 치료제 매출 중 35%를 차지하는 핵심 약물로 자리매김했다.

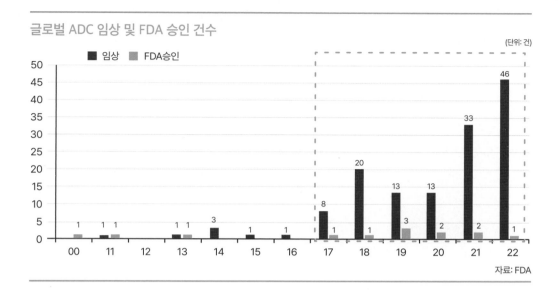

글로벌 ADC 임상 및 FDA 승인 건수

(단위: 건)

자료: FDA

5. '내가 왕이 될 상인가?' 모든 조건은 갖춰졌다

차기 왕좌는 ADC의 것

시장이 ADC에 주목하는 이유는 다음과 같다.

1) 글로벌 빅파마의 주요 R&D 딜 대상
2) 미래 매출 성장성과 잠재 시장 규모가 크다
3) 최근 학회 발표의 트렌드를 이끌고 있다

R&D 딜 1등

우선, 신약 R&D 시장 현황을 살펴보면 글로벌 빅파마들이 ADC의 미래 신약 가치를 유망하게 평가하고 있음을 알 수 있다. 실제로 2018년 이후 이뤄진 항암제 딜 중에서 ADC의 계약금(upfront) 포함 평균 총 마일스톤 규모가 가장 컸다. 올해만 보더라도 지난 10월 유럽종양학회(이하 ESMO) 개최 기간에 발표된 머크Merck와 다이이찌산쿄Daiichi

Sankyo의 ADC 파이프라인 기술 계약(220억 달러)을 비롯해, ADC 딜이 23년 기술계약/파트너십 부문 1등을 차지하고 있다. 뿐만 아니라 해당 기간에 글락소스미스클라인GSK과 한소제약(16억 달러), KGaA(독일)와 항서제약(14억 유로)의 ADC 딜 또한 성사되는 등 ADC 관련 딜이 활발히 이뤄지고 있다는 점에서 ADC 파이프라인에 대한 빅파마들의 기대가 큰 상황이다.

또한 M&A의 경우, 지난 3월 화이자가 씨젠Seagen(ADC 신약 개발 전문 기업)을 430억 달러에 인수하면서 2023년 가장 큰 규모의 신약 M&A 딜로 기록됐다.

기전별 평균 딜 규모 (18년 1월~22년 12월)

(단위: 백만 달러)

자료: Cortellis

23.10기준 기술계약 파트너십 Top 10

(단위: 십억 달러)

No.	일자	개발사	도입기업	모달리티	금액
1	10/19	Daiichi Sankyo	MSO	ADC	22
2	1/9	Voyager	Neurocrine	GBA1 유전자 치료제	4.6
3	3/28	Evotec	BMS	eIF2b activator	4
4	9/7	Nurix Therapeutics	Seegen	DAC 개발 플랫폼	3.5
5	7/24	alnylam	Roche	AGT 표적 RNA 치료제 후보물질	3.1
6	1/6	Immunome	Abbvie	휴먼 메모리 B세포 플랫폼	2.8
7	9/25	Valo health	Novo Nordisk	AI 기반 신약 개발 플랫폼/후보물질	2.8
8	7/7	Precision Biosciences	Prevail Therapeutics (Eli Lilly)	Nuclease 치료제 개발 플랫폼	2.6
9	4/5	Proxygen GmbH	MSO	표적 단백질 분해제(TPD)	2.6
10	3/14	Synaffix	MacroGenics	항체 집합/극성 스페이서/링커-페이로드 결합 플랫폼	2.2

자료: 국가산약개발사업단

23년 신약 M&A Top (10월말 기준)

(단위: 십억 달러)

No.	일자	피인수기업	인수기업	주요 파이프라인	금액
1	3/13	Seagen	Pfizer	항암제 4종 및 ADC 후기 파이프라인	43
2	4/16	Prometheus Biosciences	MSD	궤양성대장염/크론병 치료제	10.8
3	7/2	Reata pharmaceuticals	Biogen	NRF2 Activator 등	7.3
4	10/23	Telavant	Roche	TL1A 항체 치료제 RVT-3101	7.3
5	10/8	Mirati Therapeutics	BMS	KRAS 항암제 'Krazati'	5.8
6	06/12	Chinook Therapeutics	Novartis	Endothelin A 수용체 길항제 등	3.2
7	03/13	Provention Bio	Sanofi	CD3 저해 형체, 면역매개질환 치료제	2.9
8	06/20	Dice Therapeutics	Eli Lilly	PPI 조절 경구용 저분자 물질 플랫폼	2.4
9	04/18	BeLLUS Health	GSK	선택적 P2x3 길항제등	2
10	07/14	Versanis	Eli Lilly	α ACVR2B mAB, 비만치료제	1.9

자료: 국가산약개발사업단

28년 글로벌 신약 프로젝트 가치 Top 10

(단위: 십억 달러)

No.	제품명	기업	모달리티	글로벌 예상 매출액	순현재가치 NPV
1	Sotatercept	Marck	융합 단백질	2.6	11.6
2	Dato-Dxd	Daiichi Sankyo/AstraZeneca	ADC	2.6	11.5
3	CagriSama	Novo Nordisk	합성 펩타이드	1.9	10.3
4	Donanemab	Eli Lilly	단콜론 항체	2.1	8.8
5	KarXT	Karuna Therapeutics/Zai Lab	저분자화합물	2.8	8.4
6	mRNA-1647	Moderna	mRNA 백신	1.5	7.1
7	Iptacopan	Novartis	저분자화합물	1.1	6.2
8	Resmetirom	Madrigal Pharmaceuticals	저분자화합물	2.2	6
9	Aficamten	Cytokinetics	저분자화합물	1.7	4.4
10	Tiragolumab	Roche	단콜론 항체	1	4.8

자료: Evaluate

시장 전망치 상향 중

이렇듯 ADC에 대한 높은 기대감은 잠재 시장 규모와 미래 매출 전망치에도 반영되고 있다. 전문 데이터 분석기업 GlobalData에 따르면 ADC 시장은 2029년 387억 달러(CAGR +27.7%)까지 성장할 것으로 예상되고, 지난 8월 발간된 글로벌 제약 분석 전문기관 Evaluate의 연간 보고서에 따르면, 현재 진행 중인 주요 신약 개발 프로젝트 중 ADC 기반 약물이 2028년 2번째로 높은 순현재가치(NPV)를 보유 중인 것으로 평가받았다.

6. ADC, 왜 유망할까?

그렇다면 시장은 왜 ADC를 이토록 좋게 보는 것일까? 이는 1) 병용 요법으로서의 입지 확보, 2) 다양한 타깃 항체 개발에 따른 적응증 확대 가능성에 기인한다.

병용 트렌드의 중심

ADC는 블록버스터 신약의 매출 공백에 대응하기 위한 전략 중 하나인 병용 요법 분야에서 빅파마의 훌륭한 파트너가 될 예정이다. 실제로 ADC는 표적항암제, 면역항암제, 단일클론 항체 등 다양한 모달리티와 병용 임상을 진행하고 있다.

항암제 시장의 왕과 함께 시작될 여정

ADC는 특히 면역관문억제제(Immune Checkpoint Inhibitor, 이하 ICI)와 가장 많은 병용 임상이 진행되고 있는데, 지난 4월 파드셉Padcev(ADC) + 키트루다(ICI) 병용 요법이 해당 조합으로는 최초로 FDA 가속승인을 받았다. 머크는 현재 진행 중인 2,250개 이상의 임상 중 약 1,600개를 병용 요법에 대한 연구로 진행하고 있고, 키트루다의 반응률을 높이기 위해 병용 요법의 비중을 70% 수준까지 올리겠다고 선언한 만큼 이번 임상 성공을 기점으로 두 모달리티의 병용 임상이 활성화될 전망이다.

ADC 병용 개발 현황 (임상 결과 발표 / 진행단계)

(단위: 건)

	화학+면역항암제	표적항암제	면역항암제 (PD(L)1, CTLA-4)	기타 면역항암제	항 VEGF
유방암	1/4	1/3	4/4	1/4	
폐암	1/2	0/2	2/4		
위장관암	2/2	0/1	0/3	1/0	
비뇨기암	1/2	0/2	3/4	0/3	
부인종양학	2/3	0/3	3/3		3/1
뇌	1/0				
고형암	0/3	1/4	1/3		0/1
림프종	2/2	1/2	1/1	3/1	
다발성 골수종	0/1	1/1	0/1	1/1	
급성 골수성 백혈병	2/1	1/1			

자료: Biopharma

Merck의 항암제 리더십 공고화 전략

자료: Merck

단독과 병용으로 넓혀가는 치료 영역

타 모달리티와의 병용 임상 활성화는 곧 잠재 시장의 확대를 의미한다. 기존에 ADC는 엔허투Enhertu 단독 요법과 트로델비Trodelvy 단독 요법 주도로 유방암, 위암, 방광암 등의 암종에서 적응증을 확대하고 있었다. 여기에 총 12개의 적응증을 보유한 키트루다와 병용 시너지가 본격화된다면 ADC의 치료 영역은 향후 고형암 전반으로 확대될 것으로 기대된다. 이는 곧 글로벌 항암 시장에서 매출액 기준 22%를 차지하는 유방암을 핵심 적응증으로 보유하고 있는 상황에서 잠재 시장의 확대로 신약 전망치 상향까지 이어질 수 있다.

ADC+ICI 개발 암종 시장(=잠재 시장) 전망

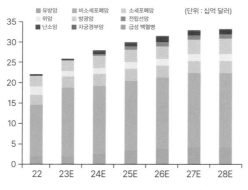

자료: Cortellis

ADC+ICI 임상 현황

질환	ADC	ICI	임상 단계
HER2 양성 유방암	Kadcyla	Tecentriq(vs. placebo)	2상
HER2 양성 유방암	Kadcyla	Keytruda	1b
HER2 양성 유방암	Enhertu	Opdivo	1b
HER2 저발현 유방암	Enhertu	Imfinzi	1b/2
삼중음성 유방암	SGN-LIV1A	Keytruda	1b/2
요로상피세포암	EV-103	Keytruda	1b/2
요로상피세포암	RC48-C014	Toripalimab	1b/2
HER2 발현 요로상피 세포암	Enhertu	Opdivo	1b
c-MET양성 비소세포폐암	Teliso-V	Opdivo	1b
FRα 양성 난소암	MIRV	Keytruda	1b

자료: Cancer Treatment Reviews

다양한 타깃 항체

또한 ADC의 한 축을 담당하는 타깃 항체를 새로 발굴하고, 임상 결과를 통해 새로운 타깃에 대한 효능 입증이 이뤄지면서 ADC의 확장성이 강화되고 있다. 실제로 현재 유방암 분야에서 시장성을 입증한 HER2를 비롯해 TROP2, HER3 등 유망 타깃 항체에 대한 임상이 여럿 진행 중이다. 22년 HER2 타깃 엔허투가 Destiny-Breast04 임상3상 데이터를 통해 유방암 내 HER2 저발현 환자라는 새로운 시장을 만들어냈다면, 23년에는 비소세포폐암(TROP2, HER3 타깃), 방광암(Nectin4), 소세포폐암(B7H3)을 포함한 고형암 전반에서 인상적인 후기 임상 데이터가 발표돼 폭넓은 암종을 커버할 수 있는 ADC의 능력이 다시 한번 입증되었다.

암종별 주요 ADC 파이프라인 (임상2상 이상)

암종	기업	제품명	타깃	세부 적응중	임상 단계
유방암	Roche	Kadcyla	HER2	HER2+	출시
	Gilead	Trodelvy	TROP2	TNBC	출시
	Astrazeneca/Daichi Sankyo	Enhertu	HER2	HER2+및 저발현	출시
	Pfizer(Seagen)	Tukysa	HER2	전이성 HER2+	출시
	Astrazeneca/Dichi Sankyo	Dato-Dxd	TROP2	HR+HER2-, TNBC	3상
	Pfizer(Seagen)/MSD	Ladiratuzymab vedotin	LIV-1	1L TNBC(키트루다 병용)	2상
	Boehringer Ingelheim	NBE-002	ROR1	TNBC	2상
	MSD/Kelun Biotech	MK-2870	TROP2	TNBC(키트루다 병용)	2상
비소세포폐암	Astazeneca/Daichi Sankyo	Enhertu	HER2	2L+ HER2+ NSCLC	출시
	Astrazeneca/Daichi Sankyo	Dato-Dxd	TROP2	1L+ EGFRm NSCLC	3상
	Astrazeneca/Daichi Sankyo	Patritumab deruxlecan	HER3	2L+ EGFRm NSCLC	3상
	Abbvie/Pfizer(Seagen)	Teliso-V	cMET	NSCLC	3상
	Sanofi	Tusamilamab valianshine	CECAM5	1L+NSCLC(단독/병용)	2/3상
	Daichi Sankyo/Merck	DS-7300	B7-H3	2L+SCLC, sqNSCLC	1/2상
위암	Astrazeneca	Enhertu	HER2	위암	출시
	Sanofi	Tusamiltamab valianshine	CECAM5	위암(ramucirumab 병용)	2상
방광암	Gilead	Trodelvy	TROP2	방광암	출시
	Pfizer(Seagen)	Padcev	Nectin4	1L+ Urothelial cancer	3상
	Astrazeneca	Enhertu	HER2	요로상피세포암	3상
난소암	Immunogen	Elahere	Folate Receptor Alpha	난소암(백금화학요법 resistant)	출시
	Mersana	UpRi(Upililamab Rilsodotin)	NaPi2b	난소암(백금화학요법 resistant/sensitive)	2/3상
	Surto	STRO-002	Folate Receptor alpha	난소암(백금화학요법 resistant/sensitive)	2/3상
기타 고형암	Pfizer(Seagen)	Tivdak	TF	2L cervical	출시
	Sanofi	Tsamilamab valianshine	CECAM5	Pancreatic carcinoma	2상
	Pfizer(Seagen)	Disilamab Vedotin	HER2	2L HER2 urotheial carcinama	2상
	Immunogen	IMGN632	CD123	BPDCN, AML	2상

자료: 각 사, Cortellis

7. 2023년 역시 ADC의 해였다

22년에 이어 23년 또한 ADC 파이프라인에 고무적인 한 해였다. 이는 상술한 ADC의 강점(병용 요법으로서의 입지, 타깃 항체 확장성)이 주요 학회 발표를 통해 여실히 증명되었기 때문이다.

면역관문억제제와의 병용 시너지는 이제부터 시작

EV-302(KEYNOTE-A39) 임상3상은 ADC와 면역관문억제제의 성공적인 궁합을 보여주는 대표적인 사례이다. 전이성 요로상피세포암 환자 대상 1차 치료제로 파드셉 + 키트루다 병용 투여군과 표준치료요법(Standard of Care, 이하 SoC)인 '젬시타빈Gemcitabine + 시스플라틴Cisplatin(이하 젬시스Gemcis)' 화학항암요법 대조군을 비교한 결과, 1차 평가 지표인 무진행 생존기간(Progression Free Survival, 이하 PFS)과 전체 생존기간(Overall Survival, 이하 OS)에서 병용 투여군이 대조군 대비 2배 가까운 효능을 보여주며(mPFS 12.5m vs 6.3m, mOS 31.5m vs 16.1m) 암 환자에게 가장 중요한 사망 위험을 무려 53%나 줄였다.[위험비(Hazard Ratio, 이하 HR) 0.47] 하위 분석 데이터에서도 시스플라틴의 투약 가능 여부, PD-L1 발현 정도와 무관하게 대조군 대비 높은 효능을 유지하면서 PD-L1 발현 여부와 상관없이 시스플라틴 사용이 불가능한 환자에게도 투약 가능한 1차 치료제로 가능성을 보여주었다.

같은 날 발표된 경쟁 임상, ADC가 가른 운명

해당 임상은 같은 날 유럽종양학회(ESMO)에서 발표가 있었던 동일 적응증 대상 SoC(젬시스) + 옵디보Opdivo(면역관문억제제) 병용 임상3상(CheckMate 901)과 비교해도 우세한 결과였다. 경쟁 임상 또한 임상적으로 유의미한 결과였으나(mOS 2개월 개선, 사망 위험 22% 감소) ADC 병용 요법이 기립 박수를 받을 정도로 압도적인 결과를 보인 만큼 미충족 수요가 큰 방광암에서 30년 만에 새로운 표준요법으로 등극할 전망이다.

인기가 여전한 면역관문억제제, 최고의 ADC 파트너

폭넓은 적응증을 보유한 면역관문억제제는 항암 분야에서 여전히 가장 활발히 연구가 이뤄지고 있는 기전이다. 현재 ADC 파이프라인은 키트루다, 옵디보, 티쎈트릭Tecentriq, 임핀지Imfinzi와 병용 요법으로 임상을 진행 중이다. 이론적으로 ADC는 항체의 면역반응을 통해 암세포를 사멸하는 T세포의 침투를 돕는다. 그리고 면역관문억제제는 암세포가 발현하는 T세포의 비활성화 인자 또는 수용체에 결합하여 T세포의 항암능력을 재활성화시킨다는 점에서 두 물질의 조합은 우수한 효능을 발휘할 것으로 기대된다.

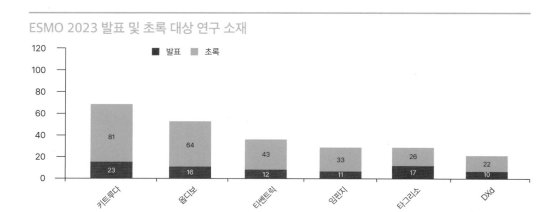

ESMO 2023 발표 및 초록 대상 연구 소재

자료: ESMO 2023

ADC, 다양한 타깃 항체를 통한 비소세포폐암 적응증 확대

ADC는 올해 다수의 학회 발표를 통해 폐암 치료 시장에서도 적응증 확대 가능성을 제시했다. 폐암 치료에 적합한 ADC 타깃 항체로는 HER2, HER3, TROP2, CEACAM5, cMET 등이 있고, 이들을 중심으로 주요 ADC 파이프라인의 비소세포폐암 후기 임상이 진행 중이다. 특히 HER3-Dxd(HER3 타깃), Teliso-V(cMET)가 비소세포폐암 시장 내 주류인 EGFR 변이 시장으로의 침투 가능성을 제시했다는 점에서 괄목할 만한 성과를 거둔 것으로 판단된다.

폐암 치료 시장 간단 설명

폐암 치료 시장은 비소세포폐암(85%), 소세포폐암(15%)으로 구성된다. 비소세포폐암의 경우 그 원인이 되는 변이 중 EGFR, KRAS, BRAF가 큰 비중을 차지하는데, 현재 EGFR 타이로신 키나제 억제제(Tyrosine Kinase inhibitor, 이하 TKi)인 타그리소 Tagrisso(성분명 오시머티닙Osimertinib)가 1차 치료제로 널리 사용되며, EGFR 변이 치료제 시장이 가장 큰 비소세포폐암 시장이 되었다.

그러나 타그리소 사용은 약물 내성 문제를 발생시켰는데, 가장 많이 발생하는 내성 변이가 바로 MET 증폭(amplification)이다. cMET(MET)는 EGFR과 세포막관통 수용체로 신호전달경로가 연결되어 있어 타그리소와 같은 약물로 EGFR 신호를 차단하면 일종의 '풍선 효과'가 발생해 MET 증폭에 따른 내성 발생 빈도가 높아진다. 결국 타그리소가 비소세포폐암 1차 치료제로 지위를 유지하고 있는 한, 신규 모달리티가 폐암 시장 내 적응증 확대를 통해 유의미한 시장 점유율을 확보하기 위해서는 EGFR과 cMET 변이 시장에 진입하는 것이 중요하다.

HER3-Dxd, Teliso-V: EGFR 변이 환자 대상 긍정적 성과 도출

ADC는 HER3-Dxd와 Teliso-V의 긍정적인 임상 결과를 바탕으로 향후 EGFR과 cMET 변이 시장에서 경쟁력을 갖출 것으로 기대된다.

1) HER3-Dxd는 치료 옵션이 적어 의학적 미충족 수요가 높은 비소세포폐암 환자들을 대상으로 의미 있는 임상적 효과를 입증했다. 지난 9월 세계폐암학회(WCLC)에서 발표된 TKi 표적치료제의 경우, 항암화학요법에 실패한 EGFR 변이 비소세포폐암 환자 대상 임상2상(HERTHENA-Lung01) 결과, HER3-Dxd 투여군의 객관적 반응률(Objective Response Rate, 이하 ORR)은 29%, mPFS는 5.5개월이었다. 이는 기존 치료 요법 시행에도 불구하고 암이 진행된(실패) EGFR 변이 비소세포폐암 환자들에게 HER3 타깃 ADC가 새로운 선택지가 될 수 있음을 시사하는 유효한 데이터였다. 또한 올해 열린 ESMO에서 해당 임상의 뇌전이 환자 하위 그룹의 추가 데이터가 공개됐는데, HER3-Dxd는 전체 뇌전이 환자에서 ORR 20%, 이전에 방사선 치료를 받지 않은 환자군에서는 ORR 33%를 기록하며 뇌전이 환자를 대상으로 치료 효과가 있음을 입증했다. 폐암 환자에서 뇌전이가 진행될 경우 예후가 매우 좋지 않고 기존의 방사선 치료는 정상 세포 사멸에 따른 구토, 불면증, 우울증 등 다양한 부작용을 동반해 최후의 수단으로 제한되어 왔다는 점에서 HER3-Dxd는 뇌전이 폐암 환자에게 유망한 치료 옵션으로 등극할 전망이다.

2) cMET 타깃 ADC인 Teliso-V는 올해 ESMO에서 cMET 과발현 비소세포폐암 환

자 대상으로 한 단독 임상2상 중간 결과가 발표됐는데, cMET 과발현 환자군에서 ORR 52.2%라는 긍정적인 데이터를 확인했다. cMET 과발현 변이는 EGFR 내성 기전의 상당 부분을 차지하고, 현재까지 시판에 성공한 치료제가 없다는 점에서 의학적 미충족 수요가 굉장히 크다. 이에 이번 임상 결과를 통해 Teliso-V 단독 임상과 타그리소 병용 임상3상 진행에 탄력이 붙을 것으로 전망된다.

창 : 빅파마를 겨냥하다

1. 국내 제약·바이오 시장

Pharmerging, 한국 바이오의 성장

파머징(Pharmerging)은 제약(Pharma)과 신흥(Emerging)의 합성어로, 제약 시장에서 낮은 점유율을 가지고 있지만 빠른 성장세를 보이는 국가들을 가리킨다. 파머징 국가에 속한 한국 의약품 시장은 2018년 158억 달러에서 2023년 약 190억~230억 달러 규모로 성장할 전망이다. 이는 블록버스터 약품 만료에 따른 바이오시밀러 시장의 확장, 글로벌 빅파마들의 CMO In-house 기조 감소에 따라 CDMO 기업이 혜택을 받을 것으로 예상되기 때문이다.

확장하는 바이오 시장

제약·바이오 약품은 큰 틀에서 화학 기반의 합성 의약품과 바이러스와 세포를 기반으로 하는 바이오 의약품으로 나뉘며, 바이오 의약품의 경우 '바이오신약, 바이오시밀러, 바이오베터'로 분류된다. 바이오 의약품의 경우 제조 비용과 제조 난이도가 합성 의약품 대비 높으나, 생명공학 기술 발전에 따른 다양한 모달리티(치료 수단)의 등장, 바이오시밀러에 의한 가격 인하 기조에 기인하여 시장이 확장되고 있다. 합성 의약품 시장 규모는 2022년 기준 5,470억 달러로 바이오 의약품의 3,370억보다 높으나, 매출액은 점차 좁혀지는 추세에 있다.

합성의약품과 바이오 의약품 차이

구분	합성 의약품	바이오 의약품			
분류		재조합 단백질	항체	올리고	유전자 세포
구조	저분자 구조	아미노산 200개 이하	아미노산 1000개	염기 20~30개	바이러스/세포
제조 난이도	저~고	저	고	중	고
제조 비용	저	저	고	중	고
오리지널	합성의약품/합성 신약	바이오 의약품/바이오 신약			
복제 약품	제네릭	바이오 시밀러			
신약 개선	개량신약	바이오 베터			

자료: 보건산업진흥원

지역별/국가별 의약품 시장 전망

(단위: 십억 달러)

국가	2018	2023
호주	13.1	13~17
한국	15.8	19~23
중국 외 국가	153.6	196~230
중국	132.3	140~170
캐나다	22.2	27~31
일본	86.4	89~93
유럽	177.5	200~230
미국	484.9	625~655
기타 국가	118.9	130~160

자료: IMS Health

의약품 점유율 추이

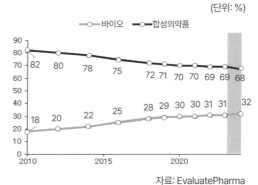

자료: EvaluatePharma

2. 바이오시밀러

블록버스터를 흡수하는 바이오시밀러

2023년부터 바이오시밀러의 점유율이 50% 이상으로 확대될 예정이다. 이는 개발 비용과 시간이 짧은 점, 휴미라를 포함하여 총 9개 블록버스터의 만료가 예정되어 있기 때문이다.

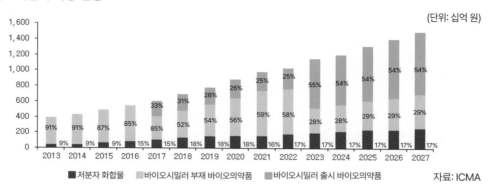

바이오시밀러 시장 전망 (단위: 십억 원)

■ 저분자 화합물　■ 바이오시밀러 부재 바이오의약품　■ 바이오시밀러 출시 바이오의약품

자료: ICMA

바이오신약 / 바이오시밀러 차이

특징	바이오신약	바이오시밀러
유사성	오리지널과 동일	유사하지만 동일하지 않음
개발 비용	약 20억~30억 달러	약 1~3억 달러
약물 개발 기간	약 10~12년	약 5~7년
의약품 가격	특허 독점기간 동안 프리미엄 유지	오리지널 대비 50~80% 저렴

자료: 연구개발특구진흥재단

바이오시밀러, 국내 기업이 과점

바이오시밀러는 22년 매출액 기준 2위인 암젠(약 263.2억 달러)을 제외하면, 사실상 국내 업체들이[1위 셀트리온(약 2.28조 원), 3위 삼성바이오에피스(약 0.95조 원)] 과점하고 있는 시장이라고 보면 된다. 결국 해외 제약사들은 고부가가치인 신약 개발에 집중할 것이기 때문에, 바이오시밀러에 대한 정부의 정책적 지원과 함께 블록버스터 만료로 국내 바이오시밀러 기업에 가장 큰 이익이 돌아올 것으로 전망된다.

3. 미국의 약가 인하 기조

미국은 국내 제약사가 진출을 강력히 희망하는 시장이다. 이는 1) 세계 최대 제약산업 규모, 2) 미국 제약산업의 구조적 특성에 기인한다.

미국은 GDP 대비 의약품 지출 비중이 16.9%로 세계에서 가장 높은 축에 속하며, 전세계 의약품 시장의 40%를 차지하고 있다. 21년 OECD 통계 자료에 따르면 미국은 OECD 가입국 중 제약 소비액이 1,376달러로 가장 높았다. 이 때문인지 미국 여론조사 결과 유권자의 53%가 보건의료 공약을 대통령 선택에 있어서 가장 우선 순위로 꼽았다. 이민, 경제, 총기 규제 등의 분야보다도 높은 것이다. 이에 맞춰 민주당, 공화당을 불문하고 정부 역시 약가 인하를 위한 정책들을 발표하고 있다. 여기서는 약가 인하 정책 설명에 앞서 미국의 건강보험제도를 먼저 짚고 넘어가자.

4. 미국의 건강보험제도

보험 적용 확대

미국은 사보험 가입자가 67.2%, 공보험(CMS, Centers for Medicare & Medicaid Services) 가입자가 37.7%이며, 8.8%는 보험 가입이 없는 인구이다. 오바마 정부와 바이든 정부는 보험 미가입율을 낮추기 위해 메디케이드 확대 강화 방안(ACA, Affordable Care Act)을 발표한 바 있다. 미국의 공공보험은 메디케어Medicare와 메디케이드 Medicade로 지원 대상이 구분된다.

메디케어 구분

메디케어Medicare는 Part A/Part B/Part C/Part D로 나뉘며, 등급별로 의료서비스가 차등 적용된다. 가장 가입자가 많은 보험은 의료보험Medical Benefit(Part B)과 약제급여Pharmacy Benefit(Part D)다. Part D는 환자가 내원 과정 없이 직접 복용, 투약하는 의약품을 말하는데, 바이오시밀러 적용이 확대될 전망이다. 이는 피하주사 (SC) 제형 간편투약 바이오시밀러 승인에 따라 기존에 병원에서 특수의약품(Specialty

Drug)으로 분류돼 투약받던 바이오 의약품도 약제급여 전형으로 처방이 가능해졌기 때문이다.

미국 보험 종류별 지원 대상

구분	종류	대상
공공보험	메디케어 (Medicare)	- 65세 이상 고령 - 장애 조건에 부합하는 사람 - 연령과 무관하게 신장질환/루게릭병 환자
	메디케이드 (Medicaid)	- 저소득 가정
	아동건강보험 (CHIP)	- 메디케이드 지원 대상이 아닌 18세 이하 아동청소년
	퇴역군인건강보험 (Veterans Affairs)	- 퇴역군인
	미국원주민건강보험 (Indian Healthcare)	- 미국 원주민(Native American)
사보험	직장건강보험 (Employer Based Health Care)	- ACA에 따라 주 30시간 이상 근무하는 풀타임 근로자가 50명 초과하는 기업은 건강보험 제공 의무
	개인건강보험 (Individual Health Insurance)	- 개인이 직접가입(Direct purchase) - ACA 적용 가능
	학교건강보험 (School Insurance)	- 대학교 임직원/학생
	군인건강보험 (Tricare)	- 현역 군인 및 직계가정(무료) - 퇴역군인(자가부담)
	실업건강보험 (COBRA)	- 실직/퇴직자가 직장건강보험을 18개월까지 자기 부담으로 연장하는 제도
기타	오바마케어(ACA)	- 모든 영주권자 및 시민권자 - 연간소득 상한선(1인 : $51,040; 2인 : $68.960)

자료: 성균관대학교 금융투자학회 S.T.A.R

메디케어 구분

종류		비고
Part A	병원 보험	환자의 입원 보장 수용소 : 가정 건강
Part B	의료 보험	외래 환자 치료, 의사 및 기타 의료 서비스
Part C	메디케어 어드벤티지	Part A+B의 혜택과 처방약 혜택을 제공
Part D	처방약 보장	처방약 비용을 부담

자료: CMS

CMS 코드 시스템

제약사는 의약품에 대한 FDA 승인 이후, 공보험으로부터 코드(HCPCS, Healthcare Common Procedure Coding System)를 부여받게 된다. 제약사는 의료 서비스 제공자인 병원에 의약품을 제공하면서 제품에 대한 청구 정보를 제공하게 되어 있다. 병원은 해당 정보를 활용하여 환자에게 의약품 처방을 진행하게 되고, 환자의 의료 보험사에게 청구해 해당 약품에 대한 보상을 받게 된다. 병원의 수익 구조는 의약품의 평균 판매 가격(ASP) +6%를 상환받게 되는데, 평균 판매 가격은 시장이 결정하게 된다.

HCPCS 코드 구분

분류		비고
레벨1	AMA에서 관리	의사 또는 면허를 소지한 전문가의 의료 서비스 및 절차 식별 (외래진료과/의사 진료실/환자 가정 등)
레벨2	CMS에서 관리	구급차 서비스, 내구성 의료 장비 및 약국과 같은 비의사 서비스

자료: HCPCS

5. 미국의 약가 협상가, PBM

제약사의 협상력 낮추는 PBM

약제급여관리기관(PBM, Pharmacy Benefit Manager)은 한국의 건강보험심사평가원의 역할을 수행한다고 보면 이해가 쉽다. PBM은 총 30개가 있으며, 그중 빅3인 1) 컨슈머밸류스토어(CVS, Consumer Value Store), 2) 익스프레스Express, 3) 옵텀Optum이 합산 79%의 시장점유율을 가지고 있다. 보험사/약제급여관리기관PBM/약국은 이해관계가 복잡해 보이지만 보험사의 자회사 혹은 인수합병을 통해 취득된 회사들이다. PBM은 민간 보험사 대신 원외 약가 협상의 중간다리 역할을 수행하며, 그 과정에서 제약사는 리베이트(구매자에게 환급이나 할인 형태로 제공되는 금액)를 제공해 높은 가격으로 시장에 공급한다. 휴미라의 경우 미국의 한 달 투약 약가가 2,699달러인 반면, 영국은 1,362달러, 중국은 366달러, 한국은 250달러 수준으로 미국의 약가가 유독 높은 모습을 볼 수 있다.

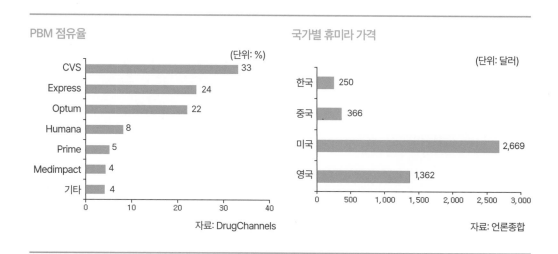

PBM 점유율   (단위: %)

자료: DrugChannels

국가별 휴미라 가격   (단위: 달러)

자료: 언론종합

6. 치솟는 약값과 정책적인 움직임

의약품의 가격 인상과 IRA

제약사는 약물 가격을 언제든지 변경할 수 있다. 17년 1월부터 23년 1월까지 NDC11 식별번호를 통해 가격 변동 데이터를 조사한 결과에 따르면, 약 4,200개 품목에서 약가 인상(평균 15.2%)이 있었으며, 그중 46%는 인플레이션율을 초과한 인상폭을 보였다. 22년 8월 16일, 바이든 대통령이 인플레이션감축법(IRA)에 서명했는데, 처방약 조항 관련 조항은 2023년부터 시행되고 있으며, 보건당국은 IRA의 약가 인하 기조에 따라 10개 품목을 특정 지은 바 있다. 메디케어 약가 협상 대상은 26년에 Part D 10개 품목으로 시작해, 27년에는 Part D 15개, 그리고 28년에는 Part B(의료보험)와 Part D에서 15개로 늘어나며, 그 후로는 연간 20개의 약품이 추가로 협상 대상에 포함될 전망이다.

바이오시밀러를 향한 정책적 지원

약가 인하를 위한 바이오시밀러 관련 정책으로는 1) 바이오시밀러 활성화 계획(BAP, Biosimilar Action Plan), 2) 생물학적 특허 투명성법(BPTA, Biologic Patent Transparency Act), 3) 의약품법 즉시 절약을 위한 혁신적인 옵션 강화(BIOSIM, Bolstering Innovative Option to Save Immediately on Medicines Act), 4) 인플레이션감축법이 있다. 이처럼 미국은 약가 인하를 위해 적극적으로 바이오시밀러를 적용하고 있다. EU의 경우 2006년 산도즈사의 첫 바이오시밀러를 허가한 뒤로 6년 내 승인된 품목이 11개에 그친 반면, 같은 기간 미국 정부는 29개 품목을 승인하였다. 이러한 정책적 지원으로 북미의 약가 인하 기조는 앞으로도 지속될 전망이다.

바이오시밀러 관련 제도

시행 년도	관련 제도		임상 단계
2018	BAP	Biosimilar Action Plan, FDA	- 개발 및 승인 가이드라인 개선 - 의료진과 환자의 바이오시밀러 이해를 돕기 위한 커뮤니케이션 개발 - 특허 연장을 통한 부당한 경쟁 방지
2019	BPTA	Biologic Patent Transparency Act	- 경쟁 촉진을 위해 특허 투명성 향상 - 사용 확대를 통한 약값 부담 완화
2021	Biosimilar Act	Biosimilar Act	- 바이오시밀러 출시 이후 저조한 적용사례 완화
2021	BIOSIM Act	Bolstering Innovative Options to Save Immediately on Medicines	- Part B에서 바이오시밀러 환급 비율 향상
2022	IRA	IRA	- 의약품 가격 인상 제한 - 고가 의약품 출시 이후 10년이 지난 의약품 가격 인하 - 바이오시밀러 처방 확대, 환급률 향상

자료: 성균관대학교 금융투자학회 S.T.A.R

바이오의약품 가격 인상 데이터

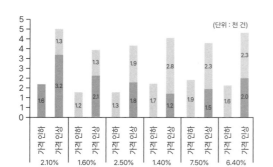

자료: ASPE

EU/미국 바이오시밀러 승인 건수

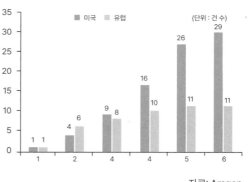

자료: Amgen

가격 인하로 시장 점유율 증가

바이오시밀러는 가격 할인이 높을수록 시장 점유율이 증가하는 경향을 보인다. 예를 들어 자가면역질환 치료제인 인플렉트라 시장은 초기에는 셀트리온의 램시마(인플렉트라)와 삼성바이오의 렌플렉시스(인플렉시맙)로 한정되었으나, 암젠이 애브솔라(인플렉시맙)로 20년 7월 신규 진입하고, 얀센은 레미케이드의 바이오시밀러를 22년 4월 출시했다. 가중평균자본비용(WACC) 50% 할인율을 적용한 암젠과 얀센의 시밀러가 진입하게 되면서 경쟁자 포화로 리베이트 또한 이에 맞춰 상승했을 것으로 예상된다. 이는 시밀러 간의 점유율보다 오리지널과 시밀러를 비교했을 때 바이오시밀러 약품에 대한 선호도가 더 높아지기 때문인데, 이러한 이유로 1) 블록버스터 다수 만료, 2) 약가 인하에 대한 정책적 기조의 혜택을 바이오시밀러 업종이 볼 것으로 전망한다.

7. CDMO, CAPA 증설과 수주 전쟁

CDMO는 무엇인가?

CDMO는 CMO(Contract Manufacturing Organization)와 CDO(Contract Diagnostic Organization)를 포괄하는 개념으로 위탁개발생산 업체를 의미한다. CDMO는 여러 단계에서 기업과 협력하는데, 주로 1) Discovery(연구 단계), 2) Pre-clinical(임상 전 단계), 3) Clinical and Registration(임상시험 및 등록 단계), 4) Manufacturing(생산) 단계를 다루게 되며, 각 단계에서 필요한 다양한 서비스를 제공해 기업이 자체적으로 모든 단계를 수행하지 않고도 효과적으로 의약품을 개발하고 생산할 수 있도록 엔드투엔드(End-to-end) 서비스를 지원한다.

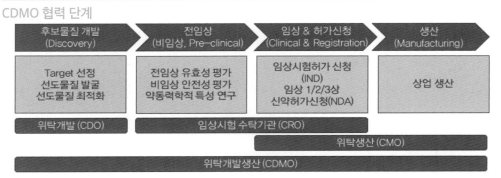

자료: 성균관대학교 금융투자학회 S.T.A.R

CDMO 고객의 니즈

CDMO는 자본력이 부족한 중소형 제약사뿐만 아니라 글로벌 제약사도 1) 비용 효율성, 2) 유연성과 생산력 관리, 3) 전문성, 4) 글로벌 네트워크 활용 차원에서 이용한다. 글로벌 제약사의 경우 항체의약품 개발 초기에는 자체 생산을 주로 하지만, 인플레이션으로 인한 비용 부담 등의 이유로 CMO를 이용하기 때문에 동반 성장이 가능하다. 게다가 블록버스터 특허 만료가 다가오면서 글로벌 제약사들 입장에서는 매출 공백을 채우기 위한 수단이 급박한 상황이기에 R&D 수요 증가가 장기적인 트렌드로 고착화될 것으로 전망되고 있고, 제약사들의 자체 생산 비중 역시 줄고 있기에 CDMO 기업의 수혜가 예상된다. 결국 CDMO는 고객의 니즈를 충족하기 위한 최신식 생산 설비 증설과 연구 인력 확보가 핵심이라고 볼 수 있다.

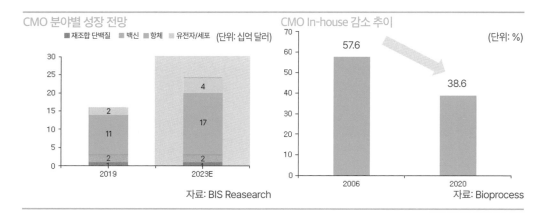

CMO 분야별 성장 전망

자료: BIS Reasearch

CMO In-house 감소 추이

자료: Bioprocess

CDMO 기업의 엇갈린 실적

코로나19 이후 국내 비상장 바이오 기업들의 투자가 축소되고 있는 추세다. 23년 9월 비상장 바이오 기업 투자는 단 6곳으로, 투자액 653억 원으로 추정되고 있다. 생존을 위해 파이프라인 정리 및 구조조정을 강행하고 있는 상황인데, 이는 결과적으로 임상 건수가 줄어드는 효과를 야기할 수밖에 없다. 따라서 고객사 비중이 중소형 제약사가 높은 CDMO 기업은 실적에 타격을 입게 되었다.

CMO 비중 높아야 컨센서스, 매출 동반 상승

주요 글로벌 CDMO 업체들은 23년 3분기 발표를 통해 성장 전망치를 낮췄다. 우시 Wuxi는 23년 2분기에 제시했던 5%~7% 전망치를 23년 3분기에 2%~3%로 수정하였으며, 론자는 24년~28년 성장률 및 Core EBITDA(이자 비용, 소득세, 감가상각 및 상각 전의 핵심 순이익)를 각각 11%~13%, 32%~34%로 하향 제시했다.(컨센서스 대비 각각 8%, 10% 하회)

반면 삼성바이오로직스의 경우 3분기 실적으로 매출 1조 340억 원, 영업이익 3,185억 원을 기록하며 전망치를 상회했다. 결과적으로 안정적인 빅파마 CMO 비중을 갖고 있는 기업과 그렇지 못한 기업의 실적과 컨센서스가 엇갈리는 모습이 나온 것이다.

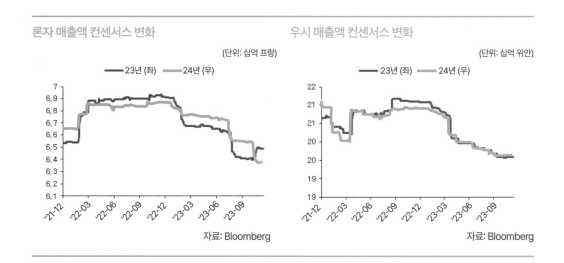

론자 매출액 컨센서스 변화 (단위: 십억 프랑)

우시 매출액 컨센서스 변화 (단위: 십억 위안)

자료: Bloomberg

자료: Bloomberg

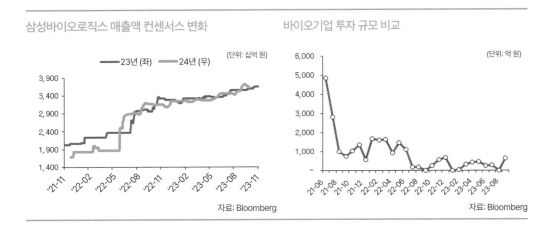

삼성바이오로직스 매출액 컨센서스 변화

(단위: 십억 원)

23년 (좌)　24년 (우)

자료: Bloomberg

바이오기업 투자 규모 비교

(단위: 억 원)

자료: Bloomberg

설비 투자로 생산 안정성, 최신 기술 구현 가능

주요 CDMO 업체들은 설비 투자를 지속하고 있다. 이는 생산의 안정성과 효율성을 확보하고, 신규 의약품을 생산할 수 있는 최신식 생산 시설을 확충했다는 의미이기에 신규 수주를 끌어들이는 효과가 있다. 그리고 생산 능력 투자에도 신약 개발 트렌드가 적용됨에 따라, 항체-약물 접합체(ADC) 트렌드를 주목하고자 한다.

주요 CDMO 기업 CAPA 증설 계획

국내	현재	계획
삼성바이오로직스	한국 1 공장 : 5,000L*6 2공장 : 15,000L*10, 1,000L*4 3공장 : 15,000L*12 4공장 : 15,000L*12, 10,000*6	한국 5공장 : 15,000L*12 6공장 : +alpha 6, 7, 8 공장(2032)

국내	현재	계획
Lonza	미국 Portsmouth : 20,000L*5, 6,000L*4 Hayward : 2,000L*2, 1,000L*3 Porrino L : 10,000L*4 싱가폴 Tuas : 20,000L*4 2,000*4 중국 Shanghai : 2,000L*1,500L*2	미국 Portsmouth : 2,000L*8 스위스 1,500m²(2026)
Boehringer Ingelheim	유럽 Biberach : 15,000*16, 2,000L*12 Vienna : 185	
Fujifilm	미국 10,000L 덴마크 120,000L	미국 178,500L(including 20,000L*8) 덴마크 400,000L(20,000L*20)
Wuxi Biologics	중국 Wuxi MFG1 : 200L, 500L, 1,000L, 2,000L*5 Wixo MFG2 : 2,000L*7, 1,000L*4 Shanghai MFG3 : 200L/500L, 1,000L, 2,000L*2 200L, 500L, 1,000L Wuxi MFG5 : 12,000L*2, 2,000L*2 아일랜드 MFG6,7 : 4,000L*12, 1,000L*3 미국 Cranbury : 6,000L 독일: Wuppetral : 12,000L, 3,000L	중국 HubeiL : 48,000L Wuxi : 120,000L Chengdu : 48,000L Hangzhou : 20,000L Shanghai : 10,000L 싱가폴 120,000L 미국 Worcester : 24,000L @uppetral : 24,0000L

자료: 성균관대학교 금융투자학회 S.T.A.R

8. CDMO의 여의주 ADC

우시XDC 상장

항체-약물 접합체의 열기는 우시XDC의 주식시장 상장으로 확인할 수 있다. 23년 11월 17일, 우시 바이오Wuxi Biologics는 우시XDC(항체-약물 접합체 CDMO)의 상장을 마쳤으며, 이는 홍콩 증시 역사상 세 번째 규모의 IPO로 총 4,071억 홍콩 달러 조달에 성공했다. 상장 직후에도 주가는 높은 수준을 유지해 11월 21일 기준 28.0달러(+35.92%) 수준을 유지하고 있다. 우시XDC는 지난 9월 20일 첫 가동을 시작하였으며, 생산 시설은 XDP2

및 XBCM2로 분류된다. XBCM2의 배지당 생산 가능량은 200L~2,000L이며, 연간 최대 130배지까지 생산 가능하다. XDP2는 완제 의약품DP 생산을 담당하며, 연간 500만 바이알vial의 항체-약물 접합체 의약품 생산이 가능하다.

론자의 ADC 주요 투자

론자Lonza는 글로벌 항체-약물 접합체 생산량의 절반을 담당하고 있으며, 스위스에 500억 스위스 프랑을 투자하여 1,500㎡ 규모의 생산 시설을 추가 증설할 예정이다.(26년 가동 예정) 23년 상반기에는 시나픽스 인수를 통해 항체-약물 접합체 개발 플랫폼을 확보하며 R&D 기능을 탑재하게 되었다. 시나픽스는 내약성(tolerability)을 개선할 수 있는 글리코커넥트GlycoConnect, 하이드라스페이스HydraSpace, 톡스신toxSYN 기술을 독점하고 있다는 점이 특징이다.

베링거인겔하임의 ADC 주요 투자

20년 12월 10일, 베링거인겔하임은 엔비이테라퓨틱스NBE-Therapeutics를 인수하며 항체-약물 접합체를 포트폴리오에 추가했다. 엔비이테라퓨틱스는 항체-약물 접합체 및 면역자극 항체약물복합체(iADC™) 플랫폼에서 파생된 표적 항암 치료제를 진행하는 특허받은 플랫폼을 보유하고 있다.

삼성바이오로직스의 ADC 주요 투자

23년 4월, 삼성바이오로직스는 삼성 라이프사이언스펀드Life Science Fund를 통해 스위스의 아라리스 바이오텍Araris Biotech AG에 투자를 진행했다. 해당 기업은 독점 기술인 항체-약물 접합체 링커 기술을 보유하고 있으며, 후보물질 등을 지원할 예정이다. 또한 삼성바이오로직스는 23년 9월 국내 신약 개발 전문기업인 에임드바이오AIMEBIO에 투자해, 항체-약물 접합체 툴박스를 개발 중에 있다. 그 밖에도 추가적으로 항체-약물 접합체 분야에 적극적으로 대응하기 위해 전용공장 증설 및 인수 합병도 고려 중인 것으로 알려졌다.

2024년에서 살아남기

23년 코스피가 연초 대비 증감률 +8.3%, 코스닥이 +17.5%의 수익률을 기록하는 동안, 제약·바이오 산업은 +1.4%의 수익률밖에 기록하지 못했다. 제약·바이오 산업은 21년 이후 -47.9%의 수익률을 기록하고 있는데, WICS(Wise Industry Classification Standard) 산업분류 기준 가장 부진한 수익률이다.

1. 지속적인 관심 필요

제약·바이오 산업은 주력 성장 산업

제약·바이오 산업은 한국의 주력 성장 산업이기에 투자자들의 지속적인 관심이 필요하다. 실제로 전체 주식 시장에서 제약·바이오 산업의 시가총액 비중은 2010년 이후 꾸준한 증가세를 보이고 있으며, WI26 산업분류 기준 내 26개의 산업 중 현재 시가총액 비중 1위인 반도체 산업 다음으로 높은 위치에 있다.

또한 국내 제약·바이오 산업은 20년 3월 WHO의 코로나19 팬데믹 선언 이후, 백신 및 치료제 개발 관심 증가에 따라 주가가 급격히 상승했지만(오버슈팅 발생), 21년부터 지속된 장기 주가 부진으로 해당 상승분을 모두 반납한 상황이다.

2024년 관심 필요

따라서 연이은 임상3상 실패를 확인한 19년 수준으로 주가가 회귀한 현 상황에서, 국내 제약·바이오 산업에 대한 주가 조정은 충분히 이뤄졌다고 판단하며, 24년 중단기 전망 및 투자 전략을 제시하고자 한다.

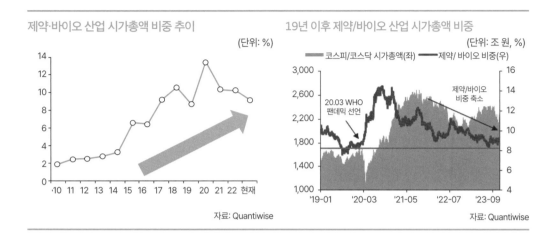

제약·바이오 산업 시가총액 비중 추이 (단위: %)

19년 이후 제약/바이오 산업 시가총액 비중 (단위: 조 원, %)

자료: Quantiwise

자료: Quantiwise

국내 제약·바이오 산업의 과거 흐름 파악 필요

'적을 치려면 적을 알아야 한다'라는 말이 있다. 적을 이기려면 적의 실태를 정확히 파악해 그에 맞는 전술을 짜야 한다는 뜻이다. 과거는 미래를 여는 열쇠다. 따라서 국내 제약·바이오 산업의 과거 흐름을 통해 실태를 정확히 파악하고, 미래의 승리를 위한 투자 전략을 세우고자 한다.

2. 국내 제약·바이오 산업의 과거 흐름

국내 제약·바이오 산업은 2015년부터 세 차례의 랠리와 조정을 겪었다. 2015년, 2017년, 2020년은 제약·바이오 산업이 시장 평균 수익률을 상회한 반면(시장 대비 +106.1%p, +55.6%p, +71.4%p), 2016년, 2019년, 2021년~2022년은 하회하는 수익률을 기록했다.(시장 대비 -3.3%p, -18.8%p, -17.7%p) 이런 과정을 살펴보면, 국내 제약·바이오 산업의 상승과 하락을 주도했던 키워드는 계속 변해왔지만 본질은 동일하다는 것을 파악할 수 있다.

국내 제약·바이오 산업 장기 주가 추이 및 주요 키워드

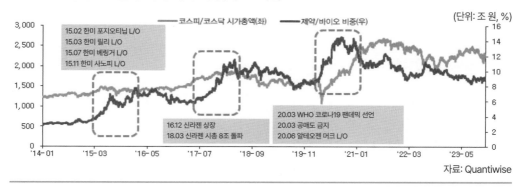

자료: Quantiwise

신약 개발 = 양날의 검

국내 제약·바이오 산업의 랠리와 조정을 이끌었던 키워드는 달라도 본질은 신약 개발이라 할 수 있다. 이는 한 종목의 호재와 악재가 산업 전체의 기대감 또는 실망감으로 이어지는 제약·바이오 산업의 특징에 기인한다.

3. 2015년~2016년: 주인공은 한미약품

한미약품이 주도한 상승

2015년은 한미약품의 해라고 말해도 과언이 아니다. 한미약품은 다음과 같은 대형라이선스 딜을 연이어 이뤄냈다.

1) 2015년 2월: 포지오티닙poziotinib 기술이전, 계약규모 미공개, 스펙트럼 파마슈티컬스Spectrum Pharmaceuticals
2) 2015년 3월: 듀얼 어고니스트Dual Agonist 기술이전, 계약규모 7,935억 원, 계약금 575억 원, 일라이릴리Eli Lilly
3) 2015년 7월: 올무티닙olmutinib 기술이전, 계약규모 8,395억 원, 계약금 575억 원, 베링거인겔하임

4) 2015년 11월: 에페글레나타이드epfeglenatide 기술이전, 계약규모 4조 8,300억원, 계약금 4,991억 원, 사노피Sanofi

한미약품의 연이은 기술이전(L/O)으로, 국내 제약사들의 글로벌 신약 개발 경쟁력 또한 점차 주목받기 시작했다.

한미약품이 주도한 하락

그러나 한미약품이 주도했던 제약·바이오 산업의 상승세는 16년 기술 반환으로 물거품이 되었다. 16년 9월 베링거인겔하임은 한미약품으로부터 기술을 도입한 항암신약 올무티닙olmutinib에 대한 권리를 반환했으며, 12월에는 사노피가 랩스커버리 파이프라인 일부의 권리를 반환했다. 이처럼 기술이전 계약에 대해 권리 반환이라는 리스크가 상존한다는 사실은 국내 제약·바이오 산업의 전반적인 투자 심리를 악화시켰으며, 이를 계기로 신약 개발에 대한 냉정한 평가가 이뤄지기 시작했다.

4. 2017년~2019년: 신약 개발에 대한 기대와 실망

2017년, 신약 개발 기대감

2017년 하반기부터 다시 신약 개발 기대감에 따른 주가 반등이 나타났다. 이는 암젠의 항암 바이러스 치료제 임리직Imlygic이 병용 임상에서 긍정적인 결과를 보여주며, 항암 바이러스 기반의 면역항암제에 대한 기대감이 높아졌기 때문이다. 뒤이어 간암 치료제 신약 후보인 펙사벡의 혁신성과 효능 기대감으로 신라젠의 주가 상승이 특히 두드러졌으며, 후기 단계 파이프라인을 보유한 기업들 또한 함께 주목을 받았다. 동 기간, 신라젠은 시가총액이 약 8,000억 원에서 8조 원까지 증가하며, 국내 제약·바이오 산업에 다시 한번 붐을 일으킨 주인공이 되었다.

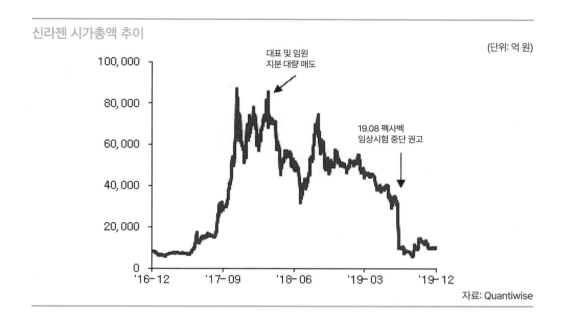

신라젠 시가총액 추이

(단위: 억 원)

대표 및 임원
지분 대량 매도

19.08 펙사벡
임상시험 중단 권고

자료: Quantiwise

2019년, 기대감은 실망감으로

그러나 19년 연이어 발표된 주요 파이프라인들의 실망스러운 후기 임상 결과는 신약 개발에 대한 기대감을 실망감으로 전환시켰다. 1) 코오롱티슈진의 인보사 식약처 판매 금지 처분 및 미국 임상3상 중단, 2) 메지온의 유데나필Udenafil과 헬릭스미스의 유전자 치료제 엔제시스VM202 임상3상 평가지표 불충족, 3) 한미약품의 듀얼 어고니스트Dual Agonist 권리 반환 이슈, 4) 신라젠의 펙사벡이 임상2상에서 기대감에 미치지 못한 상황에 경영진의 의지로 임상3상을 강행했지만 결국 실패하며 임상 중단 권고까지 받게 되었다. 뿐만 아니라 신라젠 전 대표와 임원들이 임상3상 결과 발표 전에 주식을 매도한 사실이 드러나며 제약·바이오 산업 붐을 주도했던 주인공이 상장 폐지의 위기까지 몰리게 되었다.

5. 2020년~2022년: 코로나19와 그 후

2020년, 코로나19 확산

국내 제약·바이오 산업이 재반등에 성공했다. 국내 증시의 관심이 코로나19 해결을 위한 백신과 치료제 개발에 쏠렸기 때문이다. 또한 알테오젠이 인간 히알루로니다제 (ALT-B4)의 기술이전(계약규모 4조 6,770억 원, 계약금 194억 원, 머크MSD)에 성공하며 플랫폼 기술에 대한 관심이 증가했다.

코로나19 백신 기대감

이후 국내 제약·바이오 산업은 전반적인 약세를 보였으나, 1) SK바이오사이언스의 코로나19 자체 백신 스카이코비원에 대한 기대감으로 주가가 저점 대비 200%가량 상승하였으며, 2) 코로나19 백신 임상을 진행하는 기업들 역시 상승 랠리가 지속되었다.

SK바이오사이언스 시가총액 추이

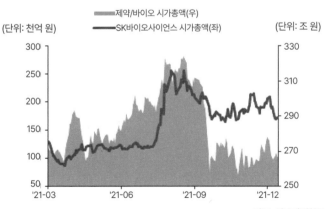

자료: 성균관대학교 금융투자학회 S.T.A.R

코로나19 엔데믹

그러나 코로나19 엔데믹이 선언된 22년부터 국내 제약·바이오 산업의 약세가 본격화되었다. 이는 코로나19 이후 인플레이션에 따른 급격한 금리 인상에 기인한다. 금리 인상 기조가 대규모 자금 조달이 필수적인 신약 개발 바이오텍들에 대한 투자 심리를 급격히 악화시켰기 때문이다. 일부 기업들이 기술이전 성과를 보이긴 했으나, 대부분의 기업들은 연초 대비 하락을 면치 못했다.

6. 국내 신약 개발의 한계

신약 개발 모멘텀 = 지나가는 바람

국내 제약·바이오 산업의 대세 상승은 항상 신약 개발이라는 본질로 귀결된다. 다만 신약 개발 모멘텀은 대부분 지나가는 바람과 같다. 시간이 지나면 주가는 제자리로 돌아오고 기대감은 소멸된다. 실제로 올해 기술이전에 성공한 상장사 중 계약 발표 뒤에도 주가가 상승한 경우는 없다.

23년 L/O 기업들의 계약 전후 주가 변동

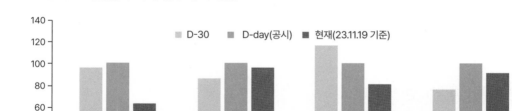

자료: Quantiwise

테마주 특징밖에 못 보여주는 움직임

최근에는 노보 노디스크, 일라이 릴리의 당뇨 및 비만치료제가 주목받으며 국내 비만 치료제 관련 기업들의 주가 또한 급등했다. 그러나 9월경을 기점으로 주가가 탈동조화(디커플링)되는 모습을 보이고 있다. 이는 글로벌 제약회사들의 성과가 숫자로 증명되는 상황에서 전반적인 기술력 측면에서 볼 때, 팔로워 수준일 뿐 좋은 결과를 기대하기 힘든 국내 신약 개발의 한계점에 기인한다. 단지 관련 파이프라인이라는 연관성만 있을 뿐, 실제로 임상 진행 상황과는 별도로 테마주의 특징을 띠며 움직이는 경우가 대부분인 것이다.

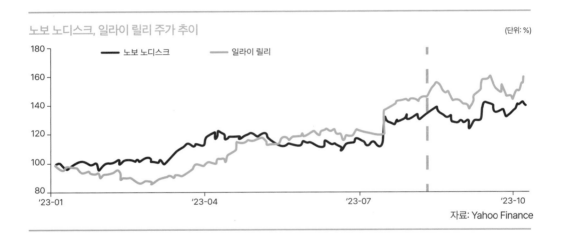

노보 노디스크, 일라이 릴리 주가 추이 (단위: %)

자료: Yahoo Finance

보수적인 판단 필요

현재까지 국내 제약·바이오 산업의 신약 개발 성공률은 1% 미만에 불과하다. 비현실적인 이야기로 급등한 주식은 결국 뒤이은 공포감에 제자리를 찾아가게 된다. 지나가는 바람인 것이다. 따라서 국내 바이오텍 기업들을 평가할 때는 해당 파이프라인의 적응증과 시장 내 경쟁 구도 및 기술 등을 종합적으로 분석하고, 기술이전 과정에서 선제적으로 받을 수 있는 계약금 비율을 고려하는 등 보다 보수적인 판단이 필요하다.

7. 2023년 REVIEW

신약 개발 기대감

23년 또한 국내 제약·바이오 산업 내 신약 개발에 대한 기대감이 전반적인 투자 심리를 견인했다. 한올바이오파마와 유한양행의 굵직한 임상 결과 기대감이 커지며, 신약 개발 임상 및 기술이전 모멘텀이 기대되는 종목들을 위주로 수급이 몰린 것이다.

한올바이오파마, 유한양행

한올바이오파마는 글로벌 파트너사 이뮤노반트Immunovant의 자가면역질환 치료제 임상1상 중간 데이터 발표 후, 주가가 연초 대비 140%가량 상승했다. 유한양행 또한 3세대 비소세포폐암 신약 렉라자에 대한 마리포사의 임상 결과 및 1차 치료제 시장 진입 기대감으로 주가가 연초 대비 60%가량 상승하였다.

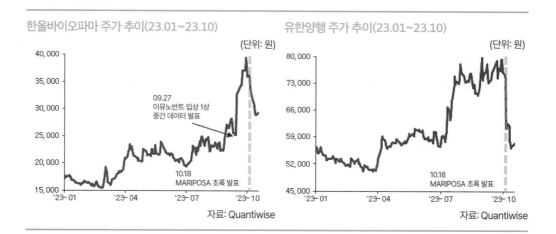

한올바이오파마 주가 추이(23.01~23.10) (단위: 원)

09.27 이뮤노반트 임상 1상 중간 데이터 발표

10.18 MARIPOSA 초록 발표

자료: Quantiwise

유한양행 주가 추이(23.01~23.10) (단위: 원)

10.18 MARIPOSA 초록 발표

자료: Quantiwise

렉라자 기대감

유한양행의 렉라자는 23년 6월 국내시장에서 1차 치료제로 승인된 후, 유럽종양학회 연례학술대회에서 렉라자와 얀센의 리브리반트(성분명: 아미반타맙)를 병용 투여한 마리포사의 글로벌 임상3상 결과 발표가 예정돼 있었다. 이를 통해 유한양행은 25

년부터 미국 폐암 1차 치료제 시장 진입 및 글로벌 상업화에 따른 매출 로열티 유입과 수익성 개선의 기대감을 받았다.

마리포사에서 주목할 점

마리포사 임상 결과에서 주목할 점은 현재 특정 돌연변이(EGFR) 비소세포폐암 1차 치료의 표준요법으로 사용되는 타그리소(성분명: 오시머티닙) 대비 경쟁력이었다. 핵심은 내약성 대비 유효성 개선 정도, 즉 병용 투여로 발생하는 리스크의 증가를 뛰어넘을 만한 충분한 이익의 유무가 특정 돌연변이 비소세포폐암의 1차 치료제 시장 진입에 필수 조건이었다.

마리포사 초록 발표

10월 18일, 유한양행의 주가는 17% 급락했다. 이는 연구 초록이 공개되며 마리포사 임상 결과가 시장의 기대감에 미치지 못했기 때문이다. 주요 지표인 무진행 생존기간 중앙값(mPFS)은 23.7개월로 타그리소 단독요법(16.6개월) 대비 양호하게 나왔다. 그러나 타그리소 + 화학 병용요법의 무진행 생존기간 중앙값이 25.5개월~29.4개월로 나왔기에, 마리포사에서 최대 30개월 정도의 압도적인 중앙값을 기대했던 시장의 기대감이 실망감으로 바뀌게 되었다.

주요 2차 지표인 객관적 반응률(ORR) 또한 병용군 86%, 대조군 85%로 유의미한 데이터가 아니었고, TRAEs(치료 관련 이상반응) 데이터는 예상했던 대로 타그리소 단독 대비 3등급 이상의 이상반응에서 32%, 심각한 이상반응에서 4%를 상회했다.

마리포사2 결과

항암화학 단독요법과 비교한 마리포사2에서도 렉라자 + 리브리반트 + 화학 병용요법이 무진행 생존기간 중앙값 4.1개월로 개선됐지만, 리브리반트 + 화학 병용요법에서 렉라자를 추가했을 때 오히려 유효성 대비 위험만 커지는 결과가 나왔다. 객관적 반응률은 렉라자 추가 전후가 각각 64%, 63%로 거의 동일한 반면, 렉라자를 추가한 그룹의 상대위험비(HR)는 0.96으로 기존 리브리반트 + 화학 병용요법의 상대위험비 0.77과 비교했을 때 19%가량 질병 진행 또는 사망의 위험이 높다는 것이다.

신약 개발 기대감 하락

항암 치료의 핵심은 결국 환자의 생존이기 때문에 향후 전체 생존율(OS) 데이터를 비교해 봐야겠지만, 유한양행의 렉라자는 이번 마리포사 결과를 통해 임상학적 이득을 충분히 확보하지 못한 것으로 판단된다. 비용이나 부작용의 부담을 감내하면서까지 병용요법이 필요한 이유를 충족시키지 못한 것이다. 이에 따라 유한양행과 렉라자의 원개발사인 오스코텍의 주가가 각각 11%씩 추가 하락하며 기존 렉라자 기대감에 대한 상승분을 전부 반납했고, 신약 개발로 기대감을 받았던 한올바이오파마 또한 주가 하락세를 면치 못했다.

8. 2024년, 신약 개발 업황 흐림

ESMO 2023 이후, 당분간 굵직한 임상 모멘텀은 쉬어 갈 것으로 전망되며, FDA의 신약 승인 기준 강화 기조, 국내 R&D 예산 삭감 및 여전히 높은 수준의 금리 상황에 따라, 24년에도 국내 제약·바이오 산업의 신약 개발 업황은 밝지 않을 것으로 예상된다.

엄격해지는 FDA, 전체 생존율 강조

지난 10월 31일, 미국 FDA는 항암제 개발사들에게 무진행 생존기간(PFS) 대신 전체 생존율(OS) 데이터의 포함을 촉구했다. 수년간 FDA는 신속한 신약 승인을 위해 무진행 생존기간을 주 평가지표로 삼고, 대리 평가변수의 역할을 수행할 수 있도록 허용해 왔다. 그러나 이제는 신규 항암제 약물들이 대두되면서 환자의 수명 연장에 도움이 되는 사실을 입증할 수 있는 보다 정확한 전체 생존율 데이터를 요구하기 시작한 것이다. 이는 무진행 생존기간 평가 기준에 대한 표준화의 어려움, 무진행 생존기간과 전체 생존율 데이터 사이의 연관성 부족 때문이다.

타임라인 지연 가능성

전체 생존율은 특정 기간 동안 생존한 환자들의 비율을 의미하기에, 유의미한 데이터를 위해서는 충분한 사망례가 필요하다. 따라서 전체 생존율은 기존 무진행 생존기간 대비 데이터 추출까지의 시계열이 길 수밖에 없다. 따라서 FDA의 데이터 요구 기조가 지속된다면, 향후 신약 승인 및 상업화를 위한 타임라인이 지연될 가능성이 점차 높아질 것으로 판단된다.

2024년, 보건복지부 R&D 예산 삭감

24년 국내 R&D 전체 예산은 25조 9,000억 원으로 책정됐다. 전년 대비 -16.6% 증감률을 보였다. 이러한 R&D 예산의 대폭 삭감은 33년 만의 일로, 신약 개발 및 제약·바이오 산업 육성을 지원하는 보건복지부의 2024년 R&D 예산 또한 삭감됐다. 구체적으로 살펴보면 제약·바이오 산업 육성지원 예산이 -24%(359억 원), 국가임상시험지원재단(KoNECT) 예산이 -57% 삭감된 것으로 나타났다.

바이오텍 우려 가중

국내 제약·바이오 업계가 국가적 지원을 지속적으로 요청하고 있는 상황에서 2024년 R&D 예산 삭감으로 인한 실질적 피해는 국내 바이오텍 기업들이 고스란히 감당해야 할 것으로 판단된다. 이는 임상이 진행될수록 막대한 비용이 들어가는 신약 개발의 특성상 국내 바이오텍 기업들이 단독으로 임상을 완료하기에는 어려움이 크기 때문이다. 이처럼 국내 바이오텍 기업들의 성장에 있어 인적 자원과 기술력 외에도 자금 확보가 필수적인 만큼 현 상황은 향후 글로벌 시장에서의 경쟁력 확보에도 어려움을 겪을 수 있다는 우려를 가중시키고 있다.

2024년, 고금리 지속

코로나19 이후 인플레이션이 본격화되며 전 세계적으로 급격한 금리 인상이 이루어졌다. 24년을 기점으로 금리가 정점을 통과하리라 예상되지만 절대적 수치는 여전히 높은 상황이며, 지난 10월에는 기대 인플레이션이 다시 상승하는 모습을 보여 금리 인하가 단기간에 이루어지기는 힘들 것이라 판단된다.

투자 심리 부정적

고금리 기조의 고착화는 국내 제약·바이오 산업 투자 심리에 부정적인 영향을 끼친다. 그리고 이러한 영향은 신약 개발을 주 사업으로 영위하는 바이오텍 기업들에게 더 민감하게 적용되는데, 이는 바이오텍 기업들의 밸류에이션 원리와 앞에서도 언급한 자금 조달의 필요성에 기인한다.

국내 제약·바이오 지수와 기준금리

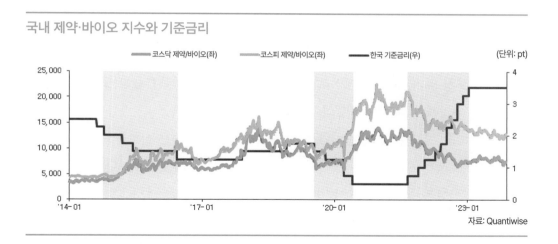

자료: Quantiwise

기업 가치 하락, 자금 조달의 어려움

주가는 이익과 멀티플의 함수다. 바이오텍 기업들은 당장의 이익이 없기에, 미래의 이익으로 가치를 산정한다. 문제는 미래 신약의 가치를 현가로 환산하는 과정은 할인율에 민감할 수밖에 없고, 할인율은 금리의 영향을 크게 받는다는 특징이 있다는 것이다.

또한 바이오텍 기업들이 신약 개발을 통해 현금을 창출하기까지는 시간과 자본의 투자가 필수적이다. 따라서 신약 후보물질에 대한 로열티나, 상업화에 따른 매출이 발생되기 전까지 바이오텍 기업들은 투자 금액을 감당하기 위한 자본 조달이 반드시 필요하다.

결국 고금리 상황에서는 현금 가치가 상승하기 때문에 신규 자금 조달의 허들 또한 높아지게 되며, 이는 바이오텍 기업들의 재정 부담을 더욱 가중시키는 요인이 된다.

9. 2024년 생존 전략

고금리, 고환율에서 살아남기

금리의 영향은 바이오텍과 바이오 의약품 및 전통 제약사를 구분해서 확인할 필요가 있다. 이는 고금리 상황에서의 자금 조달 전략, 환율 민감도 차이 때문이다.

바이오텍은 신약 개발에 대한 투자를 지속하기 위해 외부에서 자금을 조달하는 경우가 많다. 외부자금 조달 방법에는 주식연계 사채 발행, 기업공개IPO, 유상증자 등이 있다. 다만 현재와 같은 고금리 기조에서는 자금 시장이 위축될 가능성이 높기 때문에, 시장의 변동성 증가로 인한 주가 하락에 따라 주식 전환이 아닌 사채 상환 청구의 가능성 또한 유의해야 할 필요가 있다.

반면, 바이오 의약품 및 전통 제약사의 경우 상대적으로 높은 신용도로 회사채 발행이 가능해 비교적 원활한 자금 조달이 가능하고, 금리 변동 영향에 보다 자유롭다. 실제로 22년 사업보고서 기준, 삼성바이오로직스나 셀트리온은 금리 1% 변동 시 평균 0.9% 정도의 순이익만이 변동된 것으로 확인된다.

또한, 고환율 수혜주에 관심을 가질 필요가 있다. 고금리 상황이 24년에도 지속될 것으로 전망됨에 따라, 강달러 기조도 유지될 것이기 때문이다. 고환율은 국내 기업들의 가격 경쟁력을 높여 수출 증가를 야기한다. 따라서 바이오시밀러, 바이오의약품처럼 수출을 주 사업으로 영위하는 기업들의 아웃퍼폼(시장을 상회하는 성과)을 기대해봐도 좋다고 판단된다.

국내 제약·바이오 기업 신용등급		원달러 환율 추이

<table>
<tr><th>기업명</th><th>신용등급</th></tr>
<tr><td>삼성바이오로직스</td><td>AA-</td></tr>
<tr><td>녹십자</td><td>A+</td></tr>
<tr><td>대웅제약</td><td>A+</td></tr>
<tr><td>동아에스티</td><td>A+</td></tr>
<tr><td>한미약품</td><td>A</td></tr>
</table>

자료: 한국신용평가

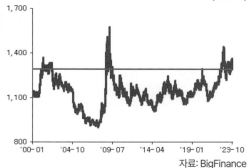

(단위: 원)

자료: BigFinance

3Q23 기준 주요기업 환율 민감도 영향

(단위: 백만 원)

기업명	USD 10% 상승시	USD 10% 하락시	세전 / 세후이익	변동률
셀트리온헬스케어	24,241	(24,241)	116,285(후)	20.85%
삼성바이오로직스	30,766	(30,766)	764,275(전)	4.03%
한미약품	3,863	(3,863)	137,057(전)	2.82%
HK이노엔	669	(669)	32,080(후)	2.08%
셀트리온	9,275	(9,275)	626,173(전)	1.48%
종근당	(515)	515	131,360(전)	(0.39)%

주1) 한미약품은 전체 외화 기준 / 주2) 셀트리온은 22년 사업보고서 기준
자료: DART

주가 조정 후, 공매도 무기한 금지

현재 국내 제약·바이오 산업은 21년부터 지속된 장기 주가 부진에 따라, 코로나19 시기의 상승분을 모두 반납한 상황이다. 연이은 임상3상 실패를 확인한 19년 수준으로 주가가 회귀한 것이다. 따라서 주가 조정이 충분히 이뤄졌다고 판단되기에, 지난 11월 14일 시행된 공매도 무기한 금지는 24년 국내 제약·바이오 산업의 하방을 보다 단단하게 받쳐줄 것으로 예상된다.

제약·바이오 산업의 높은 공매도 비중

공매도 금지는 국내 제약·바이오 산업이 공매도의 타깃이 되는 것을 방지해 향후 수급 측면에서 긍정적인 흐름을 제공할 것으로 판단된다. 높은 불확실성이라는 특성상 제약·바이오 산업은 공매도의 타깃이 되기 쉽다. 제약·바이오 기업의 가치가 주로 미래의 기대감을 반영하기에 가치 평가 과정에서 타 업종 대비 다소 추상적인 부분이 많고, 대내외적으로 다양한 변수가 존재함에 따라 주가의 변동성이 크기 때문이다. 실제로 제약·바이오 산업은 높은 공매도 비중을 기록해 왔다. 현재도 코스피200, 코스닥 150 업종에서 산업재 다음으로 가장 높은 공매도 비중을 차지하고 있으며, 올해 코스닥 공매도 과열 종목에서 24.8%, 최근 2개월간 공매도 비중이 가장 높은 상위 20개 기업 중 5개사(젬백스, 코미팜, 에스티팜, 제넥신, 셀트리온)가 모두 제약·바이오 기업이었다.

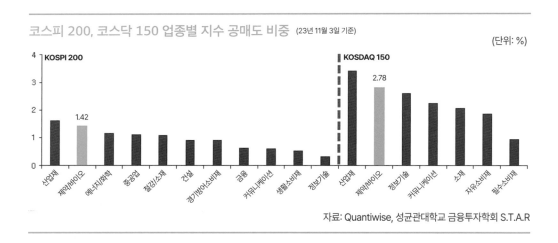

코스피 200, 코스닥 150 업종별 지수 공매도 비중 (23년 11월 3일 기준)

(단위: %)

자료: Quantiwise, 성균관대학교 금융투자학회 S.T.A.R

지난 2020년, 1년간 공매도 전면 금지 조치가 시행됨에 따라, 코스피200, 코스닥150 내 국내 제약·바이오 산업의 공매도 잔고비율이 약 0.5%까지 감소하며, 대다수의 기업들이 강한 주가 상승 흐름을 보여줬다. 또한 23년 11월 6일 공매도 금지 발표 직후에도 코스닥150 제약·바이오 지수는 6.29%의 상승폭을 기록하였다.

공매도 전면 금지는 호재

투자자 예탁금과 신용거래 융자 잔고가 공매도 전면 금지를 기점으로 높아지는 모습을 보이고 있다. 투자 심리가 회복되는 상황으로 판단된다. 공매도 전면 금지는 국내 제약·바이오 산업의 주가 관점에서 호재임이 분명하다.

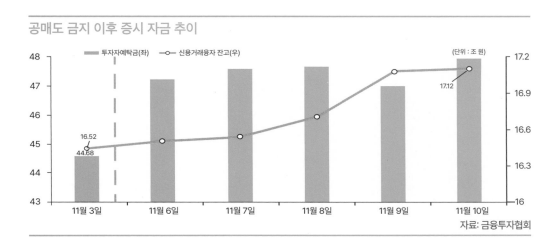

공매도 금지 이후 증시 자금 추이

(단위 : 조 원)

자료: 금융투자협회

주가 반등의 시기

24년은 국내 제약·바이오 산업의 하방 압력이 해소되며, 주가 반등의 불씨가 지펴질 시기라고 판단한다. 특히 공매도 전면 금지가 시행되는 상황에서 유의미한 모멘텀을 보유한 기업들을 위주로 주가 반등의 불씨가 지펴질 것이다.

유의미한 모멘텀 = 실적

'저금리에는 성장주에, 고금리에는 실적주에 주목해야 한다'라는 투자 공식이 국내 제약·바이오 산업에 적용될 시점이다. 실제로 바이오텍들의 주가 하락에도 불구하고 23년 3분기 좋은 성과를 기록한 기업들의 주가는 비교적 안정적인 흐름을 보여줬다.

따라서 국내 신약 개발에 대한 투자자들의 보수적 시각이 극대화된 현시점, 국내 바이오텍에 대한 비중 축소는 불가피하지만, 그럼에도 변덕스러운 시장 속에서도 탄탄한 실적 성장의 모멘텀을 보유한 기업에 주목할 것을 제안하는 바이다.

23년 코스닥 공매도 과열 종목 비중　23년 11월 3일 기준

(단위: %)

24.8

제약/바이오 기업(32개)
기타(97개)

자료: 한국거래소

TOP PICK

1. 다이이찌산쿄 (도쿄증권거래소, 4568. T)

상승 여력 29.2%로 매수 제시

목표주가 5,240엔, 상승 여력 29.2%로 매수를 주장한다. 동사의 2024년 매출액과 영업이익은 각각 1조 5,045억 엔(YoY +17.7%), 1조 2,570억 원(YoY +23.7%)으로 전망한다.

투자 포인트1. 글로벌 빅파마의 든든한 ADC 파트너

동사는 글로벌 빅파마와 맺은 ADC 파이프라인 파트너십을 통해 미래 성장동력을 확보해 나가고 있다. 5개의 핵심 Dxd-ADC 파이프라인을 보유 중으로 아스트라제네카 AstraZeneca에 TROP2 타깃 ADC Dato-Dxd(성분명: datopotamabderuxtecan)를, 머크에 HER3 타깃(HER3-Dxd, 성분명: patritumabderuxtecan), B7H3 타깃(I-Dxd, 성분명: Ifinatamabderuxtecan), CDH6 타깃(R-Dxd, 성분명: Raludotatugderuxtecan) ADC 파이프라인을 기술 수출했다. 이를 통해 EGFR 변이 비소세포폐암, 소세포폐암, 유방암, 난소암, 전이성 고형암에 대한 전주기적인 임상을 진행 중에 있다.

투자 포인트2. ADC의 대명사, 엔허투의 끝없는 전진

ADC 시장의 개화를 이끌었던 HER2 타깃 유방암 치료제 엔허투(성분명: trastuzumab deruxtecan)의 적응증 확대는 계속될 예정이다. 엔허투는 기존에 보유한 유방암(HER2+

및 저발현), 비소세포폐암(HER2+), 위암에 이어 요로상피세포암(임상3상), HER2 변이 고형암(DESTINY-PanTumor01), HER2 발현 전이성 고형암(DESTINY-PanTumor02)에서 유효한 임상 데이터를 확인함에 따라 특정 암종을 뛰어넘어 항암 시장 전반으로 치료 영역을 확장해 나가고 있다. ADC 시장 내 선두 지위를 공고히 쌓아가는 다이이찌산쿄를 선두로 전체 ADC 시장의 전망치가 어디까지 상향할 수 있을지 주목된다.

투자지표	2020	2021	2022	2023F	2024F
매출액(JPYm)	981,793	962,516	1,044,900	1,278,478	1,504,516
영업이익(JPYm)	138,800	63,795	73,000	120,580	149,060
영업이익률 (%)	14.1	6.63	6.99	9.43	9.91
순이익 (JPYm)	129,074	75,958	67,000	109,188	132,462
순이익률 (%)	13.1	7.89	6,41	8.54	8.80
EPS (JPY)	66.4	39.2	34.9	57.0	68.9
PER	37.3	82.3	76.7	84.7	58.8

Key Information	
Nikkei 225 지수	33,451.83
52주 최고/최저(엔)	5,162 / 3,566
시가총액(조 엔)	7,777

Consensus	2022	2023F
매출액(JPYm)	1,044,900	1,278,478
EBITDA(JPYm)	131,270	188,369
EBITDA(%)	12.56	14.73

Stock Price

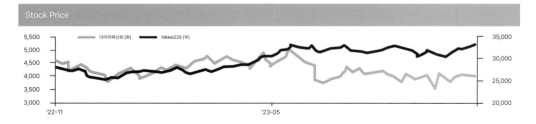

TOP PICK

2. 삼성바이오로직스(KS.207940)

목표주가 966,000원으로 매수 제시

목표주가 966,000원, 상승 여력 33.98%로 매수를 주장한다. 동사의 2024년 매출액과 영업이익은 각각 4조 2,940억 원(YoY +17.3%), 1조 2,570억 원(YoY +17.4%)으로 전망된다.

투자 포인트1. 빅파마 형들을 업고 가다

2024년 동사의 CDMO 매출액은 3조 1,406억 원(YoY +18.0%) 성장할 것으로 전망된다. 이는 빅파마향 수주, 공장 매출 인식 효과, 우호적인 환율 환경에 기인한다. 빅파마들이 점진적으로 In-house 생산을 줄이는 추세이며, 외주 생산이 확대됨에 따라 레퍼런스와 충분한 CAPA를 보유하고 있기 때문이다. 추가적으로 공격적인 설비 증설 투자와 더불어 신규 모달리티로 선택한 ADC 관련 수주가 기대되는 상황이다.

투자 포인트2. 바이오시밀러 시장의 개막

2024년 동사의 삼성바이오에피스(바이오시밀러) 매출액은 1조 1,525억 원(YoY +16.1%)으로 전망된다. 이는 시장에 진입한 제품의 본격적인 매출 구체화, 기존 제품으로 확보한 레퍼런스의 본격적인 미국 시장 침투에 기인한다. 삼성바이오에피스는 23년 7월 3일 휴미라 시밀러인 하드리라마를 Formulary 등재에 성공해 24년부터 본격적인 매출 확대가 기대되는 상황이다.

투자지표	2020	2021	2022	2023F	2024F
매출액(억 원)	11,648	15,580	30.013	36,601	42,941
영업이익(억 원)	2,928	5,373	9.836	10,706	12,570
영업이익률 (%)	25.14	34.327	32.7	29.25	29.27
순이익 (억 원)	24.10	3,936	7.981	8,135	9,869
순이익률 (%)	20.69	25.10	26.59	22.23	22.98
EPS (원)	36342	5,850	11,392	11,429	13,866
PER	226.80	152.54	72.07	68.08	52.00

Key Information	
KOSPI 지수	2511.70
52주 최고/최저(원)	904,000 / 668,000
시가총액(억 원)	513,165
발행주식수(주)	71,174,000
22년 배당수익률(%)	N/A
주요주주 지분율(%)	74.36

Stock Price

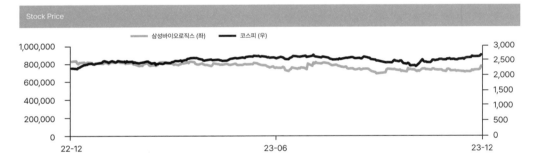

TOP PICK

3. 셀트리온(KS.068270)

목표주가 226,000원으로 매수 제시

목표주가 226,000원, 상승 여력 31.2%로 매수를 주장한다. 2024년도 매출액과 영업이익은 각각 2조 7,986억 원(YoY +15.1%), 9,448억 원(YoY +13.7%)으로 전망된다.

투자 포인트1. 본격적인 고성장의 시작

2024년 기존 제품의 견조한 매출과 함께 신규 제품들의 성장 또한 기대된다. 이는 유럽향 램시마SC(제품명: 짐펜트라) 매출의 급격한 성장, 24년 1분기 램시마SC의 미국 시장 신출, 유플라이마(휴미라 시밀러) 매출 본격화에 기인한다. 미국향 램시마SC의 경우, 신약 트랙으로 출시되어 높은 약가를 받을 수 있어 기존 바이오시밀러 제품 대비 빠른 매출 성장이 기대된다. 보수적인 가정으로도 5,000억 원 이상의 미국향 매출이 전망되는 상황이다.

투자 포인트2. 불확실성 해소

합병은 문제없이 진행될 것으로 예상한다. 셀트리온 헬스케어와의 합병 관련 주식 매수 청구권 행사 금액은 양사 합쳐 79억 원(셀트리온 63억 원, 셀트리온 헬스케어 16억 원)으로 합병에 대한 유일한 불확실성이 해소됐다. 23년 12월 28일 합병법인 출범후, 24년 1월 12일 신주 상장 예정이다. 그리고 셀트리온 제약과의 2단계 합병 또한 계

획대로 추진될 전망이다. 따라서 합병 이후 스토리에 주목할 필요가 있으며, 동사가
코스피200 제약·바이오 지수 구성 종목 중 공매도 비중이 가장 높다는 점 또한 24년
공매도가 전면 금지된 상황에서 관심을 가질 만하다.

투자지표	2020	2021	2022	2023F	2024F
매출액(억 원)	18,491	18,934	22,840	24,308	27,986
영업이익(억 원)	7,186	7,442	6,472	8,312	9,448
영업이익률 (%)	38.86	39.30	28.34	34.19	33.76
순이익 (억 원)	5,178	5,795	5,378	6,796	7,501
순이익률 (%)	28.43	31.47	23.76	27.96	26.80
EPS (원)	3,552	3,966	3,677	4,643	3,443
PER	95.56	48.09	43.65	37.11	50.03

Key Information	
KOSPI 지수	2511.70
52주 최고/최저(원)	184,100 / 131,000
시가총액(억 원)	253,130
발행주식수(주)	146,402,770
22년 배당수익률(%)	0.21
주요주주 지분율(%)	35.95

Stock Price

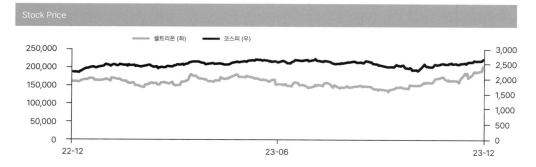

용어 정리

블록버스터 (Blockbuster)	바이오 의약 기술을 기반으로 한 의약품 중에서 특히 상업적으로 큰 성공을 거둔 대형 의약품
바이오시밀러 (Biosimilar)	기존에 출시된 바이오 의약품과 유사한 특성을 가지고 있는 의약품
빅파마 (BigPhama)	대형 국제 제약 기업들을 지칭하는 용어
바이오테크 (Biotech)	빅파마 기업 대비 시가총액, 연구자산, 자금력 등에서 다소 열위에 있는 중소형 제약/바이오 회사
파이프라인	제약/바이오 회사가 전임상 또는 임상 시험을 진행하는 신약 후보물질군
ADC	항체-약물 집합체(Antibody-Drug Conjugate) 표적 특이성을 지닌 단일클론 항체(antibody) 기전을 가지는 저분자 약물(payload)을 링커(linker)로 연결한 항체 의약품이다.
GLP-1	글루카곤 유사 펩타이드-1 수용체 작용제(Glucagone Like Petide-1 Receptor Agonist) 위장관의 장내분비 L-세포, 췌장의 알파세포와 중추신경계의 3개 조직에서 분비되고 조절되는 인크레틴 호르몬으로 당뇨병 치료제로 개발된 이후 최근 비만 치료제로 주목받고 있는 제제다.
항체	체내 면역계에서 세균, 바이러스 등 항원에 특이적으로 결합해 약물을 타깃 세포로 유도하고, 이후 리소좀 등에 존재하느 분해 효소로 인해 결합이 끊어지며 독성물질이 세포 사멸 기능을 수행한다.
표적항암제 (Targeted Anticancer Therapy)	암세포 내에서 특정한 분자나 기전을 표적으로 선택하여 작용하는 항암 치료법
면역관문억제제 (Immune checkpoint inhibitor, ICI)	암세포가 발현하는 T세포 비활성화 인자 또는 T세포의 비활성화 인자 수용체에 결합하여 T세포의 비활성화를 막아 T세포의 항암능력을 재활성화시킨다. T세포나 암세포에서 발견되는 관문 단백질들인 PD-1, PD-L1,CTLA-4/B7-1/B7-2 등이 주요 타깃이다.
적응증 (Indication)	치료에 있어서 의료 전문가들이 참고하는 지표로 환자가 치료 효과를 볼 수 있는 상태나 증세

OS (Overall Survival)	전체 생존기간 항암 치료 시작 후부터 사망에 이르는 기간, 환자별 편차가 크기 때문에 통상 평균이 아닌 중간값(median)을 사용한다. 치료 중 사망하지 않은 환자는 확인된 가장 긴 기간으로 산정해 계산한다.
PFS (Progression Free Survival)	무진행 생존기간 항암 치료 시작 후 암의 성장이 멈춘 시점부터 종양이 다시 자라기 시작하거나 사망한 시점까지 생존한 기간. 여기서 진행(progrssion)은 종양의 크기가 일정 수준(보통 20-30%) 이상 증가하는 것을 의미한다.
ORR (Overall Response Rate)	객관적 반응률 사전에 정의된 최소한의 기간 동안 사전에 정해놓은 양 이상의 종양 감소를 보인 환자의 비율
WAS (Wholesale Acquisition Cost)	제약사가 공시하는 가격(listing price)
DP (Drug Product)	완전의약품 모든 생산 단계가 마무리되어 최종적으로 사람에게 투여할 수 있는 형태로 만들어진 의약품
ASP (Average Seling Price)	리베이트와 할인, 실제 가격이 반영된 의약품 가격
PBM (Phamacy Benefit Manager)	처방전 처방 및 의약품 혜택과 관련된 서비스를 제공하는 조직이나 기업 PBM은 의료보험 계획 또는 자금 지원체계와 협력하여 의약품 혜택을 효과적으로 관리하고 비용을 최적화하는 역할을 수행한다.

23년부터 시행된 새로운 회계제도 IFRS17은 보험사들의 전략에 큰 변화를 가져오게 되었다.기존 회계제도인 IFRS4와 대비되는 IFRS17의 핵심 변화는 1)보험부채에 대한 시가평가와 2)발생주의에 따른 손익인식이다.

업종분석
PART 07 보험

보험업에 부는 새로운 바람

IFRS17로 전환된 보험 계약

1. 보험부채 원가 평가(IFRS4) → 보험부채 시가 평가(IFRS17)

IFRS4: 보험부채의 원가 평가

IFRS4에서는 '보험부채의 원가 평가'에 따라 보험부채를 평가할 때, 평가 시점에서의 금리가 아닌 보험 계약 당시의 예정이자율을 적용한다. 이러한 평가 방법은 금리 변동에 따른 부채와 자본의 실질적인 가치를 반영하지 못한다는 한계가 있어 왔다.

보험부채의 원가 평가에 따른 부채·자본의 실질적 가치 왜곡

예를 들어 금리 상승 시기의 경우, 보험부채는 자산보다 긴 듀레이션(duration, 투자 자금의 평균 회수 기간)으로 할인의 폭이 크며 이에 따라 자산보다 크게 감소한다. 이때 보험부채를 원가로 평가한다면 자산은 감소하고 보험부채는 현재의 금리 상승을 반영하지 않아 자본을 감소시키게 된다. 결국 원가 평가는 부채와 자본의 실질적인 가치를 반영하지 못하고 왜곡된 정보를 전달하게 된다.

IFRS17: 보험부채의 시가 평가

IFRS17에서는 보험부채의 시가 평가를 통해 1)부채와 자본의 실질적인 가치, 2)보유 계약 수익성을 보다 정확하게 인식할 수 있다. IFRS17에서의 보험부채 평가는 계약 당시의 예정이자율을 적용하는 것이 아닌, 평가 시점에서의 이자율과 위험률을 적용한다. 이를 통해 평가 시점의 금리 변동에 따른 부채와 자산의 변동을 명확하게 반영할 수 있다. 또한 보유 보험계약의 미실현 이익의 현재가치인 CSM(보험계약마진)을 별도로 표기하여 보유 보험계약의 평가 시점에서의 수익성을 명확하게 파악할 수 있다.

IFRS4와 IFRS17에서의 금리 상승에 따른 자산, 부채, 자본의 변동

자산 감소, 부채 유지, 자본 감소   자산 감소, 부채 (자산보다 큰) 감소, 자본 증가

자료: 성균관대학교 금융투자학회 S.T.A.R

IFRS17에 따른 CSM을 포함한 보험부채의 구성   IFRS4·IFRS17의 수익과 비용 인식

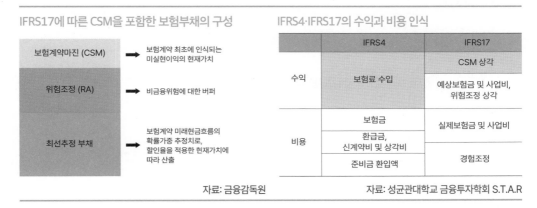

	IFRS4	IFRS17
수익	보험료 수입	CSM 상각
		예상보험금 및 사업비, 위험조정 상각
비용	보험금	실제보험금 및 사업비
	환급금, 신계약비 및 상각비	경험조정
	준비금 환입액	

자료: 금융감독원   자료: 성균관대학교 금융투자학회 S.T.A.R

2. 현금주의 손익인식(IFRS4) → 발생주의 손익인식(IFRS17)

IFRS4: 현금주의 손익인식

IFRS4의 '현금주의 손익인식'에서는 적시성이 떨어지는 손익 정보를 제공하였다. 이는 수익과 비용의 시차 문제에 기인한다. IFRS4에서는 당기에 고객이 납부한 보험료를 수익으로, 회사가 고객에게 지급한 보험금을 비용으로 인식한다. 이에 따라 보험사는 보험 서비스 제공 여부와 관계없이 신계약에 대한 보험료 취득을 수익으로 미리 인식하며, 과거 체결 계약에 대한 보험금 지급은 현재의 비용으로 인식하여 수익과 비용의 시차가 발생한다.

IFRS17: 발생주의 손익인식

　IFRS17은 발생주의 손익인식을 통해 수익과 비용의 시차 문제를 해결한다. 당기에 지급된 보험료가 아닌, 부채로 기초에 평가된 CSM을 상각하여 수익으로 인식하기 때문이다. CSM은 1)보험 계약 최초 인식 시점에 미래 이익으로 산정되어 2)부채로 계상된 뒤 3)향후 보험 서비스 제공량에 비례하여 수익으로 상각된다. 이를 통해 IFRS17은 IFRS4에서의 손익 인식 시차 문제를 해결한다.

IFRS17 CSM 수익상각 회계 인식 사례 모델

사례 X 가정
• 보장기간이 3년인 보험계약을 발행
• 최초 인식 즉시 보험료 500 수령
• 할인율은 5%
• 매년 말 현금유출액은 150
• 최초 인식 시점 위험조정은 30

사례 미래현금유입 및 유출

구분	T=0	T=1	T=2	T=3	합계
미래현금유입 보험료	(500)				(500)
미래현금유출 보험금 등		150	150	150	450

사례 미래현금유입 및 유출의 현재가치

구분	T=0	T=1	T=2	T=3	합계
미래현금유입 보험료	(500)				(500)
미래현금유출 보험금 등		143	136	130	408

미래현금유입의 현가 추정	(500)
미래현금유출의 현가 추정	408
미래현금흐름의 현가 추정	(92)
비금융위험에 대한 위험조정 (RA)	30
이행현금흐름	(62)
보험계약서비스마진 (CSM)	62

자료: 성균관대학교 금융투자학회 S.T.A.R

CSM Movement 사례 모델

사례 X CSM Movement 가정
• 신계약 확보에 따른 CSM은 2개 분기 각각 5와 7을 인식한다.
• 부리와 가정 변경에 따른 CSM Movement는 사례모델의 편의상 가정하지 않는다.
• 수익 인식을 위한 CSM 상각은 2개 분기 각각 3과 4을 인식한다.

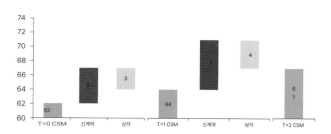

자료: 성균관대학교 금융투자학회 S.T.A.R

3. 결국 수익성 확보의 핵심은 CSM

IFRS17에서 보험사의 수익성은 CSM이 결정

IFRS17로의 전환에 따라 보험사 수익성의 핵심은 CSM의 확대를 통해 미래에 인식할 이익을 확보하는 것이 됐다. 결국, 국제회계기준 변경에 따라 보험사들은 기초 CSM 대비 기말 CSM을 확장하고 안정적인 수준으로 CSM을 관리할 수밖에 없는 상황에 놓이게 된 것이다.

장기보장성 보험 신계약 확대

낮은 신계약비 이연한도로 초기 수익성을 왜곡한 IFRS4

과거 IFRS4에서의 현금주의 손익인식은 보험계약이 지니는 초기 수익성을 왜곡하였다. 이는 신계약비(보험사가 신계약을 확보하기까지 투입하는 경비)의 낮은 이연한도에 기인한다. IFRS4에서는 신계약비의 이연한도를 최대 7년으로 제한하였다. 장기보장성 보험의 경우 계약기간이 길게는 80년 이상이라는 것을 고려할 때 현금주의 하에서의 신계약비는 보험의 보장 기간 초기에 대부분 인식된다. 이에 따라 보험사의 신계약은 높은 비용 인식으로 초기에 수익성이 낮거나 손실로 인식되는 현상이 발생하였다.

IFRS4와 IFRS17에서의 신계약비 인식

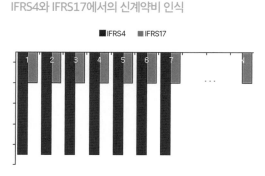

자료: 성균관대학교 금융투자학회 S.T.A.R

IFRS4 하에서의 보험계약 손익 인식

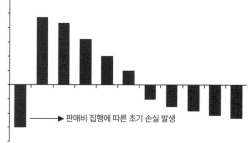

자료: 보험연구원

IFRS17 초기 수익 증가, 초기 비용 감소

IFRS17에서는 신계약의 초기 수익성 개선에 따라 보험사의 장기보장성 보험의 신계약 확보 유인이 확대될 것으로 예상한다. 이는 1) CSM의 수익 상각구조에 따른 초기 수익 인식 확대와 2) 보험 계약 전 기간에 걸친 신계약비 상각에 따른 초기 비용 인식 축소에 기인한다.

1. CSM 상각을 통한 수익 인식으로 초기 이익 인식 확대

CSM 상각에 따른 수익은 보장 기간 초기에 많고 점차 감소되는 형태를 띠고 있어 신계약의 초기 수익성 확보에 유리하다. 이는 CSM을 인식하는 구조에 기인한다. CSM은 보험의 서비스 제공량에 비례하여 수익으로 상각된다. 보험사 전체 보유 계약에 대해 계약의 유지자 수와 비례하게 인식되는 것과 같다. 추가적인 신계약이 없다고 가정할 때, 보험계약의 유지 고객은 계리적 가정에 따라 신규 유입 고객이 없으므로 자연스럽게 감소한다. 이에 따라 CSM은 보험의 보장 기간 초기에 상각액이 많고 기간에 따라 감소하는 형태를 가지게 된다. 보험사는 이와 같은 CSM 상각구조에 따라 신계약을 지속적으로 판매할 때 CSM의 잔고와 이익 인식의 확대를 기대할 수 있다.

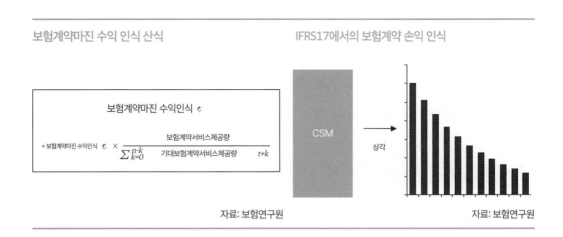

보험계약마진 수익 인식 산식

IFRS17에서의 보험계약 손익 인식

보험계약마진 수익인식 t

$=$ 보험계약마진 수익인식 t $\times \dfrac{\text{보험계약서비스제공량}}{\sum_{k=0}^{n-k} \text{기대보험계약서비스제공량} \quad t+k}$

CSM

상각

자료: 보험연구원

자료: 보험연구원

신계약비 상각 기간 확대로 초기 비용 감소

또한 IFRS17은 신계약비의 보험계약 기간 전체에 걸친 상각으로 초기 수익성 악화 문제를 해결한다. IFRS17에서의 신계약비는 CSM이 수익으로 상각됨에 따라 비용으로 인식하기 때문이다. 이에 따라 신계약비는 CSM과 함께 보험의 보장 기간 전체에 걸쳐 비용으로 인식된다. 이를 통해 보험사들은 수익성이 높지만 초기 신계약비의 현금 지출이 많았던 장기보장성 보험에 대해 계약 초기에도 정상적인 이익으로 인식할 수 있게 되었다.

장기보장성 보험에서 두드러지는 수익성 개선

신계약비 상각기간 확대에 따른 초기 수익성 개선 효과는 보험사의 장기보장성 보험에서 두드러진다. 이는 장기보장성 보험의 높은 신계약비 지급수수료율(보험사가 GA, 설계사 등에 지급하는 보험계약에 대한 수수료)에 기인한다. IFRS4에서의 장기보장성 보험은 높은 수익성에도 불구하고 초기에 집중된 높은 신계약비의 비용 인식으로 인해 계약 초기에 손실로 인식되었다. 그러나 IFRS17 도입에 따른 신계약비 상각기간의 확대로 신계약비가 보험 전체 계약기간에 걸쳐 골고루 인식되며 초기부터 높은 이익을 인식할 수 있게 되었다.

초기 수익성 악화 문제 개선으로 장기보장성 보험 확대

보험사는 IFRS17 도입에 따른 신계약의 초기 수익성 악화 문제 개선으로 1) CSM을 통한 초기 수익성 확보와 2) 신계약비 부담 완화로 높은 수익을 보험 판매 초기부터 기록할 수 있기 때문에 장기보장성 보험 위주의 계약 확대에 주력할 것으로 예상한다.

IFRS4 장기보장성 보험의 확대는 한계 존재

장기보장성 보험은 보험사의 대표 고수익성 상품이다. 따라서 가장 중요한 보험상품임에도 불구하고 IFRS4에서는 높은 지급수수료율에 따른 초기 손실 인식 때문에 무조건적인 확대는 불가했다. 따라서 보험사는 1) 신계약비가 적고, 2) 절대적인 월납입 보험료가 커 회계상의 손실 인식을 메꿀 수 있는 저축성보험 등과의 적절한 포트폴리오 구성을 통해 장기보장성 보험을 확대할 수 있었다.

높은 CSM 환산배수와 초기 수익성

IFRS17로 보험사는 1) 높은 CSM 환산배수(신계약CSM/월납환산초회보험료) 가정에 따라 CSM 확보가 유리하며, 2) 초기 수익성 악화 문제가 해결된 장기보장성 보험의 확대 전략을 펼칠 것으로 예상한다. 장기보장성 보험은 과거 경험 통계를 바탕으로 산정된 CSM 환산배수(신계약CSM/월납초회보험료)가 타 보험 상품 대비 높은 수치를 보이며 계약 단위당 CSM의 확보가 유리하다. 또한 과거 장기보장성 보험의 공격적 확보의 걸림돌이었던 신계약비의 초기 인식 문제까지 발생주의 회계를 통해 해결되며, 보험사의 장기보장성 보험의 신계약 확대 유인은 증가할 것으로 예상한다.

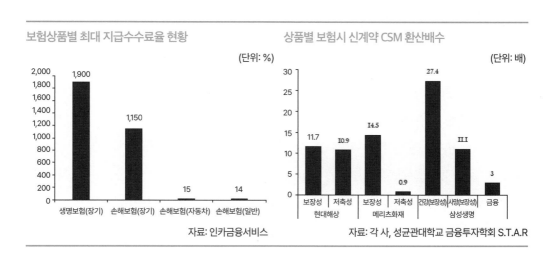

보험상품별 최대 지급수수료율 현황

(단위: %)

자료: 인카금융서비스

상품별 보험시 신계약 CSM 환산배수

(단위: 배)

자료: 각 사, 성균관대학교 금융투자학회 S.T.A.R

CSM 확대의 의미

계리적 가정의 안정화에 따른 IFRS17 내 금리 영향의 중요성

IFRS17의 전환에 있어 할인율이 미래 현금흐름에 어떠한 영향을 끼치는지 아는 것은 매우 중요하다. 국내 보험사들의 22년 기준 총 자산규모는 약 1,310조 원으로 이미 대형화를 이루어냈기 때문에, 이에 따라 다양한 계리적 가정들은 대수의 법칙에 따라 변동성이 적고 안정화된 상태이다. 따라서 보험사의 손익을 결정하는 데 있어 통제가 불가능한 영역은 금리, 즉 할인율이다.

할인율 적용 구조에 따라 장기보장성 보험 확대

보험사의 장기보장성 보험 확대 유인은 미래 현금흐름에 적용되는 할인율의 이점에 따라 확대될 것으로 전망된다. 장기보장성 보험의 미래 현금 유입·유출의 구조에 따라 미래 현금 유출의 할인율은 미래 현금 유입의 할인율을 상회하며 이를 통해 장기보장성 보험은 CSM 확보에 이점을 가진다.

1. 장기보장성 보험에서 확대되는 CSM

CSM은 미래 현금흐름에 적용되는 할인율의 구조에 따라 장기보장성 보험에서 크게 확대되는 특성을 가진다. 이는 미래 현금 유입과 미래 현금 유출에 적용되는 금리에 차이가 존재하기 때문이다.

금리 관측구간: 유통금리 적용

보험 계약에 따라 발생하는 미래 현금흐름에 적용되는 할인율은 크게 1) 금리 관측구간, 2) 금리 수렴구간의 할인율로 구분된다. 금리 관측구간에서의 할인율은 시장에서 유통되는 금리를 적용한다. 보험계약 시점으로부터 약 20년까지의 할인율은 금리 관측구간의 할인율을 적용한다.

금리 수렴구간: LTFR 적용

수렴구간의 금리는 관측구간에서의 금리보다 높은 LTFR(장기선도금리)를 적용한다. LTFR은 금융감독원에서 안내하는 금리로, 시장에서 관찰되지 않는 금리 관측구간 이후에 수렴할 것으로 예상되는 금리이다. LTFR은 실질이자율의 장기평균과 기대인플레이션율의 합으로 산출된다. 또한 LTFR은 금리 관측기간 이후에 적용되는 금리이기 때문에 일반적으로 금리 관측구간에서 적용되는 금리보다 높게 형성된다.

장기보장성 보험, 보험료 할인↓ 보험금 할인↑

장기보장성 보험에 적용되는 할인율은 보험료보다 보험금에 더 크게 적용되어 CSM 확대에 유리하다. 국내 대부분 장기보장성 보험들의 현금흐름 특징은 단기납, 10년납 ~20년납 등이 많이 차지하고 있으며 보장기간은 이보다 길다는 것이다. 이에 따라 1) 보험사가 고객으로부터 지급받는 미래 현금유입(보험료)에는 상대적으로 낮은 금리 관측구간의 금리가 할인율로 적용되며, 2) 보험사가 고객에게 지급하는 미래 현금 유출(보험금)에 적용되는 금리는 상대적으로 높은 금리 수렴구간의 금리가 할인율로 적용된다. 이는 보험 보장기간 외 모든 가정들이 일정할 때, 보장기간이 긴 보험일수록 CSM이 확대되는 결과를 낳는다.

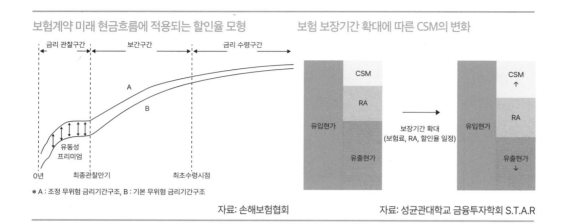

보험계약 미래 현금흐름에 적용되는 할인율 모형   보험 보장기간 확대에 따른 CSM의 변화

※ A : 조정 무위험 금리기간구조, B : 기본 무위험 금리기간구조

자료: 손해보험협회   자료: 성균관대학교 금융투자학회 S.T.A.R

2. 노력 없이 얻을 수 없는 IFRS17의 달콤함

장기보장성 보험 중심의 신계약 확보 경쟁 확대

보험사는 IFRS17의 도입에 따라 IFRS4 대비 공격적인 장기보장성 보험 신계약 확보 경쟁을 펼칠 것으로 예상한다. 이는 계약 초기에 크게 상각되는 CSM의 수익 구조에 따라 감소하는 CSM을 안정적으로 확보해야 하는 유인이 확대된 것에 기인한다.

IFRS17 전환에 따른 보험사의 수익성 확대

IFRS17로의 전환은 1) 신계약의 초기 수익성 악화 문제를 해결하고 2) 수익성 높은 장기보장성 보험의 수익성을 CSM을 통해 정확하게 인식할 수 있다는 점에서 보험사에게 수익성을 확대할 기회로 작용할 수 있다. 실제로 국내 생명·손해보험사의 1H23 순이익은 9조1,440억 원으로 YoY 63.2% 증가하였다.

보험사의 수익성 확대에 장기보장성 중심의 신계약 확대 필수

그러나 IFRS17에 따른 보험사의 수익성 증가 효과는 공격적인 장기보장성 보험 중심의 신계약 확대가 전제되어야 한다. 상술하였듯이 CSM을 통한 이익 상각구조는 신계약의 초기 수익성 왜곡을 해결한다는 장점을 지닌다. 그러나 반대로 CSM의 수익 상각이 초기에 빠르게 발생하여 CSM의 잔고 역시 빠르게 감소한다. 따라서 보험사들은 미래의 수익성을 의미하는 CSM 잔고의 안정적인 확보를 위해 빠르게 CSM을 확대할 수 있는 장기보장성 보험을 중심으로 신계약을 확대해야 하는 유인이 발생한다.

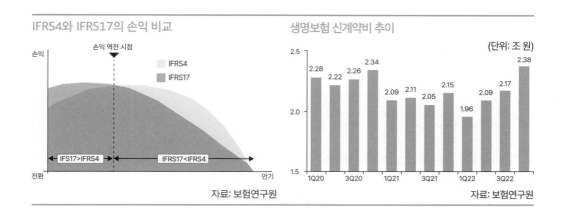

IFRS4와 IFRS17의 손익 비교

자료: 보험연구원

생명보험 신계약비 추이

(단위: 조 원)

자료: 보험연구원

3. 2024년 생명보험사 전망

생보사 24년 실적 감소 예상

생명보험사의 24년 실적은 23년 대비 감소할 것으로 예상되는데, 이는 1) 단기납종 신의 절판 마케팅으로 인한 역기저효과, 2) 변액보험 계약의 감소세에 기인한다.

단기납종신 보험 제재에 따른 우려

기존 단기납종신은 납기가 종료되면 100% 이상의 환급금을 보장해주는 보장성 보험으로서 보험사가 CSM을 크게 확보할 수 있는 상품이었다. 그러나 23년 9월, 금융당국은 불완전 판매에 대한 우려로 단기납종신 보험의 환급률을 100% 이하로 제한하여 상품매력도를 낮췄는데, 해당 규제가 시행되기 전 대대적인 절판 마케팅으로 단기납종신 판매가 가파르게 상승하였다. 규제가 시행된 9월 생보사의 GA 판매액은 MoM -41% 감소하였는데, 10월부터 상위 보험사를 중심으로 신계약 회복이 점진적으로 나타나고 있지만, 23년 대비 실적 둔화는 불가피할 것으로 전망된다.

변액보험 감소세 우려

향후 변액보험의 감소세는 유지될 것으로 전망된다. 변액보험은 주식이나 채권 등 보험사의 투자 수익을 고객에게 환급해주는 보험상품으로서, 증권 시황에 따라 환급 금이 변동된다. 따라서 변동성이 클수록 수요가 낮아진다는 특징을 가지고 있는데, 지속되는 고금리 상황과 주식 시장의 큰 변동성으로 인해 향후 계약 금액이 지속 감소할 것으로 전망된다.

4. 2024년 생명보험사 전망

손보사 24년 실적 소폭 증가 예상

손해보험사의 24년 실적은 23년 대비 소폭 증가할 것으로 예상되는데, 이는 1) 견조한 장기손해보험의 성장세, 2) 자동차보험의 성장 둔화에 기인한다.

IFRS17에 따른 신계약 확대 유지 전망

장기손해보험은 IFRS17 도입 이후 장기성 보험에 대한 보험사의 비용 부담 감소로 손보사의 적극적인 신계약 확대정책이 유지될 전망이다. 이에 더해 기존 상해·질병보험을 중심으로 한 지속적인 장기 보험 수요에 힘입어 향후에도 장기손해보험은 완만한 성장세를 보일 것으로 판단되어 YoY +4.3%의 성장률을 보일 것으로 전망된다.

자동차보험 실적은 평범할 듯

24년 자동차보험은 23년 수준의 실적을 기록할 것으로 전망된다. 자동차보험은 정부의 과잉진료 방지 정책으로 인해 보험금 지급액이 안정화되어 보험손해율이 개선되었지만, 최근 자동차 등록 대수 감소와 온라인 채널 비중 증가의 영향으로 성장세가 둔화될 것으로 전망된다. 또한, 연간 자동차 주행 거리가 특정 기준에 비해 낮으면 수취보험료를 돌려주는 마일리지 특약의 확대로 자동차보험의 전체적인 수익성이 감소하였다는 점도 손보사의 자동차보험 실적을 악화시키는 요인으로 작용하고 있다.

신계약 경쟁의 수혜자, GA

GA는 IFRS17에 대응하기 위한 보험사들의 신계약 경쟁의 수혜자가 될 것으로 예상한다. 이는 보험사들의 장기보장성 보험 확보 경쟁에 따른 신계약비(P)와 신계약물량(Q)의 증가에 기인한다.

GA의 수익 구조

GA는 General Agency(보험대리점)의 약자로, 고용된 설계사가 보험계약을 확보하고, 회사가 이에 따른 판매 수수료를 보험사로부터 수취해 그것의 일부를 설계사에게 지급하는 손익 구조를 가지고 있다. 따라서 GA는 판매수수료율이 높은 계약을, 많이 따내는 것이 중요하다.

보험사의 CSM 확대 유인에 따른 GA 매출과 수익성 증가

GA의 매출과 수익성은 보험사의 CSM 확대 유인에 따라 증가할 것으로 전망한다. 보험사가 GA와 설계사에게 지급하는 신계약비는 22년 이후 상승 추세로 전환하였다. 이는 IFRS17 전환에 대비하기 위해 보험사가 선제적으로 '장기보장성 보험 중심의 신계약 확대 전략'을 취한 것에 기인한다. 특히 장기보장성 보험의 경우 타 보험상품 대비 GA에 지급되는 판매수수료율이 높다는 점에서 GA의 수익성에 긍정적이다. 신계약비의 상승 추세는 보험사의 향후 수익성 확대 및 안정적인 CSM 확대 유인에 따라 지속될 것으로 전망한다.

제판분리와 대형화, 거스를 수 없는 흐름

현재 GA 시장의 화두는 제판분리와 대형화다. 제판분리란 보험의 제조와 판매를 분리한다는 뜻으로, 생명보험 및 손해보험사는 보험상품의 개발에만 집중하고, 영업과 판매는 GA를 통해서 이루어지기 때문에 운영의 효율성이 강화된다는 판단이다.

아직 낮은 한국의 GA 채널 판매 비중

실제로 전문적인 자문서비스에 대한 수요 증가 등의 요인으로 제판분리 바람이 먼저 분 미국, 일본 등 해외에서는 GA를 통한 보험 판매 비중이 국내보다 높다. 미국 생명보험의 전속 GA 판매 비중은 약 40%~50%이고, 일본은 전체 보험 중 GA를 통한 판매 비중이 90%를 넘는다. 특히 우리나라는 일본의 보험시장을 따라가는 경향을 보이는데, 일본은 현재 GA 중에서도 여러 보험사의 상품을 모두 취급하는 승합대리점의 점유율이 꾸준히 상승해 현재 66% 이상으로 전속대리점을 크게 앞서고 있다.

대형화도 계속될 것

또 다른 흐름은 대형화다. 시장점유율 확대, 규모의 경제 실현 등을 위해 GA 간 M&A가 활발히 이루어지고 있으며 대형 GA들은 경쟁적으로 설계사 인원을 늘리기 위해 노력하고 있다. GA의 경쟁력 중 가장 중요한 요인인 설계사 인원 확보를 위해, 향후 대형 GA 중심으로 시장이 개편되는 흐름은 계속 이어질 것으로 전망한다.

TOP PICK

1. 삼성생명(KS.032830)

1박자: 23년에 보수적이었기에 가능한 24년의 상승

1) 보험부채를 가장 보수적으로 평가했다는 점과 2) CSM 비중을 적게 평가했다는 점에서 장기적으로 가장 높은 이익을 보여줄 것으로 예상된다. 보험사들은 보험부채를 기존 원가 평가 방식보다 크게 인식하면 할수록 해약환급금이 줄어든다. 동사는 모든 생명보험사와 손해보험사 중에서 해약환급금 준비금이 압도적으로 적다는 점에서 보험부채를 가장 보수적으로 평가했다는 것을 파악할 수 있다. 또한, 보험부채에서 CSM 비중을 적게 평가하면 할수록 추후에 CSM보다 더 높은 이익을 인식하게 될 확률이 높다는 점에서 CSM 비중을 가장 낮게 추정한 동사가 24년 이후 인식할 이익이 더 높아질 것이라 판단된다.

2박자: 소용돌이 속에서 준비된 자만이 배당

1) 해약환급금 준비금이 가장 적다는 점과 2) 자본비율이 높다는 점에서 변동성이 큰 시장에서 약속한 배당금을 온전히 지불할 확률이 가장 높다고 평가된다. 해약환급금 준비금이 많으면 배당 가능 이익이 줄어들 가능성이 생기며, 자본비율이 낮으면 금리가 떨어지는 시기에 자본금이 줄어들어 배당금을 지급하는 데 걸림돌이 될 수 있다. 당국의 자본비율 규제비율은 100%지만, 동사의 자본비율은 규제비율의 2배 이상을 유지하고 있다는 점에서 약속한 고배당을 실현시킬 확률이 높다고 판단된다.

3박자: 23년, Peer 대비 낮은 주가 성장세

23년 M&A 이슈가 있던 미래에셋생명 및 공동재보험 이슈로 상승한 코리안리 등 변동성이 적은 보험업계에서 큰 성장을 거둔 보험업체가 다수 존재한다. 반면, 동사는 타사 대비 YTD 주가가 크지 않다는 점에서 추후 주가 상승 시 크게 성장할 여력이 있다고 판단된다.

투자지표	2020	2021	2022	2023F	2024F
매출액(억 원)	177,401	176,357	188,756	N/A	N/A
영업이익(억 원)	17,900	17,010	13,866	23,058	26,381
영업이익률 (%)	10.09%	9.65%	7.35%	N/A	N/A
순이익 (억 원)	13,705	15,977	17,208	19,358	21,306
순이익률 (%)	7.73%	9.06%	9.12%	N/A	N/A
EPS (원)	6,329	7,347	7,917	9,526	10,337
PER	12.5	8,72	8.97	7.26	6.69

Key Information	
KOSPI 지수	2409.66
52주 최고/최저(원)	74,700/61,200
시가총액(억 원)	139,400
발행주식수(주)	200,000,000
22년 배당수익률(%)	4.32
주요주주 지분율(%)	45.30

Stock Price

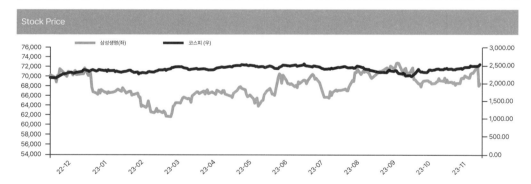

276

TOP PICK

2. 현대해상(KS.001450)

경쟁사보다 어려웠던 23년

23년 손해보험 섹터 내에서 동사 주가의 상대적인 부진은 1) 경쟁사에 비해 많은 보험부채, 2) 어린이보험 등의 높은 손해율, 3) 마스크 착용 의무 해제로 인한 호흡기 환자 증가 등의 영향을 받았음에 기인한다. 다만 이러한 영향은 경험 위험률 조정과 보험료 인상으로 올해 말 반영될 예정이고, 24년부터는 손익이 개선될 것으로 전망한다. 24년에는 동사의 밸류에이션 저평가 매력과 손해보험의 경기 방어적 성격이 부각되며 턴어라운드 관점에서 동사에 주목할 것을 제안한다.

계리적가정 가이드라인 무사히 반영 완료

23년은 IFRS17 도입 원년이었다. 올해 손해보험 업계에 필연적으로 발생한 혼란이 불확실성을 키웠지만, 금감원이 계리적가정 가이드라인을 적용하며 제도가 연착륙에 성공한 것으로 보인다. 동사는 3분기에 가이드라인을 수정소급법으로 적용하면서 CSM 0.5조 원, 자본 1.3조 원이 감소했다. 예상 범위였던 CSM과 달리 자본의 감소는 예상보다 컸다. 그러나 이는 해약환급준비금의 1.4조 원 감소에 따른 것으로 동사에게 중요한 배당 가능 재원인 이익잉여금은 영향이 제한적이었다. 또한, 3분기 실적 발표 이후 계리적가정 및 자본 불확실성으로 받았던 디스카운트를 해소한 것으로 판단한다. 다만, 여전히 동사의 경쟁사 대비 낮은 CSM 배수, 높은 손해율 등의 리스크는 지속적으로 관리가 필요해 보인다.

중장기 주주환원 정책 발표 예상

23년은 이익 증가와 동시에 재무적으로 불확실성도 높은 한 해였다. 배당 측면에서도 가시성이 낮아 장기 자본정책이 반영되기 어려웠다. 24년부터는 재무적 불확실성이 해소되면서 동사를 비롯한 대형사의 중장기 주주환원 정책 발표가 기대된다.

투자지표	2020	2021	2022	2023F	2024F
매출액(억 원)	177,100	188,422	203,843	N/A	N/A
영업이익(억 원)	0,867	6,393	8,079	13,873	15,028
영업이익률 (%)	1.62	3.39	3.96	N/A	N/A
순이익 (억 원)	3,319	4,326	5,746	10,467	11,197
순이익률 (%)	1.87	2.30	2.82	N/A	N/A
EPS (원)	3,712	4,839	6,427	11,708	12,525
PER	6.13	4.74	4.58	2.63	2.46

Key Information	
KOSPI 지수	2,510.42
52주 최고/최저(원)	38,700/27,250
시가총액(억 원)	27,222
발행주식수(주)	89,400,000
22년 배당수익률(%)	6.45
주요주주 지분율(%)	22.85

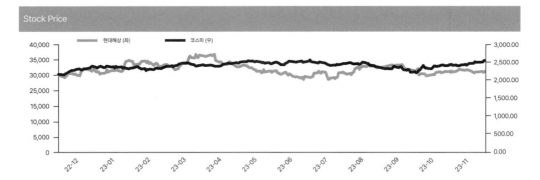

Stock Price

TOP PICK

3. 인카금융서비스(KQ.211050)

목표주가 18,520원으로 매수 의견 제시

목표주가 18,520원으로 매수를 주장한다. 동사의 23, 24년 매출액은 각각 5,590억 원(YoY +39.3%), 7,646억 원(YoY +36.8%), 영업이익은 각각 438억 원(YoY +59.9%), 630억 원(YoY +43.8%)으로 전망한다.

투자포인트. IFRS17 수혜의 숨은 주인공

IFRS17의 도입으로 보험회계는 발생주의와 시가평가라는 두 가지의 큰 변화를 맞이했다. 이로 인해 보험사에게는 보험서비스마진(CSM)의 확대를 위해 장기보장성 보험 중심의 신계약 수를 극대화하려는 유인이 발생했다. 동사는 이러한 산업의 흐름 속 숨겨진 혜택을 받는 법인보험대리점(GA)이다.

따라서 동사를 Top-Pick으로 선정하고, IFRS17의 혜택을 가장 크게 받을 것으로 전망한다. 이는 1) 제판분리와 대형화 흐름 속 업계 최상위권의 설계사 수를 확보했고, 2) GA 자율협약 시행 이후 가장 유리한 기업 형태이기 때문이다.

동사는 독립형, 사업가형의 GA로 다양한 보험 상품을 소비자가 비교 분석 후 가입할 수 있도록 서비스를 제공하고 있다. 또한 제판분리와 대형화의 세계적 흐름 속에서 설계사 수 국내 2위라는 초대형 GA가 갖는 보험사에 대한 협상력과 설계사 락인(Lock-In) 효과를 바탕으로 경쟁력을 갖추게 되었고, 이는 다양한 GA 평가지표를 통해 확인할 수 있다.

　23년 9월 20일 시행된 GA 자율협약은 동사 매출 성장의 촉진제가 될 것으로 전망한다. 시행 이후 과도한 금전적 유인을 통한 설계사 스카우트가 제한되면서, 기획보한 설계사의 규모가 중요해졌다. 또한 IFRS17 도입 이후 흥행한 보험사의 단기납 종신보험 판매가 사실상 종료되면서, 늘어난 설계사 수를 높은 수수료율이 가능한 보험 판매에 활용할 수 있게 되어 또 한 번의 성장을 기대한다.

투자지표	2020	2021	2022	2023F	2024F
매출액(억 원)	3,010	3,146	4,014	5,590	7,646
영업이익(억 원)	147	211	274	438	630
영업이익률 (%)	4.9%	6.7%	6.8%	7.8%	8.2%
순이익 (억 원)	113	164	208	283	420
순이익률 (%)	3.8%	5.2%	5.2%	5.1%	5.5%
EPS (원)	1,256	1,824	2,052	2,751	4,091
PER	3.74	5.12	3.28	4.94	3.32

Key Information	
KOSDAQ 지수	811.02
52주 최고/최저(원)	17,000/6,300
시가총액(억 원)	1,396
발행주식수(주)	10,275,960
22년 배당수익률(%)	2.21
주요주주 지분율(%)	40.31

Stock Price

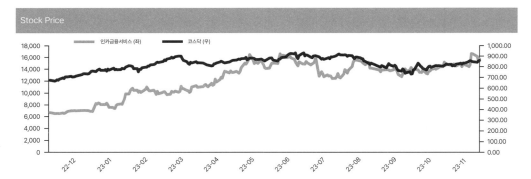

용어 정리

보험료	보험계약에서 계약의 한쪽 당사자인 보험자가 위험부담이라는 급부를 제공하는 데 대응해서, 다른 쪽의 당사자인 보험계약자는 보험자에게 그에 대한 보수를 지급한다. 이 보수를 보험료라고 한다.	보험금과 비교
보험금	생명보험에서는 보험사고가 생겼을 때 보험자로부터 보험금 수익자에게 지급되는 돈을 말한다. 손해보험에서는 보험사고가 발생하여 손해가 생겼을 경우에, 그 보상금으로서 보험회사로부터 피보험자에게 지급되는 돈을 말한다.	
IFRS17	보험 회사에 적용되는 새로운 국제회계기준으로 IFRS4를 대체하며 2023년부터 실시한다.	
시가평가	자산의 가치를 측정할 때, 취득원가가 아닌 시장 가치로 측정하여 평가하는 방법. 시장 가격 변동시에는 시가평가로 재측정하여 수익과 비용을 인식함	IFRS17의 부채 평가법
원가법	자산의 가치를 측정할 때, 취득원가로 측정하여 평가하는 방법. 시장 가격이 변동하더라도 원가법을 적용하여 계상한 자산의 가치는 변동하지 않음	IFRS4의 부채 평가법
K-ICS	한국의 신 지급여력제도. IFRS4에서 원가법으로 평가하던 계약부채를 IFRS17 기준의 시가평가로 전환 시에 적용하는 공정가치법을 제시함	
현금주의	발생주의와 상반되는 회계처리 방식으로, 현금의 이동을 기준으로 매출을 인식하고 거래를 기록하는 방식	
발생주의	현금주의와 상반되는 회계처리 방식으로, 현금의 이동과 관계없이 거래의 실질에 맞게 수익과 비용을 대응시키는 방식	
초회보험료	새로운 보험 계약을 체결한 이후, 익월에 납부하는 첫 번째 보험료	
CSM	Contual Service Margin. 보험 계약에서 예상되는 이익을 나타내는 마진으로, 계약의 수명 동안 인식이 되며 보험계약마진이라고도 불린다.	IFRS17의 핵심
환산배수	IFPS17 도입 이전의 보험료를 CSM 방식으로 전환할 때 금액이 몇 배가 늘어나는지를 표시한 배수	
신계약비	보험사가 새로운 보험계약을 확보하기까지 투입하는 경비를 말한다.	
LTFR	장기선도금리. 60년 이상의 금리를 추정한 값으로 해당 금리가 올라가면 부채 부담이 감소하고 내려가면 부채 부담이 증가한다.	
GA	General Agency. 독립 보험 대리점을 의미하며, 여러 보험사의 상품을 판매하는 보험 판매 대리점	

2024년은 대한민국 우주항공 산업이 본격적으로 성장 궤도에 진입하는 시기로 판단된다. 이는 우주항공청법이 국회를 통과하면서 '한국판 NASA'의 설립으로 정부와 민간이 우주항공 시장을 공동으로 주도하게 된 점에 기인한다. 지난해 5월 누리호 3차 발사에 성공해 세계에서 7번째로 위성과 발사체 기술을 동시 보유하게 된 대한민국이 우주항공청법 제정과 우주항공 기술 내재화를 통해 현 국제 정세에서 어떻게 입지를 다져나갈 수 있을지 기대된다.

업종분석

PART 08 우주

한국판 NASA

Old space에서 New space로 성장하는 우주산업

1. 전 세계적인 우주산업 활황

과거의 우주산업은 국가와 군이 주도하는 산업으로 미국, 구소련과 같은 초강대국들이 국력을 과시하는 수단으로 성장하였다. 주로 국가 연구기관과 대기업에 의해 진행되었으며, 각국은 막대한 양의 공공자본을 투자해 우주 비행 계획을 실현시키고자 노력했다. 패권 경쟁으로까지 이어진 구소련과 미국의 우주 개발 경쟁은 '아폴로 11호 계획'을 성공시킨 미국의 승리로 돌아갔고, 이후 양국의 우주 경쟁도 일단락됐다. 이후 각국 정부와 군 모두 우주 경쟁의 필요성에 의문을 제기하며 투자 또한 위축됐다.

old space/new space 비교

	old space	new space
목표	국가적 목표 (군사, 안보, 경제, 과학지식, 국가위상제고)	상업적 목표 (시장 개척)
개발 기간	장기	단기
개발 주제	국가연구기관, 대기업	중소기업, 스타트업, 벤처
개발 비용	고비용	저비용
주요 자금 출시	정부 (공공 자본)	민간 (상업 자본)
관리방식	정부 주도	자율 경쟁
특징	보수적, 위험 회피, 신뢰성	혁신성, 위험 감행, 고위험
대표 사례	아폴로 프로젝트, 우주왕복선	SpaceX, Rocket Lab, One Web

출처: 과학기술정책연구원

우주산업 독려 움직임

글로벌 우주산업의 규모는 2020년 3,710억 달러에서 2040년 1.1조 달러로 연평균 3.1% 성장할 전망이다. 각국 정부는 대기업 위주의 방위산업체뿐만 아니라 스타트업들의 적극적인 참여를 독려하고 있다. 지속적인 혁신이 필요한 우주산업에서 정부와 대기업만으로는 경쟁력이 부족하기 때문이다. 실제로 정부의 지원 방향과 산업의 상업적 가치가 확인된 지금, 많은 기업들이 우주산업에 뛰어들고 있다.

전 세계적인 우주산업

미국을 예로 들어보자. 더 많은 사업자에게 참여 기회를 제공하며 우주산업 전반을 성장시키려는 미국 정부의 노력은 달 탐사 계획인 '아르테미스 프로젝트'를 통해 확인할 수 있다. 아르테미스 프로젝트에는 대표적인 방산 대기업인 록히드 마틴, 보잉 등과 함께 로켓랩, 블루 오리진, ULA 등 다양한 기업이 미 항공 우주국(NASA)의 지원을 받아 참여 중이다.

뿐만 아니라, 많은 국가들이 국방 차원의 우주산업에 투자를 늘리고 있다. 국가 안보에서 차지하는 우주산업의 중요성이 날로 증가하고 있기 때문이다. 이는 러시아·우크라이나 전쟁을 통해 확인할 수 있는데, 단순 살상 무기만이 아니라 스타링크의 통신망, 막사 테크놀로지의 이미지 데이터 등 다양한 민간 위성들이 제공하는 네트워크 시스템이 전장(戰場)에 크게 영향을 미치고 있는 것이다. 이처럼 우주산업의 결과물들이 직접적으로 국가 안보에 영향을 끼치는 것을 확인함에 따라 많은 국가들이 필연적으로 정부 차원의 우주산업 투자를 늘리고 있는 중이다.

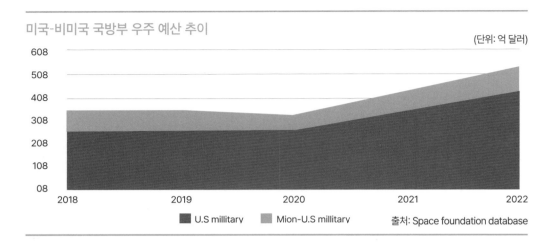

미국-비미국 국방부 우주 예산 추이

(단위: 억 달러)

U.S millitary　　Mion-U.S millitary

출처: Space foundation database

중국, 우주산업으로 미국과 경쟁

중국의 우주산업 성장도 주목할 필요가 있다. 22년 중국은 군과 정부, 정부의 통제 하에 있는 국영기업들까지 참여해 전 세계에서 두 번째로 많은 페이로드(로켓에서 인공위성을 감싸고 있는 머리 부분)를 우주로 보낸 국가가 되었다. 중국의 우주산업 성장에는 군의 역할이 크기 때문에, 주변국의 우주산업 육성 의지에도 큰 영향을 미치는 중이다. 구소련과 미국이 우주 패권 전쟁을 벌였듯이 현재는 미국과 중국의 경쟁이 벌어지고 있는 것이다. 따라서 각국은 지속적인 패권 유지를 위해 우주산업에 보다 많은 노력과 투자를 진행할 것으로 전망된다.

2. 우주산업이 성장할 수밖에 없는 이유

현재 우주산업 성장의 키는 크게 두 가지를 꼽을 수 있다. 첫 번째는 발사 비용 및 위성 단가의 하락, 두 번째는 활용 영역의 확대이다.

발사 비용 및 위성 단가의 하락

과거 우주산업 성장의 가장 큰 장애물은 기술력과 비용이었다. 로켓 발사에는 개발 비용, 탑재체 제작 비용, 발사대 제작 비용, 발사 비용 등 막대한 비용과 시간이 소모되었다.

　이런 상황에서, 2016년 일론 머스크가 주도한 스페이스X의 로켓 재사용 성공은 우주 사업에 새로운 문을 열어젖혔다. 기존에 일회성으로 사용되던 로켓의 재사용이 가능해지며 1kg당 기존 1.3만 달러에서 2,700달러 수준으로 발사 비용을 현격히 감소시킨 결과, 사업의 경제성 확보가 가능해지며 성장 속도가 급증하기 시작한 것이다. 또한 위성 제작 비용도 5억 달러에서 50만 달러까지 하락해 사업의 성장성에 불을 붙였다.

　게다가 기술 발전에 따라 위성, 발사체, 지상장비, 위성 서비스 등 우주사업의 모든 영역에서 큰 폭의 비용 감소가 진행되고 있다. 구체적으로 위성체 제작비용은 1/1,000, 위성 서비스는 무선데이터 처리비용이 1/100 이하까지 감소할 것으로 예상된다. 또한 22년 1kg당 1,500달러였던 발사 비용이 40년에는 100달러까지 감소할 것으로 추정된다.

　현재 가장 저렴한 로켓 발사체는 스페이스X의 Falcon9인데, 다목적 초대형 우주발사체 '스타십'의 개발이 완료돼 우주선을 포함한 로켓 전체의 재사용이 가능해질 경우, 1kg당 발사 비용은 200달러 선까지 감소할 전망이다. 수송 능력도 향후 150톤까지 증가해 높은 수송 능력과 저비용의 강점을 가진 민간기업들이 발사체 시장의 성장을 주도할 것이라 전망한다.

우주산업 분야별 변화 및 향후 전망

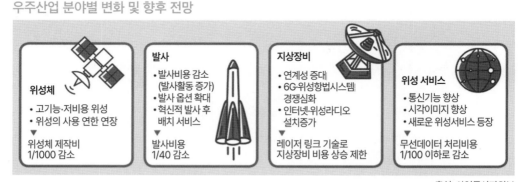

출처: 산업통상자원부

우주 발사체 발사 비용 추이

(단위: 미국 달러)

기간	1981년 NASA	1970년~2010년(평균)	2022년	2040년(추정)
발사 비용	51,800/kg	16,000/kg	1,500/kg	100/kg

출처: Citi group

우수 발사체의 지구 저궤도 수송 능력

(단위: 톤)

NASA SATRUN-V	NASA SLS Block1	SPACE X 팔콘 헤비	일본 H-2A	ESA Ariane 5	중국 창정-7호	중국 창정-9호	SPACE X Starship
140(50년 전)	95	95	16.5	20	13.5	140(개발 중)	150 (개발 중)

출처: KDB미래전략연구소

활용 영역의 확대

우주산업은 활용 영역의 확대에 맞춰 성장하고 있다. 현재 가장 대표적인 수요처는 저궤도 통신 서비스 시장이다.

위성 통신에 사용되는 위성의 종류는 크게 저궤도(LEO), 중궤도(MEO), 정지궤도(GEO)로 나뉜다. 높은 고도에 위치할수록 적은 수의 위성으로도 넓은 영역을 커버할 수 있다. 그러나 고도가 높아질수록 데이터 처리량과 전송 속도가 감소한다는 단점이 있다. 반면 저궤도 위성은 데이터 처리 속도가 빠르지만 넓은 영역을 커버할 수 없기에 많은 위성을 배치할 수밖에 없고, 자연히 높은 발사 비용을 감당해야 하는 단점이 존재했다. 그 결과, 얼마 전까지는 적절한 수의 위성으로 통신 서비스를 제공할 수 있는 중궤도(MEO), 정지궤도(GEO) 위주로 통신사업이 진행되었다.

궤도별 위성 비교

	저궤도(LEO)	중궤도(MEO)	정지궤도(GEO)	고궤도(GEO)
고도	200~2,000km	200~25,000km	35,800km	근지점 1,000km 원지점 40,000km
공전주기	90~120분	6~14시간	24기간	24시간 이상
위성 수	2,612	139	562	59
주요 목적	지구관측, 통신	GPS, 방송, 통신	방송, 통신, 기상	통신

출처: UCS

물론 정지궤도 위성 역시 지연율이 높아 통신 속도와 데이터 처리량에 문제가 많을 수밖에 없는데, 이에 따라 높은 내구성과 신뢰도를 지닌 광케이블 통신으로 통신망 사업의 흐름이 바뀌게 되었다. 그러나 광케이블 통신도 케이블, 기지국 등 인프라 설치 비용이 높고, 인구밀도가 낮은 지역, 개발도상국에는 제공이 어렵다는 문제가 있었다. 자연재해와 수중생물 등으로 인한 파손 위험성도 상존했다.

이런 상황에서 스페이스X의 로켓 재사용이 성공하며 발사 비용 하락으로 다량의 위성 발사가 가능해지며, 저궤도 위성산업이 다시 주목받게 된 것이다. 많은 위성을 발사해야 하는 단점을 제외하고는, 저궤도 위성을 통한 통신이 데이터 처리 속도도 빠르고 지연율도 현저히 낮기 때문이다.

글로벌 위성통신 시장은 20년 1,730억 달러에서 40년 5,820억 달러까지 연평균 6.25% 성장할 것으로 전망된다. 특히 저궤도 위성통신 시장은 25년 60억 달러에서 40년 2,840억 달러로 성장하며 연평균 약 30%로 성장할 전망이다. 전체 위성통신 시장 비중의 4%에 불과했던 저궤도 위성통신이 약 48%까지 성장할 예상에 전 세계 많은 우주기업들이 사활을 걸고 있는 것이다.

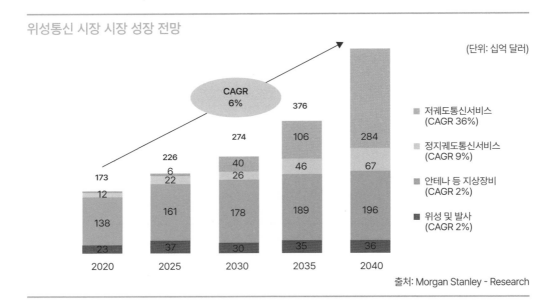

(단위: 십억 달러)

CAGR 6%

저궤도통신서비스 (CAGR 36%)
정지궤도통신서비스 (CAGR 9%)
안테나 등 지상장비 (CAGR 2%)
위성 및 발사 (CAGR 2%)

출처: Morgan Stanley - Research

저궤도 위성통신 시장에 주목

저궤도 위성통신 시장이 커지는 이유는 간단하다. 수요가 탄탄하기 때문이다. 2021년 기준 전 세계 인터넷 보급률은 65.9% 수준에 불과하다. 광케이블 인프라 구축의 막대한 비용 탓에 여전히 26억 명의 인구가 인터넷을 사용하지 못하고 있는 것이다. 이러한 소외지역에서 저궤도 위성 통신을 활용할 경우 유지 보수 비용과 유선망 인프라 구축 비용이 절감되기 때문에, 저궤도 위성통신 서비스 수요는 높아질 수밖에 없다.

저궤도 위성통신 서비스는 통신 인프라가 잘 갖춰진 선진국에서도 수요가 유효하다. 이는 기존의 통신망을 대체하는 형태가 아니라 이동통신이 자유롭지 않은 해상, 상공 지역을 보완하는 형태로 사용될 수 있기 때문이다. 가장 대표적인 수요처는 화물선, 크루즈선 등 해상에서의 위성통신 서비스이다. 실제로 선원들이 해상에서도 인터넷을 사용할 수 있게 해상 안테나를 설치해야 하는 조항이 해사노동협약에 추가되었다. 해상 위성통신 수요의 증가가 기대되는 것이다.

우리에게 익숙한 항공기에서도 저궤도 위성통신을 통한 기내 인터넷 서비스가 출시되고 있다. 대한항공, 아시아나항공, 에어프레미아 등의 항공기업들은 이미 기내 와이파이 서비스를 제공 중에 있으며, 앞으로 저궤도 위성통신 상용화에 따라 더 많은 탑승객들이 더 빠른 속도로 기내 와이파이 서비스를 이용할 수 있을 것으로 기대된다.

UAM(도심항공교통), 자율주행, AR(증강현실), VR(가상현실), IoT(사물인터넷) 등의 발전 역시 저궤도 위성 수요를 증가시킬 것으로 전망된다. 완벽한 기술 구현과 안정성을 높이기 위해서는 지상 관제 시스템과 사용자 간에 대규모 데이터의 초고속 전송이 지속적으로 필요하기 때문이다. 특히 자율주행에서 전송 속도의 지연 시간이 클 경우, 센서 감지 이후 제동거리가 길어져 사고로 이어질 수 있으므로 저궤도 위성통신의 사용은 필수적이다.

수요별 위성 통신 시장

물류	건강관리
실시간 트래픽 추적을 통한 효율적인 경로 매핑 연료 사용 및 관리 비용 절감 운송 추적 함대 관리 프로세스 및 원격 유지 관리 프로세스 지원	온라인 비상 대응 24시간 의료 상담 원격 환자 모니터링 (RPM) 원격 수술
스마트 공공 인프라 및 서비스	군사 응용 프로그램
공공기업에서의 인터넷 연결 트래픽 관리 시스템 제공 공공 안전 서비스 제공 날씨 정보 제공	경계 부근 및 전투 필드 부근 연구 위성인터넷을 이용하여 탱크, 배, 드론, 병사들과 군사 기지와의 연결지원 위험평가, 상황인식 및 빠른 응답 시간에 도움

출처: EY 파르테논

해외 우주산업 현황

가장 대표적인 저궤도 위성통신 사업자에는 스페이스X, One Web 등이 있다. 스페이스X는 광대역 위성통신부터 로켓 제작, 발사 서비스까지 현재로선 유일하게 성과를 내고 있는 우주산업의 선도기업이다. 27년까지 1만 2,000기의 위성을 쏘아올려 커버리지 가능 범위의 확대와 품질 고도화를 목표로 하고 있다.

스페이스X의 가장 큰 강점은 재사용 로켓 기술에 있다. 앞서 언급한 바와 같이 15년 재사용 부스터가 사용된 이후, 16년 로켓의 회수와 재사용이 가능해짐에 따라 스페이스X는 전 세계 어떤 기업보다 가장 값싸게 우주로 페이로드를 발사하는 기업이 되었다.

　현재 스페이스X의 광대역 위성통신 가입자는 23년 9월 기준 200만 명을 넘어섰다. 이는 2021년 6월 10만 명에 비해 20배 증가한 수치로, 스페이스X 수익화의 한 축을 담당하는 광대역 위성통신 사업의 빠른 성장을 보여준다. 스페이스X의 위성 인터넷 사업인 스타링크는 현재 최대 100Mbps, 평균 4G+ 수준의 인터넷 속도를 유지하고 있다. 그러나 사용자가 많아질수록 속도가 느려지는 문제점에 따라 속도의 유지 및 향상을 위해 더 많은 위성의 발사가 필요한 상황이다.

스타링크 가입자 수 추이

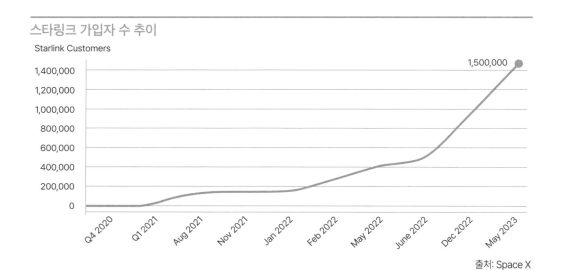

Starlink Customers

출처: Space X

스타링크 서비스별 네트워크 품질 및 가격

	가정용	프리미엄	차량용	선박용	항공용
다운로드(Mbps)	20~100	40~350	5~50	~350	~350
업로드(Mbps)	5~15	8~25	2~10	10~30	10~30
지연율(ms)	25~50	20~40	25~50	~99	~99
월 구독료	120달러	500달러	150달러	5,000달러	항공기별 상이
하드웨어 가격	599달러	2,500달러	2,500달러	5,000달러	150,000달러
데이터 한도(TB)	1	2	1	5	5
일시정지 기능	x	x	o	o	o

출처: Starlink

한국의 우주산업 현주소

한국의 우주산업은 Old space(정부 주도) 단계에서 New space(민간 주도) 단계로 나아가는 중간 과정에 있다. 한국은 22년 나로호 2차 발사에 성공하며 1톤 이상 실용급 위성 발사가 가능한 전 세계 일곱 번째 국가에 이름을 올렸으며, 우주 분야 특허 건수에서도 840건으로 전세계 7위를 기록하고 있다. 다만 위의 통계는 유럽을 하나의 국가로 통합해 순위를 매겼기 때문으로 실제로는 미국과 중국, 러시아 등 전통적인 우주 강국에 비해 산업의 규모와 기술력에서 뒤처지고 있다. 물론 2022년 한국의 명목GDP가 전세계 13위라는 점을 감안하면, 글로벌 경제 수준과 비슷한 우주 경쟁력 순위를 보이고 있다고 할 수도 있다.

정부는 작년 우주진흥개발계획을 발표하며 2045년 '우주경제 글로벌 강국 실현'이라는 비전을 세우고, 그 목표로 우주탐사 영역 확장, 우주개발 투자 확대, 민간 우주산업 창출을 제시해 우주에 대한 투자를 가속화하겠다는 의지를 보였다. 민간 역량 강화를 위해 연간 우주개발 투자 규모를 22년 0.7조 원에서 27년 1.5조 원, 30년대에는 2.1조 원까지 확대할 계획인 것이다. 또한 현재 '우주항공청 특별법'과 '달 탐사 2단계 사업' 예비타당성 통과 등 우주산업에 모멘텀이 될 만한 이벤트들과 정책적인 지원이 이뤄지고 있다.

지난 23년 9월 북한의 김정은 국무위원장과 푸틴 러시아 대통령이 러시아 극동 아무르 주의 보스토치니 우주기지에서 정상회담을 갖고 우주 분야 협력을 공식화했다. 그리고 11월 정찰 위성 발사 성공을 주장하며 우주 개발에 속력을 높이는 상황이라 한국도 우주개발에 더 속력을 낼 것으로 전망한다.

우주항공청 특별법

현재 국내 우주산업에서 가장 큰 이슈는 우주항공청 특별법이다. 해당 법안의 주요 내용은 과학기술정보통신부의 외청으로 한국판 NASA를 표방한 차관급 우주항공청을 설립하는 것이다. 우주항공 관련 기술 개발, 산업 육성 및 지원, 인재 양성을 핵심 업무로 외국인, 복수국적자 임용 허용과 연봉 상한 철폐 등 우주산업 성장을 위한 특례를 두고 있다.

달 탐사 2단계(달 착륙선 개발) 사업 예비타당성 통과

23년 10월 독자적 달 탐사 및 착륙 역량을 확보하기 위해 1.8톤급 달 착륙선을 독자 개발 후 32년까지 차세대 발사체로 달 탐사 임무를 수행하는 연구개발 사업이 예비타당성 평가를 통과했다. 24년 사업에 착수하여 28년 착륙선 설계를 끝내고, 31년 달 검측선 발사, 32년 달 착륙선 발사의 타임라인 계획을 가지고 있다. 향후 각종 로드맵과 구체화된 내용이 발표될 것이라 관련 이벤트가 24년에도 지속적으로 발생할 것으로 전망한다.

향후 한국 발사체 및 인공위성 발사 예정 계획

정부는 4차 우주진흥개발 계획을 통해 중장기 위성 개발 측면에서 저궤도 지구 관측 역량 고도화, 저궤도 위성통신 시스템 개발, 정지궤도 위성 기반 강화 등을 계획하고 있다. 이에 따라 24년에는 다목적 실용위성 아리랑 7A호, 차세대 중형위성 2호, 초소형 군집위성 1호 등 다수의 위성이 개발되어 발사될 예정이다. 아래 도표는 4차 우주진흥개발에 포함된 위성 개발 계획안이다.

저궤도 지구관측위성 개발 계획(안)

구분		4차 계획 (~'27년)	5차 계획 (~'28년)	비고
다목적 실용위성	7호	발사·운용 ('23년~)		해외발사체
	7A호	발사·운용 ('24년~)		해외발사체
	7B호	사업착수 ('25년~)	발사·운용 (미정)	
	8~9호	사업착수 (8호 '25년~)	발사·운용 (8호, 미정) 사업착수(9호 '31년~)	9호 시험시설 등 인프라 사전 구축 검토
차세대 중형위성	2호	발사·운용 ('24년~)		해외 발사체
	3호	발사·운용 ('25년~)		누리호(4차발사)
	4호	발사·운용 ('25년~)		해외발사체
	5호	발사·운용 ('27년~)		해외발사체(예정)
초소형 군집위성	1호	발사·운용 ('24년~)		해외발사체
	2~6호	발사·운용 ('23년~)		누리호(5차발사)
	7~11호	발사·운용 ('27년~)		누리호(6차발사)
	12~31호	-	발사·운용 (미정)	미정

출처: 관계부처 합동, 하이투자증권 리서치 본부

저궤도 위성통신 개발 계획(안)

구분		4차 계획 (~'27년)	5차 계획 (~'28년)
저궤도 통신위성	1차 (1기)	타당성 검토('23) 사업착수('24년~) 발사·운용 ('26년~)	-
	2차 (3기)		발사·운용 ('27년~)

출처: 관계부처 합동, 하이투자증권 리서치 본부

정지궤도 위성 개발

구분		4차 계획 (~'27년)	5차 계획 (~'28년)	비고
천리안 위성	3호 (재해/구조/통신)	발사·운용 ('27년~)	-	해외발사체
	5호 (기상)	타당성 검토	발사·운용 (미정)	
	6호 (해양/환경)			
중계위성				

출처: 관계부처 합동, 하이투자증권 리서치 본부

TOP PICK

1. 한화에어로스페이스(KS.012450)

23년에 보수적이었기에 가능한 24년의 상승

한화에어로스페이스는 지상, 항공, 우주를 아우르는 종합 방산기업으로 1) 방산, 2) 항공엔진, 3) 시큐리티, 4) 항공우주, 5) 시큐리티 등 다양한 분야의 사업을 진행하고 있으며 1977년 설립되어 1987년에 상장하였다. 2022년 기준 매출 비중은 방산 부문이 50%, 항공엔진 19%, 시큐리티 14%, IT 서비스 7%를 각각 차지하고 있다. 항공우주 부문에서 누리호 발사체의 핵심인 75톤, 7톤급 액체 연료 로켓 엔진을 납품하고 있으며 자회사를 통해 위성사업도 수행하고 있다.

투자 포인트1. 꾸준히 상승, 안정적 성장

동사의 매출액과 영업이익은 꾸준히 상승하고 있으며 영업이익률은 2018년 1.2%에서 2022년 5.85%, 2023년 7.6%로 상승할 것으로 예상돼 매출과 영업이익 모두 안정적인 성장을 전망한다.

최근 러·우 전쟁과 이·팔 전쟁으로 지정학적 갈등이 커지며 동사는 방산업체로 주목을 받고 있다. 2024년 방산 부문에서 폴란드향 K9/천무 납품이 본격화됨에 따라 증익(이익 증대) 사이클로 돌아서고 있으며, K9/레드백 등 수주의 혜택을 받을 전망이다.

투자 포인트2. 한국의 우주산업을 이끌 기업으로 성장 중

동사는 22년에 한국항공우주연구원으로부터 누리호 발사체 기술 이전 대상자로 선정되어 New space 시대 한국의 우주산업을 이끌 민간기업으로 성장하고 있다. 구체적으로 살펴보면, 누리호 체계종합기업으로 선정돼 2,857억 원 규모의 공급계약을 체결하며 23년 3차 발사부터 27년 6차 발사까지 누리호를 제작하고 총괄관리를 수행하게 되었다. 또한 대형 위성 발사를 위한 약 2조 원의 차세대 발사체 사업에도 참여할 예정이다.

투자 포인트3. 우주산업 밸류체인 확대

동사는 2021년 위성 부품과 지상체, 관측 위성 시스템을 생산하는 쎄트렉아이를 인수하였으며 유럽의 저궤도 위성통신 업체인 원웹의 지분 9%를 보유하는 등 우주 밸류체인 전반의 지분 투자도 적극적으로 진행하고 있다. 또한 동사의 자회사인 한화 시스템 또한 저궤도 위성, UAM, 위성 안테나 사업을 하고 있어, 우주산업 전반의 수직계열화를 통한 시너지가 강화될 것으로 전망한다.

투자지표	2021	2022	2023F	2024F	2025F
매출액(억 원)	55.414	65.396	87,008	99,768	109,890
영업이익(억 원)	2,771	3,772	6,582	8,442	9,852
영업이익률 (%)	5.0	5.8	7.6	8.5	9.0
순이익 (억 원)	3,018	1,520	9,176	5,280	6,532
순이익률 (%)	4.6	3.1	10.3	4.9	5.5
EPS (원)	4,989	3,967	17,752	9,628	11,886
PER	9.62	18.56	7.27	13.40	10.85

Key Information	
KOSPI 지수	2,561.2
52주 최고/최저(원)	142,500/66,800
시가총액(억 원)	63,034
발행주식수(주)	50,630,000
22년 배당수익률(%)	1.36
주요주주 지분율(%)	33.98

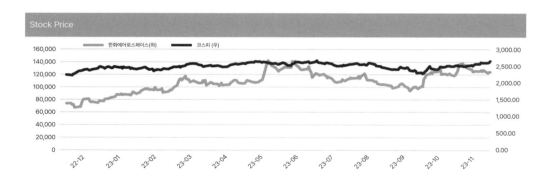

Stock Price

160,000
140,000
120,000
100,000
80,000
60,000
40,000
20,000
0

3,000.00
2,500.00
2,000.00
1,500.00
1,000.00
500.00
0.00

한화에어로스페이스(좌) ── 코스피 (우)

22-12 23-01 23-02 23-03 23-04 23-05 23-06 23-07 23-08 23-09 23-10 23-11

TOP PICK

2. 인텔리안테크(KQ.189300)

인텔리안테크는 위성통신 안테나 제조기업으로 2004년 설립되어 2016년 코스닥에 상장하였다. 1) 위성통신용 VSAT 안테나, 2) FBB 안테나, 3) 위성방송 수신안테나, 4) 지상용 송수신안테나, 5) 저궤도 위성통신용 안테나, 6) 저궤도 게이트웨이 등의 다양한 제품을 생산, 판매하고 있다. 22년 기준 매출 비중은 위성통신 안테나 부문이 72.5%, 해상용 위성방송 수신안테나 부문이 5.3%를 각각 차지하고 있다.

투자 포인트1. 위성통신 안테나 글로벌 1위

동사는 현재 VSAT(Very Small Aperture Terminal, 초소형 위성통신 기지국) 위성통신 안테나 글로벌 1위(시장 점유율 약 58.9%) 사업자로 관련 원천기술을 보유하고 있다. 우수한 기술력으로 전세계 60여 개국 600개 이상의 고객사에 자체 브랜드로 제품을 수출하고 있으며 22년 기준 수출 비중이 93.9%에 달했다.

앞서 언급한 바와 같이 저궤도 위성통신 시장의 빠른 성장이 예상됨에 따라 동사는 원웹의 위성통신망을 이용한 저궤도 위성통신 안테나 개발을 완료하여 21년 말부터 양산 공급을 시작했다. 원웹이 현재 634개인 저궤도 위성을 늘려 24년 3월까지 전 세계 95% 지역에 통신을 제공하겠다는 목표를 가지고 있으므로 동사의 성장 역시 지속될 것으로 전망한다. 또한 23년 8월 306억 규모의 지상 게이트웨이 안테나 초도 양산 물량 공급계약을 Company A와 체결하였다. 해당 고객사가 아마존의 카이퍼 프로젝트일 경우, 24년부터 망 구축을 시작해 29년까지 3,236개의 위성을 저궤도에 배치하는 것을 계획하고 있기 때문에 초도 물량 이후 본격적인 양산이 진행되면 꾸준한 수주가 발생할 것으로 예상된다.

투자 포인트2. 항공 및 국방 사업으로 확대 중

동사는 증가하는 수요에 대응하기 위해 중소형 위성통신 안테나를 생산하는 신규 2 사업장을 23년 1월 준공하여 본격적인 가동 중에 있다. 이에 생산능력이 약 5배 증가하였다. 또한 지속적인 연구개발을 통해 제품의 적용 영역을 현재의 정지궤도, 저궤도, 중궤도 위성을 이용한 해상용에서 육상용, 항공용 및 국방 관련 사업으로 확대해 나가고 있어 중장기적으로도 높은 성장 속도를 유지할 것으로 전망한다.

투자지표	2021	2022	2023F	2024F	2025F
매출액(억 원)	1,680	2,395	3,248	4,273	5,661
영업이익(억 원)	22	153	183	444	756
영업이익률 (%)	1.59	6.39	5.63	10.39	13.35
순이익 (억 원)	60	160	153	381	629
순이익률 (%)	4.35	6.68	4.71	8.92	11.11
EPS (원)	687	1,689	1,517	3,550	5,860
PER	129.58	38.98	50.75	21.69	13.14

Key Information	
KOSDAQ 지수	884.6
52주 최고/최저(원)	96,324/62,151
시가총액(억 원)	8,329
발행주식수(주)	10,733,334
22년 배당수익률(%)	N/A
주요주주 지분율(%)	25.00

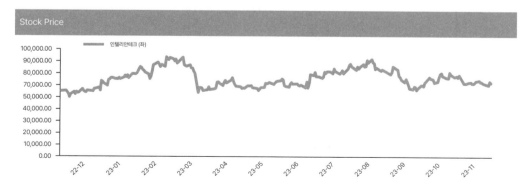

TOP PICK

3. 켄코아에어로스페이스(KQ.274090)

글로벌 고객사 확보

켄코아에어로스페이스는 우주항공 부품 및 특수 원소재를 생산하는 기업으로 2013년에 설립되어 2020년 코스닥에 상장하였다. 사업 부문은 1) 우주항공 특수 원소재, 2) 항공기 생산 및 부품 제조, 3) 항공기 정비/수리 및 개조(MRO), 4) 우주발사체 및 위성 관련 제품 생산, 5) UAM/PAV 개발 및 제조로 구분된다.

22년 매출 비중은 미국 민수 및 방산 항공기, 우주발사체 16%, 국내 항공 및 방산 항공기 16%, MRO(군용기) 42%, 우주항공 원소재 26%다. 동사는 보잉, 에어버스 등 항공기업과 NASA, 스페이스X, 블루오리진 등 글로벌 우주기업을 고객사로 두고 있다.

투자 포인트1. 아르테미스 프로젝트 공급사 선정

동사는 미국의 자회사 Metal&Supply를 통해 티타늄, 니켈 등 우주항공 원소재를 록히드 마틴, 스페이스X에 공급하고 있다. 그리고 우수한 항공기 부품 제조 기술력을 바탕으로 설립 10년 만에 NASA의 유인 달탐사 아르테미스 프로젝트(Artemis PJT)의 발사체 부품 공급사로 선정됐다. 아르테미스 프로젝트는 25년까지 달에 유인 착륙, 궁극적으로 달에 우주정거장을 건설하는 목표로 추진 중인 미국의 대형 프로젝트다. 동사는 향후에도 글로벌 우주항공 기업 납품 레퍼런스를 바탕으로 성장하는 우주산업의 수혜가 기대된다.

투자 포인트2. 하늘로 뻗는 도심 항공 모빌리티

동사는 항공산업을 넘어 UAM 시장 개화를 선도하기 위해 준비하고 있다. 일반 항공기급 군용 초도 훈련기를 23대 양산한 경험을 보유하여 한국에서 KAI와 함께 유이하게 항공기 제작 경험이 있어 UAM 사업에 유리할 것으로 전망된다. 장기적으로는 Vertiport(수직 이착륙 비행장) 사업으로 해외에도 진출해 국내외 50여 개 Vertiport 운영 및 1,000여 대의 UAM을 운항하겠다는 목표를 가지고 있다. 장기적으로 UAM 파운드리도 계획하고 있는 등 중장기 성장동력을 확보하기 위해 노력하고 있다.

투자지표	2018	2019	2020	2021	2022
매출액(억 원)	289	463	316	547	759
영업이익(억 원)	-9	10	-74	-138	80
영업이익률 (%)	-3.11	2.16	-23.42	-25.23	10.54
순이익 (억 원)	-94	-76	-93	-196	32
순이익률 (%)	-32.53	-16.41	-29.43	-35.83	4.22
EPS (원)	-1,557	-920	-894	-1,689	265
PER	N/A	N/A	N/A	N/A	45.68

Key Information	
KOSDAQ 지수	884.6
52주 최고/최저(원)	19,990/10,260
시가총액(억 원)	1,759
발행주식수(주)	12,784,405
22년 배당수익률(%)	N/A
주요주주 지분율(%)	27.88

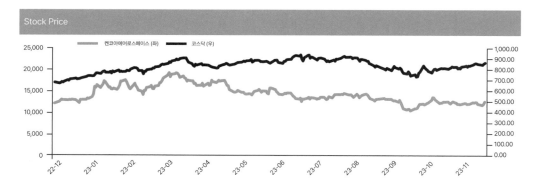

Stock Price

실전투자 업종분석

초판 1쇄 인쇄   2024년 2월 5일
초판 1쇄 발행   2024년 2월 8일

지은이 ㅣ 박영규, 성균관대학교 금융투자학회 S.T.A.R
펴낸이 ㅣ 권기대
펴낸곳 ㅣ ㈜베가북스

주 소   ㅣ (07261) 서울특별시 영등포구 양산로17길 12, 후민타워 6층~7층
대표전화 ㅣ 02)322-7241   **팩 스** ㅣ 02)322-7242
출판등록 ㅣ 2021년 6월 18일 제2021-000108호
홈페이지 ㅣ www.vegabooks.co.kr   **이메일** ㅣ info@vegabooks.co.kr
ISBN   979-11-92488-62-2 (03320)